Matthias Hammer

Das innere Gleichgewicht finden

Achtsame Wege aus der Stressspirale

Für Inga und David

Für Mechtila und Gerhard

Matthias Hammer

Das innere Gleichgewicht finden

Achtsame Wege aus der Stressspirale

BALANCE ratgeber

Hammer, Matthias:
Das innere Gleichgewicht finden – Achtsame Wege aus der Stressspirale
2. Auflage 2012
ISBN-Print: 978-3-86739-049-1
ISBN-PDF: 978-3-86739-735-3

Bibliografische Information der Deutschen Nationalbibliothek
Die Deutsche Nationalbibliothek verzeichnet diese Publikation in der Deutschen Nationalbibliografie; detaillierte bibliografische Daten sind im Internet über http://dnb.d-nb.de abrufbar.

Weitere Informationen zu Büchern des BALANCE buch + medien verlags finden Sie im Internet unter www.balance-verlag.de.
Zahlreiche Materialien zur Stressbewältigung sowie eine Audio-Datei mit Entspannungsübungen zum Herunterladen finden Sie auf der Homepage des Autors www.matthias-hammer.de, Passwort: Gleichgewicht.

Der BALANCE buch + medien verlag ist ein Imprint der Psychiatrie Verlag GmbH, Bonn

Fachredaktion: Dr. Matthias Reiss, München
Umschlagkonzeption: p.o.l. kommunikation design, Köln, unter Verwendung eines Fotos von Herzschlag / photocase.com
Typografie, Grafiken und Satz: Iga Bielejec, Nierstein
WEG-Illustrationen: Claus Ast, Nierstein
Druck und Bindung: KN Digital Printforce, Erfurt

Du kannst die Wellen nicht anhalten,
aber du kannst lernen zu surfen ...
Joseph Goldstein

Noch nie war Stress so allgegenwärtig im Bewusstsein der Gesellschaft. Die Menschen leiden unter Zeitmangel, Überforderung, Zukunftsängsten, Geldsorgen, Reizüberflutung und sogar unter Freizeitstress. Viele Menschen werden durch die vielfältigen Anforderungen ihres Alltags überfordert und geraten ständig in Stress. Dabei verlieren sie die Orientierung, ihr Gleichgewicht und vielleicht sogar ihre Gesundheit. Dieses Buch möchte Sie einladen, über Ihren Umgang mit Stress, Ängsten und Belastungen neu nachzudenken und Ihre ganz persönlichen Reaktionsmuster in Belastungssituationen besser zu verstehen. Mit diesem Wissen können Sie neue und erfolgreiche Bewältigungsstrategien erlernen und eine größere innere Widerstandskraft angesichts von Belastungen entwickeln.

Das vorliegende Buch ist mehr als ein einfacher Stressratgeber. Sie finden dort nicht nur das Handwerkszeug, um Ihr Leben »stressfreier« zu gestalten. Sie finden dort auch Techniken und Strategien, mit denen es Ihnen gelingen kann, Ihr Leben nach persönlichen Werten und Zielen aktiv zu gestalten. Auf diesem Weg entdecken Sie Ihre innere Balance. Dies geschieht durch Achtsamkeit, Akzeptanz und engagiertes Handeln. Zu diesem Zweck wurde ein WEG-Modell entwickelt, das trotz oder gerade wegen seiner Einfachheit und bildhaften Logik auf jede Lebenssituation anwendbar ist und daher auch Ihren Weg abbilden und begleiten kann.

Wir sprechen heute immer häufiger von Stress. Ganz egal ob Manager, Hausfrau, Schüler, Arbeitslose, Arbeiter oder Rentner, alle fühlen sich gestresst. Obwohl sie recht unterschiedlichen Belastungen und Anforderungen ausgesetzt sind, haben sie alle ein ähnliches körperliches Reaktionsmuster, die sogenannte Stressreaktion. Was jedoch bei einzelnen Personen Stress auslöst, ist sehr verschieden. Und dabei spielen unterschiedliche Faktoren wie Konstitution, Alter, Erziehung, Gesundheitszustand und Gewohnheiten eine Rolle. Die Reizschwelle dafür schwankt individuell sehr stark. Unsere Belastbarkeit und Stresstoleranz unterscheiden sich deutlich von Person zu Person; und dies hängt zudem von unserer Tagesform, unserer körperlichen Verfassung und unserer seelischen Balance ab.

Was geschieht, wenn der Stress außer Kontrolle gerät, wenn uns Situationen über den Kopf wachsen und die Belastungen für uns unerträglich werden? Wie können wir lernen, mit unseren Ängsten umzugehen, Blockaden zu durchbrechen, neue Strategien zu entwickeln und neue Wege zu finden? Wie kann es gelingen, unsere Energie und Kreativität, unsere Begabungen und unsere Individualität zu nutzen, das Leben neu zu entfalten, positiv zu gestalten, eigene Wünsche zu leben, Ziele zu realisieren und den ganz persönlichen Weg mit Freude und weniger Stress zu gehen?

Dieses Buch gliedert sich in zwei Teile. Im ersten Teil bemühe ich mich, den Stand der wissenschaftlichen Forschung zu Stress, seinen Auslösern und seinen Verstärker darzustellen. Ein wichtiger Aspekt besteht auch darin, zu verstehen, was die innere Balance für unseren Körper, unsere Psyche und unser Leben bedeutet, was mit Gleichgewicht, Ungleichgewicht und Homöostase gemeint ist.

Nicht jeder Leser interessiert sich im gleichen Maße für Forschungsergebnisse und Einzelheiten, wie in unserem Kopf und unserem Körper Stress entsteht.

Vielleicht sind Sie mehr daran interessiert, möglichst schnell und unkompliziert neue Strategien und Techniken zu erlernen, die es Ihnen ermöglichen, Ihrer ganz persönlichen Stressspirale zu entkommen. Vielleicht haben Sie längst erkannt, dass Sie im Umgang mit Belastungen und Stress immer wieder die gleichen Verhaltensmuster und Reaktionen zeigen, obwohl Sie selbst bereits deren Unsinnigkeit oder auch deren Erfolglosigkeit erkannt haben.

Möchten sie lieber auf die wissenschaftlichen Grundlagen und Erkenntnisse der Stressforschung verzichten und gleich erfahren, wie es gelingen kann, neue Wege im Umgang mit Stress zu finden? Dann beginnen Sie einfach mit Teil II dieses Buches und lesen nur die Zusammenfassung des ersten Teils auf Seite 48 im Kapitel zur Stresslandkarte.

Der zweite Teil des Buchs bietet Ihnen praktische bewährte Hilfen, Übungen und wissenschaftlich untersuchte Konzepte, mit denen Sie Ihrem Alltag ein bisschen mehr Gelassenheit und Richtung geben können. Wir alle wünschen uns ein Leben in Balance, mit mehr eigenen Gestaltungsmöglichkeiten und weniger Stress von außen und von innen. Wir wollen weder der Spielball äußerer Anforderungen sein noch wollen wir uns in unseren Gedanken, Gefühlen und Stressspiralen verfangen.

Ganz von alleine wird es jedoch nicht gehen. Ein bisschen Übung gehört dazu, um neue Gewohnheiten und Denkmuster in unserem Kopf aufzubauen und alte Denk- und Verhaltensmuster über Bord zu werfen. Aber es lohnt sich. Wir verfügen bereits über die notwendigen Kompetenzen und Fähigkeiten.

Manchmal wurden sie im Laufe unseres Lebens etwas verschüttet, verlegt oder nur ungenügend entwickelt. Aber wir alle können einen achtsamen Umgang mit Stress und uns selbst lernen!

Sie bekommen mit diesem Buch zwei Modelle an die Hand: das *WEG-Modell* und das *Kompetenzmodell*. Um diese Modelle zu verstehen und sie sich einzuprägen, braucht man weder ein besonderes wissenschaftliches Verständnis noch muss man gut auswendig lernen können.

Das *WEG-Modell* wird Ihnen in diesem Buch an verschiedenen Stellen begegnen, da es auf unterschiedliche Lebensbereiche und Probleme in immer gleicher Weise anwendbar ist. Es erlaubt uns, unsere Position zwischen Überforderung, Unterforderung und Gleichgewicht zu ermitteln und durch bewusste Wahrnehmung, Einschätzung und aktive Gestaltung dem eigenen Weg eine neue Orientierung zu geben.

Das *Kompetenzmodell* hilft Ihnen bei der Gestaltung des persönlichen Gleichgewichts. Unser Gleichgewicht ist ein Balanceakt zwischen Beherrschen und Zulassen, zwischen Meistern und Akzeptieren. Es ist ein Pendeln zwischen Sein und Tun.

Dieses Pendeln zwischen Annehmen und Gestalten sowie der reflektierten Entscheidung, wann was von beidem erforderlich ist, ist die Grundidee des Kompetenzmodells. Es bietet Hilfe bei der Suche nach der richtigen Balance zwischen den verschiedenen Lebensbereichen. Dann können wir Arbeit, Leben, Spiritualität, Familie und Gesundheit im Einklang mit unseren Werten und Zielen gestalten und verfallen nicht in Einseitigkeit und Frustration. Wenn wir in diesen Bereichen ein Gleichgewicht finden, so geht dies damit einher, dass Stress abgebaut und positives Erleben gefördert wird.

Wenn Sie sich mit dem WEG-Modell und dem Kompetenzmodell vertraut gemacht haben, können sie zu Ihren ständigen Begleitern werden, zur kleinen Gedankenhilfe für unterwegs. Geraten Sie in eine schwierige Situation, erleben Sie Stress, können Sie gedanklich kurz zurücktreten und bildlich gesprochen den kleinen Spickzettel hervorholen. Mit etwas Übung wird es Ihnen schon bald gelingen, Ihre altvertrauten, reflexhaften Reaktionen, Gefühls- und Gedankenketten zu zähmen und neue Wege zu betreten, mit vielleicht stimmigeren Lösungen.

Der amerikanisch-israelische Medizinsoziologe Aron ANTONOVSKY (1997) ist der Meinung, dass sich der Mensch im Wesentlichen im Ungleichgewicht befindet. Nach dieser Vorstellung ist Gesundheit kein statischer Zustand, sondern ein Prozess, der sich verändert. Gleichgewicht und Gesundheit sind demnach nicht selbstverständlich, sondern müssen ständig erarbeitet, gestaltet, reguliert und hergestellt werden.

Das zeigt sich auch in den Krankheitsstatistiken. Jeder fünfte Deutsche leidet im Laufe seines Lebens mindestens einmal an einer psychischen Störung, vorrangig unter Ängsten oder Depressionen. Wenn man sich die Krankenstände im Jahr 2008 ansieht, waren psychische Erkrankungen bereits die vierthäufigste Ursache für eine Krankmeldung. Man geht davon aus, dass etwa 20 Prozent der Bevölkerung an leichten bis schweren depressiven Zuständen leiden. Insgesamt nehmen psychische Krankheiten zu, insbesondere bei jüngeren Menschen. Jüngere Menschen haben ein deutlich höheres Risiko, an Depressionen zu leiden als noch vor zehn Jahren. Jährlich treibt das seelische Leid mehr als zehntausend Menschen in den Selbstmord.

Wenn man dauerhaft ein Ungleichgewicht erlebt, ist das nicht gleichbedeutend mit einer Depression. Doch kann chronischer Stress den Boden für depressives Erleben bereiten. Vor diesem Hintergrund ist es umso wichtiger, sich nicht hilflos zu ergeben, sondern sich mit den persönlichen Verhaltensmustern im Umgang mit Stress aktiv auseinanderzusetzen. Es geht darum, persönliche Widerstandskräfte zu entwickeln oder, wie es Joseph Goldstein nennt, angesichts der Wellen und Stürme des Lebens das Surfen zu lernen. Wie es im alltäglichen Leben gelingen kann, angesichts der vielfältigen Herausforderungen die eigenen Kräfte zu mobilisieren, kann sehr unterschiedlich sein:

MARKUS hatte bereits sehr früh Schulschwierigkeiten. Mathematik war einfach nicht seine Sache. Bereits in der 3. Klasse musste er die Klassenstufe wiederholen. In der 4. Klasse bekam er eine Hauptschulempfehlung. Sein Vater erkannte früh, dass Markus eine Rechenschwäche aufwies, wenn er auch sonst eine Reihe von Begabungen hatte. Er entdeckte, dass Markus überdurchschnittlich kreativ malen und gestalten konnte. Eine Odyssee begann, bis Markus seinen Weg durch die Schule fand. Zeitweise war er verzweifelt, weil ihm seine Rechenschwäche überall im Wege stand. Er wechselte zweimal die Schule und musste weitere zwei Klassen wiederholen. Sein Vater ermutigte und unterstützte ihn während der ganzen Schulzeit darin, sein kreatives Talent zu pflegen. Er gab seinem Sohn selbst kleine Aufträge. Mit viel Mühe schaffte er einen miserablen Schulabschluss. Markus wusste nicht, was er mit diesen schlechten Noten anfangen sollte. Sein Vater ermutigte ihn, eine Mappe zusammenzustellen und sich in einem Büro für Graphikdesign zu bewerben. Die Designer waren von seiner Bewerbungsmappe so beeindruckt, dass sie ihn zu einem Vorstellungstermin einluden. Er bekam die Stelle und konnte endlich seine kreativen Kräfte im Beruf verwirklichen. ■

INES berichtete ihrem Hausarzt bei einer Routineuntersuchung über die schwere Krebserkrankung ihres Mannes. Sie mache sich große Sorgen um ihn und wisse nicht genau, wie sie ihm helfen könne. Und sie erzählte von den Sorgen und Ängsten, die sie und ihr Mann im Moment durchlebten. Sie habe einfach Angst und fühle sich oft hilflos und überfordert. Der Arzt hörte ihr aufmerksam zu und gab ihr dann einen überraschenden Rat. Seine Worte sollten sie noch lange begleiten. Er sagte, sie dürfe die Krebserkrankung ihres Mannes nicht zu ihrem Hauptthema machen. »Sie müssen auch auf sich achten. Tun Sie auch wieder einige Dinge, die Ihnen wichtig sind. Nur wenn Sie in dieser schwierigen Situation für sich und Ihr eigenes Gleichgewicht sorgen, werden Sie auch längerfristig die Kraft haben, um Ihrem Mann all die Hilfe und Unterstützung zu geben, die er braucht und die sie ihm geben wollen.« Ines fühlte sich zunächst regelrecht vor den Kopf gestoßen und reagierte verärgert. Offensichtlich fehlte diesem Arzt jedes Einfühlungsvermögen. Was wusste dieser Mann schon über die Dinge, die sie zurzeit durchleiden musste. Doch begann Sie trotzdem über seine Worte nachzudenken. Auch erzählte sie nach einigem Zögern Ihrem Mann von diesem Gespräch. Zu ihrer Überraschung stimmte auch er dem Arzt zu. »Ich glaube, er hat dir etwas sehr Wichtiges gesagt. Es kann sich nicht alles nur um meine Krankheit drehen.«

Erst jetzt fand Ines den Mut, sich trotz all ihrer Sorgen, der Unsicherheit und der Angst vor dem Tod zu überlegen, was Sie tatsächlich tun könnte, was ihr Freude und Energie zurückgeben könnte. Mit Erstaunen stellte sie fest, dass nur wenig nötig war, um sich wieder ein bisschen leichter, fröhlicher und ausgeglichener zu fühlen. Ein Besuch im Schwimmbad, ein Abend mit der

Freundin, eine Massage. Trotzdem blieb immer genug Zeit für die Zweisamkeit mit ihrem Mann. Mehr noch, es kehrte wieder ein Stück Normalität in ihr gemeinsames Leben zurück. Mit Erstaunen bemerkte sie, dass ihre kleinen Aktivitäten zu mehr eigener Ausgeglichenheit beitrugen, sie sich aber auch positiv auf die Stimmung ihres Mannes und ihre Ehe auswirkten. Irgendwie konnten sie beide mit der Situation besser umgehen, und sie begannen, das, was sie täglich erlebten, wieder bewusster zu genießen. ■

Dieses Buch möchte Sie anregen und Ihnen Mut machen, Ihre inneren Kräfte zu mobilisieren und zu wecken, damit Sie Ihr eigenes Gleichgewicht immer wieder neu gestalten und gestärkt zu sich selbst finden.

» *Und dass wir aus der Flut,*
dass wir aus der Löwengrube und dem feurigen Ofen
immer versehrter und immer heiler
stets von neuem
zu uns selbst
entlassen werden. «
Hilde Domin

Nehmen wir einmal an, Sie treffen einen alten Bekannten. Auf die Frage, wie es ihm geht, antwortet er: »Ich bin ziemlich gestresst!« Sie fragen sich, was ihn wohl belastet. Vielleicht sind es Probleme bei der Arbeit oder in der Familie. Vielleicht kennen Sie ihn und seine ewigen Klagen auch schon länger. Wenn er nur das Wort »Stress« erwähnt, gehen bei Ihnen bereits die Rollläden herunter.

Wenn er aber hinzufügt: »Ich habe eine neue Stelle. Es ist eine echte Herausforderung und sehr anstrengend. Aber die Arbeit macht mir unheimlich Spaß. Endlich lerne und mache ich das, was ich mir schon immer gewünscht habe. Ich habe sehr nette Kollegen, die mich gut einarbeiten und mir immer helfen, wenn ich Fragen habe.«

Wenn Sie die zweite Aussage hören, hat sich Ihr Bild komplett verändert. Sie spüren seine Begeisterung, seine Energie und seinen Elan. Plötzlich gibt es einen Zusammenhang zwischen Stress und etwas Positivem: Ihr Bekannter hat eine neue und interessante Herausforderung für sich gefunden.

Obwohl er sich sehr gefordert, sehr »gestresst« fühlt, scheint er außerordentlich zufrieden zu sein. Befindet er sich also trotz all des Stresses im Gleichgewicht? Müsste es ihm nicht eigentlich schlecht gehen, da seine Belastungen zugenommen haben? Wie hängen Stress und Gleichgewicht zusammen?

In Zusammenhängen, die wir nicht so positiv erleben wie unser Freund, hören oder äußern wir häufiger den Satz »Ich bin ziemlich gestresst«. Wann erleben wir Stress als belastend, und wann kann er sogar mit interessanten Herausforderungen und neuen Abschnitten unseres Lebens verbunden sein? Der Zusammenhang zwischen Stress und unserer Balance scheint nicht so eindeutig zu sein.

Um etwas über den Zusammenhang zu erfahren, muss zunächst geklärt werden, was wir eigentlich meinen, wenn wir in unserem Alltag das Wort Stress verwenden. Sogar die kleine Tochter meiner Freundin sprach letztens davon, dass die Schule stressig sei und ihr keinen Spaß mache. Was also verbirgt sich hinter dem Stressbegriff, was kann alles damit gemeint sein?

In diesem Kapitel werden die verschiedenen Bedeutungen des Stressbegriffs aufgeschlüsselt und Zusammenhänge zwischen Stress und Gleichgewicht hergestellt.

Stressauslöser und die Stressreaktion

Während meiner Studienzeit lebte ich längere Zeit in Chicago. Schnell waren mir die Gebiete und Straßenzüge bekannt, die ich als Fremder unbedingt meiden sollte. Trotzdem kürzte ich häufiger den Weg ab und durchquerte dabei ein Gebiet, das, so berichteten mir Freunde, das Revier einer Jugendgang sei.

Mit einem mulmigen Gefühl legte ich diesen 30-minütigen Fußweg immer mal wieder zurück, um mir die umständliche Verbindung mit öffentlichen Verkehrsmitteln zu ersparen. Um die möglichen Gefahren frühzeitig zu erkennen, achtete ich immer wachsam auf alles, was um mich herum geschah. Bei einem dieser Spaziergänge bemerkte ich hinter mir plötzlich eine Gruppe Jugendlicher. Sie gingen zügig, und es schien, als kämen sie mir immer näher. Ich wusste aus Erzählungen, dass solche Jugendgangs häufig bewaffnet waren. Ich bekam Angst. Ich spürte Hitze, Angstschweiß, und das Herz schlug mir bis zum Hals. Ich begann zu rennen, und zu meinem Entsetzen fingen die Jugendlichen tatsächlich an, mich zu verfolgen. Ich lief, so schnell ich konnte, und noch schneller. Ich glaube, es war die schnellste Sprintzeit meines Lebens. Nach kurzer Zeit sah ich, dass mir ein Bus auf der Straße entgegenkam. Ich versuchte, ihn anzuhalten, und zu meiner großen Erleichterung bremste er neben mir, und die Türen wurden geöffnet. Ich flüchtete mich hinein und sank völlig außer Atem in den Sitz. Als der Bus an den Jugendlichen vorbeifuhr, erhoben sie laut grölend die geballten Fäuste.

Ich verspürte ein Gefühl von unendlicher Erleichterung und Erschöpfung. Was war in diesen wenigen Minuten geschehen? Dadurch, dass ich die Gefahr wahrnahm und einschätzte, wurde bei mir Angst, Panik und eine Reaktion im ganzen Körper ausgelöst. Diese Reaktion wurde von dem Physiologen Walter B. Cannon (1929) erstmals beschrieben und als *Kampf-Flucht-Reaktion* bezeichnet. Säugetiere und Menschen besitzen diese Fähigkeit bzw. dieses Reaktionsmuster, das in Gefahrensituationen zu einer erhöhten Bereitschaft von Muskulatur und Kreislauf sowie zu einer zentralnervösen Aufmerksamkeit und Entscheidungsbereitschaft führt. Zudem wird blitzartig Energie in Form von Zucker (Glukose) bereitgestellt und der Körper so zur schnellen Flucht oder zum Angriff befähigt.

Hätte ich sehr gelassen abgewogen und überlegt, was nun zu tun sei, hätte dies vermutlich zu unerwünschten Risiken und Nebenwirkungen geführt, und der notwendige Energieschub zum Fliehen wäre ausgeblieben.

Alltägliche Belastungen und kritische Lebensereignisse

In unserem Alltag wird die Stressreaktion eher selten durch akute lebensbedrohliche Ereignisse ausgelöst. Es sind häufig Situationen oder Ereignisse, in denen wir wichtige Ziele, Wünsche oder Bedürfnisse bedroht sehen.

GESTERN wartete ich auf meine Freundin. Sie wollte mich von der Arbeit abholen. Ich musste warten und begann, mir Sorgen zu machen, ob ihr wohl etwas passiert ist. Normalerweise ist sie sehr pünktlich. ■

AM Arbeitsplatz gibt es Umstrukturierungen, es ist unklar, welche Aufgaben ich in Zukunft haben werde und ob es eine Standortverlagerung geben wird. ■

ICH habe für diesen Monat kein Geld mehr, um auszugehen oder mir Zigaretten zu leisten. ■

SEITDEM sich mein Mann von mir getrennt hat, fühle ich mich alleine und traue mir kaum mehr etwas zu. ■

Wir leiden unter Zukunftsängsten, Mobbing am Arbeitsplatz, Geldsorgen, müssen Prüfungen bestehen, haben Rückenschmerzen, Probleme in der Partnerschaft oder Sorgen um unsere Kinder. Immer wieder wünschen wir uns, ein Leben ohne diese Belastungen zu führen. Sie sind jedoch fester und unvermeidbarer Bestandteil unseres Alltags. In der Stressforschung wird unterschieden zwischen den *alltäglichen Ärgernissen und Belastungen* (wie Termindruck, Lärm oder Verspätungen der Bahn) und den *kritischen Lebensereignissen* (wie Tod eines Angehörigen, Verlust des Arbeitsplatzes, Scheidung oder Ausbruch einer Erkrankung).

In den 60er Jahren entwickelten die Ärzte Thomas HOLMES und Richard RAHE (1967) einen einfachen Test, um die Lebensereignisse in ihrer Summe zu erfassen. Sie listeten 43 Lebensereignisse auf; hier sind einige Beispiele aufgeführt:

- Tod des Lebenspartners
- Trennung vom Partner
- Tod eines Familienmitglieds

- eigene schwere Erkrankung oder Verletzung
- Heirat
- Verlust des Arbeitsplatzes
- Pensionierung
- Schwangerschaft
- sexuelle Probleme
- Schulden, Einkommensveränderungen
- Kinder verlassen das Haus
- Ärger mit dem Chef oder den Kollegen
- Veränderung der Lebensbedingungen

Alltägliche Belastungen und kritische Lebensereignisse werden individuell sehr verschieden erlebt und verarbeitet. Das hängt von der persönlichen Lebenslage und den Lebensbedingungen ab. Eine allein erziehende Mutter ist mit anderen Belastungen konfrontiert als ein Manager oder eine Studentin.

Machen Sie sich Gedanken über ihre alltäglichen Belastungen, und schreiben Sie die wichtigsten auf.

Als Nächstes überlegen Sie, welche kritischen Ereignisse Sie in den letzten zwölf Monaten erlebt haben.

Natürlich sind auch die Summe und das zeitliche Zusammentreffen von Stressauslösern und Lebensereignissen bedeutsam. Wenn wir keine schwierigen Lebensereignisse zu bewältigen haben, ist es viel leichter, unsere alltäglichen Belastungen zu meistern. Kommen jedoch mehrere schwerwiegende Ereignisse zusammen, wie Scheidung, Umzug und Konflikte am Arbeitsplatz, kann bereits ein verlegter Schlüssel oder Verkehrsstau zur Katastrophe werden.

Als Stressauslöser werden äußere belastende Bedingungen, Ereignisse, Personen und Umweltreize bezeichnet, die bei uns Stress erzeugen. In diesem Zusammenhang ist die eigene Bewertung und individuelle Wahrnehmung von entscheidender Bedeutung dafür, wie belastend sich ein Stressor auswirkt. Um zu verstehen, warum wir auf bestimmte Situationen und Reize mit Stress reagieren, müssen wir uns genauer mit den Auslösern beschäftigen.

Die Stressforschung hat gezeigt, dass kurzfristiger, akuter Stress keine negativen Folgen für den Organismus hat. Mein Erlebnis in den Straßen von Chicago hatte für mich keine nachhaltigen Konsequenzen. Ich habe danach zwar häufiger den Bus genommen, mich jedoch weiterhin in der Stadt ohne Angst bewegt. Für mich war das Erlebte nach kurzer Zeit nur noch eine Erinnerung. Mein amerikanisches Großstadtabenteuer war eine Anekdote, die ich hin und wieder mal zum Besten geben kann.

Natürlich kann auch ein kurzfristiger Stressor langfristige Folgen haben. So kann die Note Ihrer Abschlussprüfung darüber entscheiden, ob Sie in Ihrem Betrieb übernommen werden. Bei einer Vielzahl wissenschaftlicher Untersuchungen stellte sich heraus, dass wir Stressauslöser als besonders belastend erleben, wenn sie lange andauern, wir sie als unkontrollierbar erleben, sie ungewollt sind oder wenn sie langfristige, negative Folgen oder Veränderungen für unser Leben haben SMITH (2005). Sehen Sie sich noch einmal die Auflistung Ihrer Stressauslöser an (alltägliche Belastungen und kritischen Lebensereignisse), und beantworten Sie die folgenden Fragen:

Ist der Stressor ungewollt? Lehnen Sie ihn ab? ▶ Ein gewolltes Ereignis (wie etwa die Versetzung an einen neuen Arbeitsplatz oder ein

Umzug) kann erwünscht oder unerwünscht sein. Es ist gut nachvollziehbar, dass Ereignisse, die wir ablehnen, als deutlich stressreicher erlebt werden als Ereignisse, denen wir neutral gegenüberstehen oder die wir uns vielleicht sogar von ganzem Herzen gewünscht haben.

In der Regel lehnen wir Lebensereignisse ab, von denen wir glauben, dass sie eine Verschlechterung für uns bedeuten. Das ist etwa der Fall, wenn wir an einen Arbeitsplatz versetzt werden und deutliche Nachteile hinnehmen müssen (wie schlechtere Bezahlung oder Tätigkeiten mit Über- oder Unterforderung). Wir lehnen in besonderem Maße Ereignisse ab, die mit Verlusten verbunden sind (wie dem Verlust von Lebensqualität durch eine Erkrankung oder Behinderung oder dem Tod eines Angehörigen).

Wie lange beschäftigt Sie der Stressor: langfristig oder kurzfristig? ▶ Der Umzug in eine neue Wohnung oder eine Prüfungsvorbereitung ist in der Regel etwas zeitlich Begrenztes. Dagegen können Stressauslöser, die im Zusammenhang mit einer chronischen Erkrankung stehen (z. B. Arthrose, Diabetes oder Krebs), Arbeitslosigkeit oder die Pflege eines Angehörigen sehr lange andauern. Besonders schwierig kann auch das zeitliche Zusammentreffen mehrerer Stressauslöser sein.

Wie viel Kontrolle haben Sie über die Stressauslöser? ▶ Wie vorhersagbar ist die Stressbelastung? Je weniger Kontrolle wir über eine Situation haben, desto schwerer können wir diese Belastungen ertragen, und desto intensiver erleben wir Stress.

KLAUS kündigte im Frühjahr einen Job, weil er seine Arbeitssituation als unerträglich empfand. Er beschloss, zunächst zu reisen und viel Sport zu treiben und sich dann um Bewerbungen und neue Jobangebote zu kümmern. In den ersten Monaten konnte er seine Freiheit unbeschwert genießen, dann kamen jedoch zunehmend Sorgen und Zweifel auf. Er bekam die ersten Absagen, und das Geld wurde knapper. Es wurde für ihn zunehmend schwerer einzuschätzen, wann und ob er wieder Arbeit finden würde. Er hatte das Gefühl, immer stärker die Kontrolle zu verlieren. Finanzielle Sorgen und Zukunftsängste wurden bedrohlicher, und es kam immer häufiger zu Konflikten und lautstarken Auseinandersetzungen mit seiner Partnerin. ■

Auch im Verlauf einer schweren Erkrankung leiden die Betroffenen häufig unter der Hilflosigkeit, dem Ausgeliefertsein, der Unkontrollierbarkeit und der Tatsache, dass sie nichts tun können. Deshalb ist es wichtig für sie, die Einflussmöglichkeiten, die sie haben, auch zu nutzen.

Wie stark verändert eine Anforderung Ihr Leben? ▶ Die Bedeutung von Stressauslösern nimmt zu, wenn diese unsere soziale Rolle oder Identität nachhaltig verändern oder beeinträchtigen. Der Wechsel vom angesehenen Mitarbeiter zum Rentner, vom langjährigen Arbeiternehmer zum Arbeitslosen, vom Schüler zum Auszubildenden oder von der Karrierefrau zur Hausfrau und Mutter, dies alles steht für derartige Veränderungen. Diese einschneidenden Lebensereignisse können auch mit schmerzlichen Verlustgefühlen verbunden sein. Im folgenden Fallbeispiel gehen wir diesen vier Fragen nach, um die Bedeutung einer Stressbelastung einordnen zu können.

FRAU H. erfährt im Rahmen einer Vorsorgeuntersuchung, dass ein Knoten in der Brust festgestellt wurde. Es wird der Verdacht auf ein Krebsleiden geäußert.

Frau H. ist schockiert, hilflos und überfordert. Sie erlebt Angst, Ohnmacht und spürt, wie sich ihr eigenes Leben der Kontrolle entzieht. Die dramatischen Konsequenzen einer solchen Erkrankung sind das Furchtbarste, was sie sich überhaupt für ihr

Leben vorstellen kann. Frau H. erlebt eine starke psychische und körperliche Stressreaktion. Auf Befragung gibt sie in allen Kategorien jeweils Maximalwerte an.

Stressor	Ablehnung	Dauer	Unkontrollierbar	Veränderung
Krebsdiagnose	1 2 3 4 5	1 2 3 4 5	1 2 3 4 5	1 2 3 4 5

Nach mehreren Untersuchungen wird Frau H. mitgeteilt, dass sich der Verdacht nicht bestätigt hat und es sich um eine gutartige Geschwulst handelt. Es werden Verlaufskontrollen notwendig sein, eine weitere Behandlung ist aber nur erforderlich, wenn Beschwerden auftreten. Die Lebensqualität ist in keiner Weise beeinträchtigt oder verändert. Frau H. ist unendlich erleichtert. Ihre Empfindungen gegenüber dem Stressor, der gutartigen Erkrankung, haben sich verständlicherweise abrupt gewandelt.

Stressor	Ablehnung	Dauer	Unkontrollierbar	Veränderung
Diagnostische Abklärung: gutartige Geschwulst	1 2 3 4 5	1 2 3 4 5	1 2 3 4 5	1 2 3 4 5

Die Stressreaktion

Wie man am Beispiel der Jugendgang in Chicago sieht, ist die Stressreaktion eine unspezifische Antwort auf Stressauslöser. Sie kann auf zwei verschiedenen Wegen aktiviert werden. Bei akuter Gefahr erfolgt die Signalübertragung sehr schnell. Bei chronischer Belastung kommt es über eine eher langsame hormonelle Aktivierung zu einer verzögerten, aber lang anhaltenden Aktivierung der Stressreaktion. Eine chronische Stressreaktion hat keinen Notfallcharakter und wird durch Situationen ausgelöst, von denen wir meinen, sie nicht kontrollieren oder bewältigen zu können. Stress entsteht aus der Befürchtung, dass Ziele und Wünsche, die für uns wichtig sind, bedroht sind und dass die Konsequenzen für unser Leben negativ und nachhaltig sein werden. Das Ereignis bzw. die sich ergebende Veränderung wird stark abgelehnt. Ob Menschen eine Situation als unkontrollierbar erleben, wird dabei durch die ganz persönliche Bewertung bestimmt. Auf der körperlichen Ebene kommt es zu einer Vielzahl von Veränderungen:

Abb 1 **Die zwei Achsen der körperlichen Stressreaktion** nach KALUZA (2004)

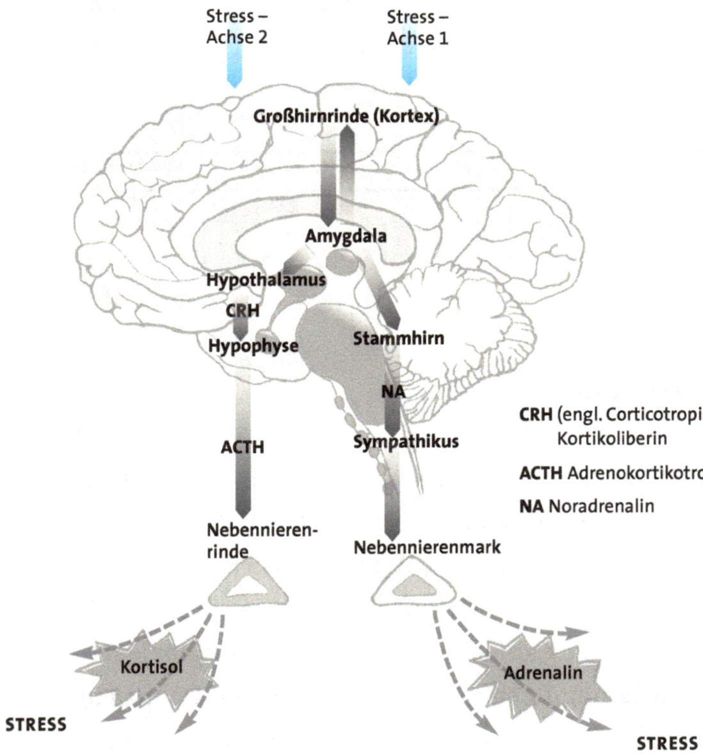

CRH (engl. Corticotropin Releasing Hormone) Kortikoliberin

ACTH Adrenokortikotropes Hormon

NA Noradrenalin

Wenn wir eine Gefahrensituation wahrnehmen (z. B. im Straßenverkehr), gelangen die Informationen von der Netzhaut im Auge zum Thalamus im Zwischenhirn. Dort werden sie in die Sprache des Gehirns übersetzt. Wenn es sich um ein deutliches Gefahrensignal handelt, kann direkt über die Amygdala die Stressreaktion ausgelöst werden. Dabei wird der normale Weg über die Hirnrinde abgekürzt. Auf diesen Mechanismus geht es zurück, dass die Stressreaktion möglicherweise reflexhaft ausgelöst wird. Wir haben dann keine Zeit mehr, darüber nachzudenken. Handelt es sich um ein weniger deutliches Gefahrensignal oder einfach nur um einen neuen Reiz oder eine neue Situation, sendet der Thalamus die Informationen an die Großhirnrinde. Sie wertet die Informationen genauer aus und kann im Fall, dass eine Gefahr erkannt wird, über die Amygdala die Stressreaktion auslösen.

Die Amygdala (Mandelkern) ist Teil des limbischen Systems. Durch die Aktivierung der Amygdala werden die wahrgenommenen Reize mit Gefühlen (Angst, Trauer, Wut) verknüpft. Über absteigende Bahnen wird im Stammhirn der »blaue Kern« (Locus coeruleus) aktiviert. Die Nervenzellen des blauen Kerns sind in der Lage, den Neurotransmitter Noradrenalin zu produzieren und freizusetzen. Noradrenalin aktiviert den Sympathikus, einen Nervenstrang des vegetativen Nervensystems, der entlang der Wirbelsäule verläuft und alle Gefäße und Organe innerviert. Die Nervenenden des Sympathikus schütten ebenfalls Noradrenalin aus und setzen damit die Aktivierung der peripheren Organe in Gang (Herzschlag und Blutdruck steigen). Der Sympathikus schließlich stimuliert das Nebennierenmark, um vermehrt Adrenalin freizusetzen.

Bei länger andauernden, chronischen oder unkontrollierbaren Belastungen kommt die zweite Stressachse ins Spiel. Die Signalübertragung ist etwas langsamer und erfolgt vorrangig dadurch, dass Hormone ins Blut ausgeschüttet werden. Im Hypothalamus kommt es zur Freisetzung des Kortikoliberins (CRH); dies gelangt zur Hypophyse und regt dort die Freisetzung des adrenokortikotropen Hormons (ACTH) an. ACTH gelangt in den Blutkreislauf und regt in der Nebennierenrinde die Freisetzung von Kortisol an. Dieses Hormon versetzt unseren Körper in Erregung. Um Energie bereitzustellen, werden Glukose und Fettreserven genutzt. Gleichzeitig werden die Sexualhormone unterdrückt und das Immunsystem gehemmt (vgl. BIRBAUMER & SCHMIDT 1999). Das erwähnte Kortisol verhindert auch eine Überreaktion: Es wirkt zurück auf den Hypothalamus und führt dazu, dass die Hormonausschüttung gedrosselt wird.

Über andere Nervenverbindungen sorgt die Amygdala dafür, dass das Gehirn aktiviert wird und wir mit einer erhöhten Aufmerksamkeit wahrnehmen, was vor sich geht.

Beide Stressachsen können zusammenwirken, und es kommt in als bedrohlich wahrgenommenen Situationen zunächst dazu, dass Noradrenalin und Adrenalin ausgeschüttet werden. Die Aktivierung der Sympathikus-Nebennierenmark-Achse steht im Vordergrund. Die Reize werden auf dem Weg über den Sympathikus sehr schnell übertragen. Eine rasche Aktivierung zum Kämpfen oder Fliehen ist möglich. Adrenalin und Noradrenalin setzen eine Fülle von Reaktionsketten in Gang. Unter anderem führt dies dazu, dass unser Gehirn lernbereiter ist, wenn die adrenergen Rezeptoren der Nerven stimuliert werden.

Handelt es sich um eine anhaltende Belastung, wird auch die zweite Stressachse aktiv. Zu dieser verlängerten Stressreaktion kommt es vor allem bei anhaltendem oder unkontrollierbarem Stress. Die Signalübertragung erfolgt über die Hormone und ist somit deutlich langsamer.

Auf die Alarmphase, in der die Stressreaktion aktiviert wird, folgt die Erholungsphase. Sie ist gekennzeichnet durch:

- Abnahme der Spannung der Skelettmuskulatur,
- Erweiterung der peripheren Gefäße,
- Verlangsamung des Pulsschlags,
- Senkung des Blutdrucks,
- Verlangsamung der Atemfrequenz
- und einige weitere physiologische Veränderungen.

Diese Reaktion gewährt dem Körper Erholung und Schutz vor Überlastung. Die Entspannungsreaktion stellt die Gegenreaktion dar.

Wenn die Stressreaktion in Ihrem Körper abläuft, dient sie dazu, ihm in Gefahrensituationen Energie zuzuführen. Innerhalb kürzester Zeit wird Ihnen Energie zur Verfügung gestellt, damit Sie durch Kämpfen oder Fliehen auf Gefahren reagieren können. Diese Reaktion läuft automatisch in unserem Körper ab, und es werden die verschiedenen körperlichen Funktionen und Organe aktiviert.

Der Körper kann so innerhalb kürzester Zeit auf Gefahren reagieren. Der Organismus ist zu Höchstleistungen fähig und bereit: In diesem Zustand hat man das Gefühl, dass man Energie und Kraft hat. Und wenn man seine Verfolger abschütteln will, stellt der Organismus die Energie und die Kraft dafür zur Verfügung. Auch Höchstleistungen im Sport oder in Ausnahmesituationen sind darauf zurückzuführen, dass wir in Extremsituationen durch die Stressreaktion mit Energie aktiviert werden. Ein erfahrener Schauspieler berichtet, dass er mit etwas Lampenfieber am besten in seine Rolle schlüpfen kann und am intensivsten spielen kann.

Abb 2 **Phasenhafter Verlauf der Stressreaktion (im Gleichgewicht)**

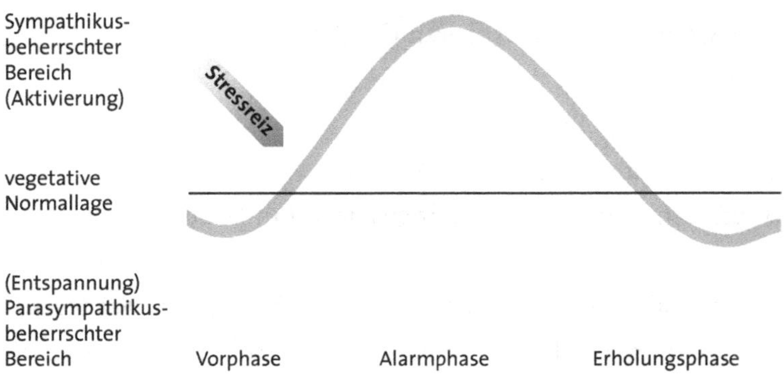

Walter Cannon (1929) entdeckte diese Funktion von Stress und bezeichnete den Mechanismus als Kampf-oder-Flucht-Reaktion (vgl. Abbildung 2). Danach brauchen wir Erholung und Entspannung. Sie kennen das Gefühl vermutlich: Auch nach getaner Arbeit oder nach sportlichen Aktivitäten oder einer Bergbesteigung fühlt man sich müde oder erschöpft und hat das Bedürfnis, seinem Körper Ruhe zu gönnen. Durch diesen Wechsel von Aktivierung und Entspannung findet jeweils ein Ausgleich statt, sodass wieder ein psychophysiologisches Gleichgewicht hergestellt werden kann. Dieser Wechsel ist für jeden Organismus überlebenswichtig.

Woran merken wir, dass wir gestresst sind und dass wir unter Druck stehen? Woran merken wir, dass unser Körper seine Programme aktiviert und auf Stress geschaltet hat? Vielleicht haben wir uns schon so an die Symptome gewöhnt, dass wir sie nicht mehr bewusst wahrnehmen? Die Stressreaktion läuft auf drei unterschiedlichen Ebenen ab. Man findet Veränderungen auf der körperlichen Ebene, im Verhalten und bei emotional-gedanklichen Reaktionen.

Körperliche Reaktionen ▶ Wie oben beschrieben wird in einer Situation, die wir als gefahrvoll und bedrohlich erleben, das sympathische Nervensystem aktiviert, und es werden verschiedene Hormone ausgeschüttet. Die akuten körperlichen Symptome, die wir bei Angst und Gefahr empfinden, gehen auf die Wirkung der Hormone Adrenalin und Noradrenalin zurück. In chronischen Belastungssituationen dagegen kommt es dadurch, dass vermehrt Kortisol (Hormon aus der Nebennierenrinde) ausgeschüttet wird, zu schleichenden somatischen Veränderungen (wie etwa zu Schlaf- und Verdauungsstörungen oder zum Anstieg des Blutdrucks mit all seinen negativen Folgen).

Kreuzen Sie an, welche körperlichen Symptome Sie in Stresssituationen bei sich beobachten können.

- ☐ Herzklopfen
- ☐ schnelle Atmung
- ☐ Muskelanspannung
- ☐ Schweißausbrüche, starkes Wärmegefühl
- ☐ trockener Mund
- ☐ Kopfschmerzen

- ▢ Hautausschläge, Ekzeme
- ▢ nervöser Magen
- ▢ verkrampfter Darm
- ▢ Appetitverlust
- ▢ Einschlaf- bzw. Durchschlafschwierigkeiten
- ▢ andere Symptome:

Verhaltensreaktionen ▶ Die Stressreaktion wird Ihr Verhalten bewusst oder unbewusst verändern. Der eine wird eine Unruhe und Nervosität verspüren, die ihm nachts den Schlaf raubt. Der andere ist reizbar, schlecht gelaunt, impulsiv und aufbrausend. Am Arbeitsplatz führen Nichtigkeiten zum handfesten Streit mit den Kollegen, am Abendbrottisch werden die eigenwilligen Tischmanieren der Kinder plötzlich zum unerträglichen Ärgernis und führen zu Wutausbrüchen oder zum Rückzug aus dem Familienleben. Noch schlimmer wird es, wenn schlechte Gewohnheiten wie das Rauchen oder der Schokoladenkonsum in eine ungewollte Maßlosigkeit abgleiten oder wenn man versucht, im Alkohol oder bei der Schlaftablette Linderung zu finden.

↻ Kreuzen Sie an, welche körperlichen Symptome Sie in Stresssituationen bei sich beobachten können.

- ▢ Zynismus, Feindseligkeit
- ▢ weniger sensibel für andere
- ▢ Unfähigkeit, sich abzugrenzen
- ▢ Schüchternheit
- ▢ weniger kooperativ
- ▢ Konflikt mit anderen
- ▢ Schwierigkeiten im Umgang mit Aggression

- ▢ Rückzugsverhalten
- ▢ Rauchen
- ▢ Alkohol
- ▢ Drogen
- ▢ Medikamente
- ▢ zu viel bzw. zu wenig Essen
- ▢ wenig Schlaf
- ▢ andere Verhaltensweisen:

Gedankliche und emotionale Reaktionen ▶ Stress beeinflusst unser Denken und Fühlen. Auch hier bekommen wir von unserem Körper klare Signale. In Situationen, in denen wir uns überfordert fühlen und meinen, den Anforderungen nicht gewachsen zu sein, kommt es sowohl zu negativen Gedanken und Sorgen als auch zu Gefühlen der Unsicherheit, Minderwertigkeit, Angst oder Wut.

Überlegen Sie, welche Gefühle bei Ihnen vorrangig auftreten und ergänzen Sie gegebenenfalls Ihre persönlichen emotionalen Stresssignale.

Stress beeinflusst unser Denken und Fühlen

Gefühle	**Gedanken**
Nervosität	sich um unwesentliche Dinge sorgen
unter Druck stehen	es fällt schwer, lästige Gedanken zu vertreiben
Gefühl von Mutlosigkeit und Trauer	pessimistisches Denken
Wut	Katastrophisierung
Angst	negative Gedanken ständig wiederholen
Unsicherheit	Andere Symptome:
Andere Symptome:	

Die meisten von uns kennen die Signale des eigenen Körpers. Häufig wird uns zunächst sogar erst durch das Wiederaufflammen eines Symptoms oder einer schlechten Gewohnheit bewusst, dass es uns nicht gut geht, dass wir »gestresst« sind. So bezeichnete ein Klient seinen häufig wiederkehrenden Kopfschmerz als seine ganz persönliche »Sollbruchstelle«, ein klares körperliches Stoppsignal, das Überforderung anzeigt. Für ihn bedeutet dies, dass er sich mehr Ruhe, Erholung und mehr Bewegung gönnen muss.

Mit Stress im Gleichgewicht

Oft haben wir einfach nur den Wunsch nach Ruhe, Badewanne, Stille oder Schlaf. Sogar das Abhören des blinkenden Anrufbeantworters ist uns nach einem langen Arbeitstag zu viel. Dieser ständige Wechsel zwischen Anspannung, Entspannung und Erholung ist ein biologisches Grundprinzip.

Wie in Abbildung 2 dargestellt, ist dieses Gleichgewicht zwischen Aktivierung, Entspannung und Erholung, zwischen Anspannung und Entspannung eine wichtige Grundlage für Gesundheit und Wohlbefinden. Gleichgewicht bedeutet in diesem Zusammenhang mehr.

Unser Organismus benötigt eine gleich bleibende optimale Temperatur, eine ideale Konzentration an Sauerstoff, einen stabilen Wasser- und Elektrolythaushalt etc. Anders ausgedrückt strebt jeder lebendige Organismus danach, ein stabiles »inneres Milieu« aufrechtzuerhalten, und dies bei Tag und Nacht, unabhängig vom Alter und zu jeder Jahreszeit. Walter Cannon verwendet dafür den Begriff der Homöostase. Im Energieaustausch mit der Umwelt versucht der Organismus, sein homöostatisches

Gleichgewicht wiederherzustellen. Wie oben beschrieben sind Stressauslöser Reize, die unseren Körper aus dem Gleichgewicht bringen. Unserem Organismus gelingt es nicht, durch routinemäßige Reaktionen das Gleichgewicht wiederherzustellen, sondern es ist eine »Notfallreaktion« erforderlich. Und das ist die Stressreaktion.

Der Emotionsforscher Antonio Damasio geht davon aus, dass unsere Gedanken, Gefühle und die unterschiedlichen körperlichen Reaktionen dazu dienen, die Homöostase, das psychophysische Gleichgewicht wiederherzustellen, um das persönliche Wohlbefinden und das Überleben zu erhalten und zu fördern.

In diesem Buch wird der Begriff des Gleichgewichts in diesem umfassenden und erweiterten Sinne, ähnlich wie von DAMASIO (2000) beschrieben, verwendet. Wege ins Gleichgewicht schließen Gedanken, Gefühle und Bewältigungsstrategien ein. Der Begriff des Gleichgewichts umfasst sowohl die psychologischen als auch die physiologischen Mechanismen, die den Zustand der Ausgewogenheit von Phasen der Aktivierung und Erholung beschreiben. Im Gleichgewicht befindet sich ein Organismus bzw. ein Mensch,

- wenn er in der Lage ist, sich auf Veränderungen einzustellen,
- die Herausforderungen des Lebens anzunehmen und
- in Phasen des Ungleichgewichts neue Bewältigungsstrategien zu lernen.

Phasen des Ungleichgewichts können uns wichtige Impulse und Anregungen dafür geben, uns zu entwickeln und zu verändern. Ein uns forderndes Ungleichgewicht ist der Motor unserer Reifung und Entwicklung. Gleichgewicht ist ein dynamischer und flexibler Prozess. Der Wechsel von Ungleichgewicht und Gleichgewicht stellt ein Grundprinzip unseres Lebens dar. Hier handelt es sich jedoch stets um eine Herausforderung, nach Phasen der Über- und Unterforderung wieder ein neues Gleichgewicht zu finden. Mit jedem Lernen und jeder neuen Erfahrung kann ein neues Gleichgewicht auf einem neuen Niveau gefunden werden. Stresssituationen sind Lernsituationen.

Positive Wirkungen kontrollierten Stresses

Wussten sie, dass die Stressreaktion dazu beitragen kann, neue Dinge zu lernen? Der Begriff Stress wird meist im negativen Sinne verwendet, nämlich im Zusammenhang mit Überforderung und einem negativen Lebensgefühl. Ein kontrolliertes Maß an Stress ist aber für die Gesundheit und Entwicklung unseres Körpers nicht nur förderlich, sondern sogar überlebenswichtig. Stress fördert das Lernen. Nur so konnten sich Menschen und Tiere im Laufe der Evolution an die ständigen Veränderungen ihrer Lebensräume anpassen und überleben. Positiver Stress schärft die Aufmerksamkeit, fördert die maximale Leistungsfähigkeit des Körpers und befähigt uns, schwierige Aufgaben zu lösen und zu bewältigen. Auf die Dosis kommt es an.

In neuen Situationen sind wir sehr nervös; Beispiele sind der erste Tag im neuen Job oder die erste Fahrstunde. Wir haben feuchte Hände, und das Herz schlägt uns bis zum Hals. In unserem Körper läuft für einen begrenzten Zeitraum eine kontrollierte Stressreaktion ab. Wenn wir aber zum zweiten oder zwanzigsten Mal mit dem Auto durch die Stadt gefahren sind, hat sich die Aufregung gelegt. Und nach mehreren Jahren Fahrpraxis ist das Schalten und Einparken zur Routine geworden. Der

Neurotransmitter Noradrenalin sorgt dafür, dass unsere Nervenzellen wachgerüttelt werden. Informationen können schneller gelernt und verarbeitet werden. Vor allem werden erfolgreiche Lösungen, die zum Abbau der Angst führen, gebahnt und gelernt (HÜTHER 2002).

Beim Ausparken des eigenen Wagens ist es erforderlich, die Gangschaltung zu betätigen, gleichzeitig mit dem linken Fuß die Kupplung zu treten und mit dem rechten Fuß Gas zu geben. Das ist noch nicht alles: Um das Auto ohne größere Probleme aus einer Parklücke zu bewegen, muss man im selben Augenblick auf den davor und den dahinter stehenden Wagen sowie auf den vorbeifahrenden Verkehr achten. Wird diese Herausforderung einmal erfolgreich gemeistert, wird es das nächste Mal schon leichter gehen, bis der erfahrene Großstädter mit chronischen Parkproblemen täglich mühelos selbst in die kleinsten Parklücken ein- und ausparkt, ohne Stress dabei zu empfinden.

Wenn wir eine Herausforderung durch eigenes Denken und Handeln gemeistert haben, wird erfolgreiches Verhalten von unserem Gehirn belohnt. Dann wird das Belohnungssystem unseres Gehirns eingeschaltet. Wir fühlen uns zufrieden, stolz oder glücklich. Je öfter ich kontrollierte Stresssituationen und Belastungen meistere, desto sicherer fühle ich mich. Und es kommt ein Gefühl auf, dass ich etwas kann und die Kontrolle über die Situation habe. Es entsteht ein positives Bild von mir und meinen Fähigkeiten. Denken Sie an ein Hobby, das Sie gerne ausüben, oder eine Fähigkeit, die Sie besitzen. Sie haben vermutlich bei dem, was Sie tun, ein sicheres und gutes Gefühl. Ganz selbstverständlich spielen Sie Ihr Musikinstrument oder kümmern sich um Ihre Zimmerpflanzen. Sie tun dies, weil Sie es gelernt und ein Gefühl von Kontrolle und Kompetenz erworben haben.

Kontrollierter Stress kann auch als treibende Kraft wirken: etwa bei einer anstrengenden Bergwanderung, wenn der Wanderer trotz Blasen an den Füßen glücklich in der Berghütte ankommt. Stress kann uns motivieren und zu Höchstleistungen antreiben.

Durch jede neue, unbekannte Situation oder Aufgabe im Leben werden wir herausgefordert, eine für uns stimmige Lösung zu suchen, also neue Bewältigungsstrategien zu entwickeln. Das kann sowohl zu Beginn eines neuen Lebensabschnitts notwendig werden (wie etwa beim Auszug aus dem Elternhaus oder nach der Trennung von einem Lebenspartner), aber auch bei der Konfrontation mit Krankheit oder Tod.

Auch spezifische Belastungssituationen (wie ein Bewerbungsgespräch, eine Prüfung oder ein Vortrag, den wir halten müssen) fordern uns, lösen Stress aus und regen uns zum Lernen an. Jede Lebenssituation, die wir durchleben, jede Herausforderung, der wir uns stellen oder stellen müssen, bedeutet, dass wir die eigenen Kompetenzen erweitern und entwickeln.

Wenn die Stressreaktion wieder abklingt, haben wir auf psychischer Ebene etwas hinzugelernt, gehen wir verändert und durch unsere Erfahrung gestärkt daraus hervor.

Leider werden auch potenziell schädliche Verhaltensweisen gebahnt. Wenn ich etwa die Erfahrung mache, dass Alkohol mir das Gefühl von Alleinsein nimmt, wird Suchtverhalten gelernt. In gleicher Weise können Bewältigungsstrategien wie aggressives Verhalten, Vermeidung oder Verdrängung gebahnt und gelernt werden, wenn ich z. B. erlebe, dass ich durch Gewalttätigkeit mein Ziel erreiche. Die Wiederholung und Verinnerlichung derartiger Verhaltensweisen werden uns früher oder später soziale, rechtliche oder gesundheitliche Probleme bereiten.

Im vorigen Abschnitt wurde beschrieben, dass unser Organismus für Gesundheit, Wohlbefinden, Reifung und Entwicklung kontrollierten Stress benötigt. Wir brauchen also immer wieder eine maßvolle Dosis neuer Reize und Belastungen, die uns zum Lernen herausfordern. Ein emotionales und körperliches Gleichgewicht entwickelt sich dann, wenn wir einer ausgewogenen Mischung aus kontrolliertem Stress, gesunden und erfolgreichen Bewältigungsstrategien und adäquaten Phasen der Erholung ausgesetzt sind.

Was aber geschieht, wenn wir uns überfordern oder überfordert werden? Oder wenn die Zeit für die notwendige Erholung fehlt? Der Physiologe Robert M. Sapolsky (1996) weist darauf hin, dass es optimale Bereiche der Homöostase gibt. Entsprechend gilt für alles Leben, dass es zu einer Schädigung führt, wenn wir die biologischen und psychischen Belastungsgrenzen überschreiten. Für viele Bereiche der Physiologie gilt: Weil mehr von etwas besser ist, ist viel mehr davon nicht viel besser. Und ein Übermaß beginnt körperliche Systeme zu schädigen. Sapolsky macht dies am Beispiel der Fitnesskultur deutlich. So ist Bewegungsmangel unstrittig gesundheitsschädigend und eine der häufigsten Ursachen für Herz-Kreislauf-Erkrankungen. Leichtes Training hilft allen Organsystemen, gut zu funktionieren. Es hat eine nachweislich gesundheitsfördernde Wirkung, auch wenn es nur leicht ist. Intensives Training und regelmäßige Bewegung führen zu einer weiteren Verbesserung sämtlicher Körperfunktionen; Organe und Muskulatur kommen in Schwung, und dank der Ausschüttung von Glückshormonen (Endorphine) steigert sich unser Wohlbefinden und unsere Belastbarkeit.

Ein Übermaß an Training führt jedoch zur Schädigung des Organismus.

Sapolsky konnte in seinen Untersuchungen zeigen, wie exzessives Jogging bei 30-jährigen Sportlern, die 60 bis 80 Kilometer pro Woche laufen, dramatische organische Schädigungen hervorrufen kann (wie beispielsweise massive Knochenentkalkung und die Abnahme der Knochendichte mit dem Risiko sogenannter Stressfrakturen). Diese Jogger haben das Skelett vorgealteter Menschen.

Ein Zuviel beeinträchtigt somit unser Gleichgewicht genauso wie ein Zuwenig. Dies gilt auch für andere Lebensbereiche und Lebensgewohnheiten; so ändern wir in stressbelasteten Phasen häufig unsere Schlaf- und Essgewohnheiten. Schlafentzug führt dazu, dass der Blutzuckerspiegel steigt und vermehrt das Stresshormon Kortisol ausgeschüttet wird. Einseitige Essgewohnheiten führen zu Fehlernährung und/oder Übergewicht mit den bekannten gesundheitlichen Risiken (etwa Diabetes mellitus, Herz-Kreislauf-Erkrankungen und Gelenkschäden).

Die von Sapolsky beschriebenen optimalen Bereiche der Homöostase kann man auch auf das Stresserleben übertragen. Wenn wir unter Stress eine reale Anforderung meistern oder ein Problem lösen, fühlen wir uns gut, haben ein Erfolgserlebnis und das Gefühl von Kontrolle. Wenn wir allerdings vorsorglich eine Stressreaktion mobilisieren, weil wir über Dinge nachgrübeln, geraten wir in physische Erregungszustände, die mit Gefühlen von Angst, Hilflosigkeit oder starker Wut verbunden sind. Es kann sich um Dinge handeln, die wir nicht ändern können oder die weit in der Zukunft liegen, sodass wir über Monate oder Jahre die Stressreaktion aktivieren. Wir aktivieren die Stressreaktion bereits durch die Vorstellung von befürchteten Ereignissen.

Daher kann es dazu kommen, dass wir ohne reale äußere Anlässe die Stressreaktion über Wochen und Monate mobilisieren und Erholungs- und Regenerationsphasen immer kürzer werden.

Es handelt sich in der Regel nicht mehr um Gefahren wie Hunger, Kälte oder Bedrohungen an Leib und Leben, die uns zu schaffen machen, sondern um psychische und soziale Stressauslöser. Zur Liste der größten Belastungen gehören soziale Konflikte, Geldsorgen, Sorgen um unseren Arbeitsplatz, Termindruck und Sorgen um unsere Gesundheit. Die Stressreaktion unseres Körpers ist hervorragend geeignet, um mit physischen Stressauslösern fertig zu werden. Aber auf psychische Belastungen hat uns die Evolution schlecht vorbereitet. Dabei kann es etwa um die Frage gehen, welchen Handyvertrag ich unterschreiben soll oder wie hoch meine Rente in 20 Jahren ist oder ob der Betrieb, in dem ich arbeite, von einem Konzern übernommen wird oder nicht.

Stressbedingte Krisen entstehen häufig dann, wenn eine längerfristige Überforderung durch zu viele und zeitgleich wirksame Stressreize besteht und die notwendigen Phasen der Erholung ausbleiben (vgl. Abbildung 3). Die Situation wächst einem über den Kopf und gerät außer Kontrolle. Der Betroffene gerät aus dem Gleichgewicht, und es kommen die ersten Stresssymptome. Diese können individuell sehr verschieden sein. Doch wenn der Zustand erhöhter Erregung über einen längeren Zeitraum bestehen bleibt, beginnt die Schädigung, und bald werden die ersten Krankheitssymptome sichtbar. Das schwächste Glied in der Kette, das unseren Körper zusammenhält, zerbricht, wie Gerald HÜTHER (2002) es ausdrückt. Eine kritische Grenze wird überschritten. Wir erleben die Stressreaktion zunehmend als unkontrollierbar und fühlen uns ausgeliefert.

Abb 3 Verlauf der gesundheitsgefährdenden Stressreaktion (aus dem Gleichgewicht durch Überforderung)

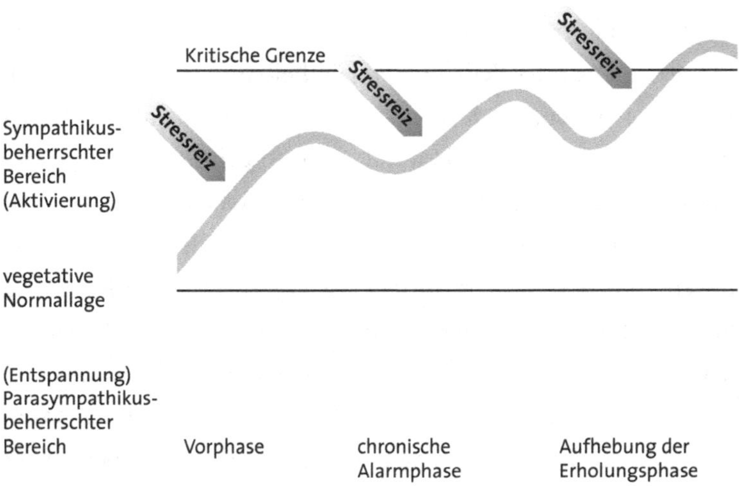

Signale für Überforderung

Bei unkontrolliertem Stress ändert sich die Stressreaktion. Vermehrt treten Überforderungssignale und Erschöpfungssymptome auf, die sich wieder auf den drei bekannten Ebenen zeigen können:

Körperliche Reaktionen ▶ Chronischer Stress führt zu einer größeren Reaktionsbereitschaft. Phasen der Erholung und Regeneration fallen weg, und es entwickeln sich psychosomatische Beschwerden. Die ständige körperliche Aktivierung und Anspannung kann etwa zu chronischen Rücken- und Kopfschmerzen führen. Ebenso können Verkrampfungen des Darms Verdauungsbeschwerden verursachen oder eine verminderte Durchblutung der Magenschleimhaut zu Magengeschwüren oder Gastritis führen.

Welche körperlichen Probleme kennen Sie?

- ▢ Herzrasen, erhöhter Blutdruck
- ▢ Gastritis
- ▢ Verdauungsbeschwerden
- ▢ häufige Rücken- oder Kopfschmerzen
- ▢ Entspannungsunfähigkeit
- ▢ chronische Müdigkeit
- ▢ Schlafstörungen
- ▢ andere Symptome:

Verhaltensreaktionen ▶ Signale auf der Verhaltensebene sind auch für andere sichtbar. Deshalb können Sie auch Ihre Partnerin bzw. Ihren Partner oder andere Ihnen nahestehende Personen fragen, welche typischen Verhaltensweisen bei Ihnen erkennbar sind, wenn Sie unter Stress stehen. In der Regel handeln wir unter Stress mit eingeschliffenen Gewohnheiten, die uns zum Teil nicht bewusst sind.

Kennen Sie von sich feindseliges Verhalten, Essattacken, erhöhten Alkohol- und Zigarettenkonsum oder Zwangshandlungen, wenn Sie unter Stress stehen?

- ▢ Feindseligkeit
- ▢ aggressives Verhalten
- ▢ Rückzug, Vermeidung
- ▢ Suchtverhalten
- ▢ Essstörungen
- ▢ Unfähigkeit abzuschalten
- ▢ mangelnde Leistungsfähigkeit
- ▢ Risikoverhalten (z. B. Spielen)
- ▢ Selbstverletzungen

- ▢ Zwänge
- ▢ andere Verhaltensweisen:

Gedankliche und emotionale Reaktionen ▶ Chronischer Stress führt dazu, dass negative Gefühle zunehmen. Wenn wir dazu neigen, unter Stress eher wütend und ärgerlich zu reagieren, nimmt unsere Aggressionsbereitschaft zu. Sind wir von Natur aus eher ein ängstlich vermeidender Typ, werden Gefühle der Angst und Unsicherheit aufkommen, oder es wird sich eine Tendenz entwickeln, dass wir uns hilflos und ausgeliefert fühlen.

Auf der gedanklich-kognitiven Ebene werden die Konzentration und das Leistungsvermögen beeinträchtigt. Ein ständiges Kreisen der Gedanken und die Einengung der Wahrnehmung auf ein Thema sind häufig zu beobachtende Phänomene.

Chronischer Stress führt dazu, dass negative Gefühle zunehmen

Gefühle	Gedanken
Wut und Aggressionsbereitschaft	Konzentrationsstörungen
Depressionen	Kreisen der Gedanken, Selbstvorwürfe
Angstgefühle	Denkblockaden
Gereiztheit und Nervosität	Einengung der Wahrnehmung
andere Symptome:	andere Symptome:

Machen Sie sich bewusst, wie Ihr Organismus reagiert. Was sind bei Ihnen die typischen Signale und Symptome, die bei hohen Stressbelastungen auftreten? Versuchen Sie, gut auf Ihren Körper und Ihre Gefühle zu hören. Die Signale können individuell sehr unterschiedlich sein.

HERR B. berichtete, dass er nach besonders langen und anstrengenden Arbeitstagen ohne Pausen mit vielen Meetings häufig sehr gereizt und verärgert nach Hause kommt. Dann treten häufiger Konflikte mit den Kindern und seiner Frau auf. ■

FRAU H. leidet unter den Auseinandersetzungen und Konflikten mit Ihrem Mann. Wenn es dann noch zu Streitigkeiten mit Ihrem Sohn kommt, fühlt sie sich so gestresst und aufgewühlt, dass sie beginnt, Alkohol zu trinken, um sich zu beruhigen. ■

HERR M. verspürt nach langen Bürotagen schmerzhafte Muskelverspannungen im Schulter- und Nackenbereich. An solchen Abenden hilft ihm nur ein ausgiebiger Spaziergang oder Bewegung im Fitnessstudio. ■

Es ist wichtig, die eigenen Stresssignale und Zeichen der Überforderung zu kennen. Nur durch eine bewusste Wahrnehmung dieser körpereigenen Alarmsignale können wir in geeigneter Weise reagieren und bewusst gegensteuern.

Notieren Sie Ihre wichtigsten Stresssignale.

Aus dem Gleichgewicht durch Unterforderung

Ebenso wie die Überforderung kann auch die chronische Unterforderung bzw. ein Zuwenig an Reizen und Anforderungen unser psychophysisches Gleichgewicht empfindlich stören. Marie Jahoda und Paul Lazarsfeld untersuchten Anfang der 30er Jahre Arbeitslose im kleinen österreichischen Städtchen Marienthal. Wegen der Wirtschaftskrise 1929 musste ein großer Arbeitgeber, eine Textilfabrik, viele Mitarbeiter in die Arbeitslosigkeit entlassen. Obwohl die vormals Beschäftigten durch ihre Arbeitslosenunterstützung wirtschaftlich abgesichert waren, hatte die Untätigkeit verheerende Wirkungen. Jahoda und ihre Mitarbeiter stellten fest, dass das soziale Leben des Ortes fast völlig zum Erliegen kam, obwohl die arbeitslosen Bewohner eigentlich mehr Zeit zur Verfügung hatten. Je länger die Arbeitslosigkeit dauerte, umso deprimierter und energieloser wurden die Bewohner. Die Zahl der ausgeliehenen Bücher in der Gemeindebibliothek sank um mehr als die Hälfte. Die Bewohner brachten dann gerade noch die Energie auf, den kleinen Haushalt zu führen.

Neuere Studien belegen diese frühen Beobachtungen zu der Frage, welche Auswirkungen Arbeitslosigkeit und unfreiwilliges Nichtstun haben. Wer keine Arbeit hat, wird mit größerer Wahrscheinlichkeit psychische Erkrankungen und mit Stress zusammenhängende Leiden entwickeln und eine geringere Lebenserwartung haben (Argyle 2000).

Wing und Brown (1970) untersuchten in den 60er und 70er Jahren psychisch kranke Menschen in vier psychiatrischen Versorgungskrankenhäusern, deren Patienten weitgehend vergleichbar waren, sich jedoch hinsichtlich des Umgangs mit den Patienten und den Angeboten und Möglichkeiten der Beteiligung voneinander unterschieden. Wing und Brown begegneten in den Krankenhäusern, in denen wenig Anregung geboten war, deren Patienten unterfordert waren und denen nichts anderes als Untätigkeit und Passivität übrig blieb, vermehrt Menschen, die folgende Symptome zeigten: Rückzug, Gleichgültigkeit, Hoffnungslosigkeit, negatives Selbstbild, Einengung des Verhaltens, Grübeln etc.

In einer Nachuntersuchung stellten sie fest, dass eine Verbesserung der Lebens- und Betreuungsbedingungen zum Abbau der negativen passiven Symptome führt. Je reizärmer und niedriger die Anforderungen in einer Institution sind, desto ausgeprägter sind die beschriebenen Symptome. Aus diesem Grund werden diese Symptome unter dem Begriff Hospitalismus zusammengefasst. Einschränkend muss jedoch hinzugefügt werden, dass diese chronisch-unproduktiven Symptome nicht ausschließlich auf Milieubedingungen zurückzuführen sind. Wing und Brown fanden auch in optimal stimulierenden Milieus Patienten, die deutliche Ausprägungen der oben beschriebenen Symptome hatten.

In Phasen der Unterforderung und Langeweile haben es Ängste und negative Gedanken leichter, sich in unserm Gehirn auszubreiten. Insbesondere lang andauernde Phasen der Unterforderung (z. B. nach einer psychischen Krise oder verursacht durch einen Schicksalsschlag) können zu den oben beschriebenen Symptomen führen. Diese Symptome werden verstärkt durch soziale Isolation, den Verlust von Kontrolle und ein Gefühl von Hoffnungslosigkeit.

Längerfristig kann die Gefahr bestehen, dass man sich wenig zutraut, das Haus oder das eigene Zimmer immer seltener verlässt oder nur noch im Bett liegen bleibt, dass man auch Aktivitäten und Aufgaben, die man eigentlich bewältigen könnte, nicht mehr unternimmt. Es kann so weit kommen, dass selbst die Körperpflege oder das Aufräumen als riesige Anforderungen erscheinen, die man nicht schaffen kann. Man hat das Gefühl, keine Kraft mehr zu haben; man kann sich nicht entscheiden, alles fällt schwer. Negative Grübeleien, Schuldgefühle und eine zunehmende Hilflosigkeit machen sich breit. Denn ablenkende Aktivitäten und soziale Kontakte nehmen eventuell weniger Raum ein, negative Gedanken und Stimmungen dagegen beanspruchen mehr Raum. In solchen Phasen ist es besonders wichtig, dass man soziale Unterstützung hat oder um professionelle Hilfe bittet.

Es gibt einen engen Zusammenhang zwischen Stress und Gleichgewicht sowie zwischen Überforderung und Unterforderung. Dies lässt sich bildhaft in einer Stresslandkarte, dem sogenannten WEG-Modell, zusammenfassen. Die Straße oder der befestigte Weg symbolisiert dabei unser Leben in Balance.

Abb 4 Das WEG-Modell

Wir erinnern uns, dass Gleichgewicht oder Balance keine starre Größe ist, sondern ein Prozess des ständigen Wechsels von Anspannung (kontrollierte Stressreaktion), Entspannung (Stressbewältigung) und Erholung. Unser Weg schlängelt sich also ein wenig durch die Landschaft. Und dennoch haben wir, trotz immer wieder neuer Stressbelastungen, festen Boden unter den Füßen. Wir haben die Kontrolle über unsere Richtung, unser Tempo und unser Ziel.

Das Gleichgewicht kann jedoch durch ein Zuviel oder auch durch ein Zuwenig gestört werden. Durch längerfristige Überforderung kommen wir links vom WEG ab, wenn wir beim Bild bleiben wollen. Dann erleben wir die Stressreaktion zunehmend als unkontrollierbar. Wir fühlen uns nach längeren Phasen der Überforderung hilflos, und die Stressreaktion wird chronisch. Die Zeiten von Regeneration und Erholung werden kürzer und unzureichend. Es treten deutliche Stresssymptome auf. Dies sind die körperlichen und psychischen Signale dafür, dass eine Überforderung und Ungleichgewicht vorhanden sind. Im WEG-Modell wird das symbolisch durch einen Zaun dargestellt. Werden diese Signale von uns nicht wahrgenommen oder ignoriert, wird eine kritische Grenze überschritten. Durch längerfristige starke Stressbelastungen kann es zu Störungen kommen. Erste Krankheitssymptome treten auf, oder es besteht die Gefahr, dass es zu einem Rückfall in bereits bekannte oder bestehende Erkrankungen kommt (z. B. Suchtverhalten, psychische Erkrankungen, Erkrankungen des Herz-Kreislauf-Systems). Es besteht die Gefahr »abzustürzen«. In unserem Modell wird dieser Bereich daher als ein Abhang dargestellt (man ist durch Überforderung aus dem Gleichgewicht).

Auf der rechten Seite des Wegs befindet sich in unserem Modell ein Sumpfgebiet. Je mehr wir nach rechts vom WEG abkommen, desto größer wird die Gefahr zu »versumpfen«. Unterforderung, soziale Isolation und langfristige Untätigkeit führen zu Symptomen der Energielosigkeit, Lust- und Antriebslosigkeit, zu Ängsten, Depression u. Ä. (aus dem Gleichgewicht durch Unterforderung). Eine besondere Gefahr besteht darin, dass eine länger andauernde Unterforderung nicht mit klaren Warnsignalen einhergeht, sondern die Übergänge fließend sind.

Hier gibt es in vielen Fällen keine deutlichen Signale, die einen aufhalten könnten. Man gerät fast unmerklich immer tiefer in den Sumpf. Häufig ist fremde Hilfe notwendig, um den WEG wieder zu finden.

Es ist die Zielsetzung dieses Buches, dass Sie sich beim Umgang mit Stress bewusst werden, wo Sie sich auf der oben beschriebenen Landkarte befinden. Es geht darum, Lebensgewohnheiten und immer wieder neue Bewältigungsstrategien angesichts der vielfältigen Veränderungen und Herausforderungen unseres Lebens zu entwickeln, um langfristig zum Gleichgewicht zu finden und auf dem eigenen WEG zu gehen.

In der nachfolgenden Stressanalyse können Sie sich Ihre Signale für Überforderung, Unterforderung und das optimale Belastungsniveau bewusst machen und sich klar werden, an welcher Stelle Sie sich zurzeit auf der Stresslandkarte befinden.

Persönliche Stressanalyse

Signale für Unterforderung, optimale Belastung und Überforderung

Woran können Sie erkennen, in welchem Bereich Sie sich auf dem WEG-Modell befinden? Welche Hinweise gibt es dafür? Was sind Ihre persönlichen Signale für Überforderung, Unterforderung und für das optimale Belastungsniveau (Gleichgewicht, Wohlbefinden)?

Um das optimale Belastungsniveau zu finden, ist es hilfreich, die individuellen (körperlichen und psychischen) Signale der Überforderung und Unterforderung zu kennen. Unsere Gefühle und Körperempfindungen melden uns, wo wir uns gerade befinden. Wir können diese Sprache unseres Körpers und unserer Seele kennenlernen, indem wir auf diese Signale hören, indem wir sie wahrnehmen und einschätzen lernen.

Notieren Sie für alle drei Bereiche Signale, die Sie von sich kennen. Als Hilfestellung finden Sie im unteren Teil der Tabelle typische, in der Praxis häufig genannte Gefühle und Symptome.

↻ Versuchen Sie aber zunächst möglichst unabhängig, sich über die für Sie typischen Signale und Gefühle klar zu werden und sie zu formulieren.

Signale für Überforderung	**Signale für optimale Belastung und Gleichgewicht**	**Signale für längerfristige Unterforderung**
	Allgemein typische Symptome	
Gefühl der Überforderung	Wohlbefinden	Langeweile
Angst	Zufriedenheit	Antriebslosigkeit
Hilflosigkeit	hohe Leistungsfähigkeit	Lustlosigkeit
Kreisen der Gedanken	Ausgeglichenheit	Unwohlsein
Sorgen	Harmonie	Depression
Krankheitsanfälligkeit	Stimmigkeit	Gefühl der Schwere
Schlaflosigkeit	Leichtigkeit	Gefühl der Leere
Kopfschmerzen	Freude	Sinnlosigkeit
Rückenschmerzen	Genuss	Hoffnungslosigkeit
Konzentrationsprobleme	Dankbarkeit	Hilflosigkeit
vermehrter Alkoholkonsum		
Depression		

↻ Sie können sich selbst in die Stresslandkarte einzeichnen. Wo befinden Sie sich zurzeit?

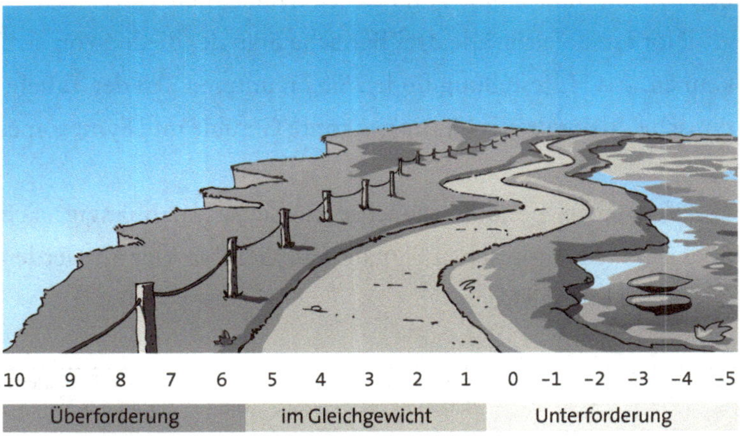

Skala zur Selbsteinschätzung

-5 bis 0 entspricht einem unterforderten Erleben; **1 bis 5** entspricht einem Erleben im optimalen Belastungsniveau mit einem Wechsel von Anspannungs- und Entspannungsphasen, **6 bis 10** entspricht einem erhöhten Stresserleben

Sie werden an verschiedenen Stellen dieses Buches neue Aspekte dieses WEG-Modells kennenlernen. Die Methoden zur Selbststeuerung werden ergänzt und vertieft.

Herausforderungen wahrnehmen, einschätzen und gestalten

Stellen Sie sich einen Wanderer vor, der sich auf einer Entdeckungsreise befindet. Er nutzt eine Landkarte, um den richtigen Weg zu finden. Er achtet auf die Signale des Wetters, um rechtzeitig Wetterumschwünge zu erkennen. Die Wegmarkierungen und Wegweiser sind für ihn wichtig, um auf dem richtigen Weg zu bleiben und sich nicht zu verirren. Und wenn er weiß, dass er sich auf dem richtigen Weg befindet, kann er die Ausblicke genießen, die Pflanzen und Tiere beobachten.

Er nimmt alles wahr, was für ihn wichtig ist, um sich zu seinem Ziel hin zu bewegen. Er schätzt ein, welche Wegetappe für diesen Tag angemessen ist. Er überprüft an jeder Kreuzung, welcher Weg ihn zum Ziel führt. Und er macht sich auf den Weg, er gestaltet Pausen und Erholungszeiten.

Diese drei Schritte **W**ahrnehmen, **E**inschätzen, **G**estalten (WEG) sind für jeden, der sich auf einer Entdeckungsreise befindet, elementar. Deswegen haben wir dies im Folgenden durch Symbole gekennzeichnet:

Wahrnehmen:

Einschätzen:

Gestalten:

Bei der Reise, die Sie mithilfe dieses Buchs unternehmen können, handelt es sich um eine besondere Entdeckungsfahrt. Sie selbst und Ihr gegenwärtiges Leben sind sowohl das Land oder der fremde Kontinent, den Sie bereisen werden, als auch der Wanderer oder Forscher, der die Reise unternimmt. Sie können dabei viel lernen und entdecken.

Diese Reise führt Sie mitten in Ihren Alltag und ins Zentrum Ihres Lebens. Bei dieser Reise wird es darum gehen, was Ihnen im Leben wichtig ist, was Ihnen Freude bereitet und worunter Sie leiden. Bei dieser Reise können Sie lernen, sich selbst zu entdecken und anzunehmen, Sie können aber auch das Reiseziel neu bestimmen und Impulse für eine neue Lebensrichtung bekommen.

Das Modell wird Sie anregen, immer wieder innezuhalten, um

- wahrzunehmen, was ist,
- einzuschätzen und zu klären, was jetzt wichtig für Sie ist, und

- zu gestalten, was Ihnen und der gegenwärtigen Situation entspricht.

In dieser Phase geht es darum, Informationen so breit und offen wie möglich aufzunehmen. Alles ist wichtig, nichts wird bewertet! Die Vielschichtigkeit einer Situation kann erfasst werden. Auch unangenehme Seiten werden wahrgenommen. Stellen Sie sich vor, ein Wanderer würde ein aufziehendes Unwetter ignorieren, nur weil er keinen Regen mag. Deshalb sollte man sich seiner Wahrnehmungsverzerrungen und Filter stets bewusst sein. Eine achtsame und annehmende Grundhaltung ist dabei sehr förderlich. Finden massive Verzerrungs- oder Verleugnungsprozesse statt, sind die weiteren Schritte und Gestaltungsmöglichkeiten eingeschränkt. Auch die eigenen Filter können der Gegenstand aufmerksamer Wahrnehmung und Erkundung werden.

Nachdem die Situation in offener Weise wahrgenommen wurde, werden die Informationen in Bezug auf ihre Bedeutung eingeschätzt und ausgewertet. Das kann sehr rasch geschehen. Ein paar Wölkchen am Himmel werden schnell als harmlos eingeschätzt. Hingegen werden Anzeichen einer Gewitterfront mit Blitz und Donner, die auf den Betreffenden zukommt, als bedrohlich bewertet. Man überlegt sich dann, ob man den nächsten Gasthof wirklich noch erreicht.

Die Informationsverarbeitung in alltäglichen Situationen ist häufig vielschichtiger und komplexer. Es können verschiedene Einschätzungs- und Bewertungsprozesse ablaufen. Dabei können uns u.a. folgende Fragen durch den Kopf gehen:

- Welche Informationen sind wichtig, um die Situation zu bewältigen?

- Sind meine Ziele bedroht?
- Welche Ziele möchte ich in der Situation weiter verfolgen? Worauf kann ich Einfluss nehmen?
- Auf was habe ich keinen Einfluss?

Auf diese Weise werden die eigenen Werte und Ziele geklärt. Es wird geprüft, was wichtig und was bezogen auf das eigene Lebenskonzept stimmig ist. Möglichkeiten werden abgewogen, und es findet eine Selbstklärung statt.

Verschiedene Handlungsmöglichkeiten werden erwogen, um einen stimmigen Schritt oder eine hilfreiche Lösungsidee auszuwählen. Das können aktive Schritte der Veränderung sein, es kann sich aber auch um ein passives Annehmen handeln; das hängt von der wahrgenommenen Situation ab.

Dabei ist die Unterscheidungsfähigkeit wichtig, auszuwählen und zu entscheiden, was am ehesten in die gewünschte Richtung führt. Was erscheint im Einklang mit den Anforderungen der Situation und dem eigenen Lebenskonzept als stimmig?

Nachdem man in offener Weise nach Möglichkeiten gesucht hat, entscheidet man sich für eine oder mehrere konkrete Schritte. Durch eine Entscheidung beziehe ich Stellung und bin bereit. Ich gebe Antwort auf eine Frage, die mir das Leben stellt. Bei diesem Akt wird die wahrgenommene Situation so akzeptiert, wie sie ist. Der Wanderer, der eine Gewitterfront auf sich zukommen sieht, entscheidet sich dafür, seinen Schritt zu beschleunigen, um noch rechtzeitig das nächste Gasthaus zu erreichen.

Ich gestalte und lasse mich auf die Situation ein. Ich handle engagiert im Einklang mit meinen Werten und Zielen. Erst im Tun erfahre ich, ob mein Handeln ein Schritt in die richtige Richtung ist. Im Handeln wage ich, Fehler zu machen, zu stolpern. Nur durch dieses Wagnis kann ich etwas Neues über mich und die Situation lernen. Wenn ich etwas vermeide, kann ich keine neuen Lernerfahrungen machen.

Abb 5 Den Weg finden (Wahrnehmen, Einschätzen, Gestalten)

Stellt sich bei der Gestaltung heraus, dass unerwartete Probleme und Schwierigkeiten auftreten, muss ich erneut wahrnehmen (1. Phase), was passiert, und eine neue Einschätzung abgeben (2. Phase). Man kann neue Werte und Ziele bestimmen. Man kann die Gestaltung aufgrund der neuen Kenntnisse und Erfahrungen korrigieren. Wir sind herausgefordert, kreativ zu handeln und zu entscheiden, um die beste Möglichkeit zu finden und in die Tat umzusetzen.

Um dies zu tun, müssen wir erneut direkten Kontakt mit der gegenwärtigen Realität aufnehmen und wahrnehmen, was passiert. Wieder bringt uns eine achtsame Haltung in direkten Kontakt mit dem, was geschieht. Wir sollten unsere Voreingenommenheiten und Filtermechanismen beiseite schieben. Die achtsame Wahrnehmung der Gegenwart gibt der Orientierung auf der Stresslandkarte die eigentliche Tiefe. Hier handelt es sich um den Ausgangspunkt für die Anwendung des WEG-Modells. Ohne die Übung der Achtsamkeit besteht die Gefahr, dass wir in alten Wahrnehmungs- und Verhaltensgewohnheiten stecken bleiben. Wir meiden dann die unangenehmen Gefühle und Situationen. Wir erfassen nicht mehr, was möglich ist, wir handeln und agieren häufig nur noch mechanisch. Das WEG-Modell kann als Werkzeug dienen, um sich mit bestimmten Situationen und Gegebenheiten des eigenen Lebens intensiver zu befassen, genauer hinzusehen, um kreative Gestaltungs- und Lösungsmöglichkeiten zu finden.

Das WEG-Schema ist außerdem eine Strukturierungshilfe für den Umgang mit Situationen und Stressproblemen in verschiedenen Lebensbereichen. Es kann auf äußere Probleme (wie z. B. soziale Konflikte) angewandt werden, aber auch zur Selbstklärung und Bewusstmachung von Gefühlen genutzt werden.

Das WEG-Schema sollte als flexibles Bewältigungs- und Gestaltungsmodell verstanden werden, das akzeptierende und veränderungsorientierte Möglichkeiten gemäß den unterschiedlichen Anforderungen des Lebens umfasst. Die Auseinandersetzung mit dem Verlust einer wichtigen Person erfordert ganz andere Bewältigungsformen als die Vorbereitung auf eine Abschlussprüfung. Das WEG-Schema dient als Anregung, sich für die eigenen Ziele zu engagieren und sie aktiv auf der Basis einer achtsamen Haltung zu erproben.

Im folgenden Kapitel werden Sie erfahren, wie unser Stresserleben und unsere Stressreaktion häufig durch eigene Verhaltensweisen unbewusst verstärkt werden und wie wir dadurch in Stressspiralen geraten.

Es ist wichtig, sich in Belastungssituationen selbst helfen zu können. Gleichzeitig ist es aber auch ein Teil kompetenter Selbsthilfe, sich einschätzen zu lernen und in der Lage zu sein, dass man fremde Hilfe nutzen kann.

Wann ist es ratsam, Unterstützung und professionelle Hilfe in Anspruch zu nehmen?

- Wenn die Summe Ihrer Stressbelastungen sehr groß ist, Sie diese ablehnen, Sie dabei wenig Kontrolle erleben und weitreichende Konsequenzen und Veränderungen für Ihr Leben erwarten oder bereits erleben;
- wenn Sie bei sich Stresssymptome bemerken, die auf eine Krankheit oder auf eine psychische Störung hinweisen, oder wenn Sie unter diesen Symptomen und Beschwerden leiden;
- wenn Sie in Stresssituationen Verhaltensweisen zeigen, die auf eine bestehende Störung hinweisen oder einen selbstschädigenden Charakter haben (wie etwa Suchtverhalten);
- wenn Sie sich in den vergangenen Monaten fast durchgängig über- oder unterfordert gefühlt haben und sich gefühlsmäßig schon lange nicht mehr in einem optimalen Belastungsniveau befunden haben.

In den folgenden Kapiteln werden verschiedene Basisstrategien zur Selbsthilfe im Umgang mit Stress dargestellt. Um die eigenen Bewältigungsstrategien zu verbessern, kann Hilfe von außen sehr nützlich sein. Fremde Hilfe kann jedoch in Einzelfällen unbedingt erforderlich sein, um das Auftreten oder die Manifestation von körperlichen und/oder psychischen Erkrankungen zu verhindern oder Rückfälle zu vermeiden.

HERR B. berichtet von seinem Stresserlebnis: Ich hatte einen furchtbaren Tag. Heute Morgen hat mir jemand auf dem Weg zur Arbeit die Vorfahrt genommen und hat meinen Wagen erwischt. Ein ziemlicher Blechschaden. Ich war völlig durcheinander und sehr aufgeregt. Ich hatte keine Ahnung, was ich alles machen und bedenken musste. Außerdem lag für mich an diesem Vormittag ein wichtiges Meeting an. Es hat ewig gedauert, bis die Polizei kam. Als dann endlich alles geregelt war und ich fast zwei Stunden zu spät bei der Arbeit ankam, war ich noch ziemlich aufgelöst und brauchte eine ganze Weile, bis ich mich wirklich auf die Inhalte des Meetings konzentrieren konnte. ■

Die Stressreaktion wird in der Regel durch ein konkretes, belastendes Ereignis ausgelöst (wie etwa durch einen Autounfall). Mit erfolgreicher Bewältigung klingt die Erregung dann rasch ab. Vereinfacht kann man diesen Stressmechanismus in einem Pfeildiagramm darstellen.

Stressreiz ▶ **Stressreaktion** ▶ **Bewältigung**

Aber liegt unserem Stresserleben wirklich nur ein einfacher Ursache- und Wirkungsmechanismus zugrunde? Wird wirklich jede Stressreaktion genauso wie unser Kniereflex ausgelöst und beantwortet? Dass etwas im oben dargestellten Stressdiagramm fehlen muss, wird besonders bei anhaltenden Stressreaktionen deutlich.

FRAU M. arbeitet seit fünf Jahren als leitende Angestellte in einem Elektronikkonzern. In der Firma findet seit zwei Jahren ein Umstrukturierungsprozess statt. Die Stelle von Frau M. wurde bereits deutlich verändert, viele Arbeitsplätze wurden schon abgebaut, und zusätzliche Stellenstreichungen sollen folgen. Weitere Veränderungen, Rationalisierungen und Umstrukturierungen sind für dieses Jahr geplant. Für Frau M. ist unklar, ob sie ihre Führungsposition behalten kann. Während der ersten Jahre in ihrer Firma erhielt sie von ihrem Vorgesetzten viel Anerkennung und Bestätigung, mittlerweile jedoch ist er in den Ruhestand gegangen. Seitdem fühlt sich Frau M. verunsichert. Sie weiß nicht, ob ihr neuer Chef mit ihrer Arbeit und ihrem Führungsstil wirklich zufrieden ist.

Frau M. berichtet: »Ich fühle mich ausgepowert und traue mir immer weniger zu. Seitdem ich die Unsicherheit habe, wie sich mein Arbeitsplatz entwickelt oder ob ich ihn überhaupt behalten kann, mache ich mir ständig Sorgen um meine Zukunft. Ich habe jeden Tag fast zwei Stunden Fahrzeit, und dann grüble ich ununterbrochen darüber nach, wie ich mich an meinem Arbeitsplatz verhalten soll und ob ich wirklich alles richtig mache. Je mehr ich darüber nachdenke, desto unsicherer werde ich. Es wäre ganz schrecklich für mich, diesen Job zu verlieren. Gleichzeitig ärgere ich mich aber auch, wie manche Dinge in diesem Laden laufen.

Wenn wir ein Meeting haben, in dem alle Abteilungsleiter in einer kurzen Übersicht ihre jeweiligen Projekte präsentieren müssen, fange ich an, mich mit den anderen zu vergleichen. Das habe ich früher nie gemacht. Ich war viel selbstbewusster. Jetzt denke ich ständig, dass alle viel kompetenter sind als ich, viel besser reden können, selbstbewusster auftreten und sich einfach geschickter verkaufen. Ich habe das Gefühl, dass alle anderen einen besseren Kontakt zur Führungsetage haben und dass ich einfach nicht mehr mithalten kann. Wenn ich mit diesen Gedanken im Kopf meine Präsentation beginne, bin ich so nervös, dass ich mich gar nicht mehr auf meinen Vortrag konzentrieren kann. Ich bin so sehr mit irgendwelchen Sorgen und Selbstzweifeln beschäftigt, dass ich mir bald überhaupt nichts mehr zutraue. Nachts kann ich nicht mehr gut schlafen, liege viel wach und denke über die Arbeit nach. Ich fühle mich müde, überfordert und ausgelaugt.« ■

Wie uns die Situation von Frau M. deutlich macht, ist unser Stresserleben oft recht vielschichtig. Häufig sind Ursache und Wirkung mit der Zeit nicht mehr so einfach zu benennen. Sehen wir nämlich unsere Ziele und Wünsche bedroht (z. B. durch Unsicherheiten am Arbeitsplatz oder Unklarheiten in unseren sozialen Beziehungen), wird eine Stressreaktion ausgelöst, ohne dass wir die Ursache beseitigen oder das Problem wirklich klären können. In diesen Situationen besteht die Gefahr, dass in uns stressverstärkende Gefühle, Reaktionen und Verhaltensweisen entstehen, die zu einer Potenzierung oder Aufschaukelung der Stressreaktion führen. Wir geraten immer mehr unter Stress und aus dem Gleichgewicht, ohne dass die reale Anforderung wächst. Häufig handelt es sich auch nur um mögliche, in der Zukunft liegende, befürchtete Gefahren oder Belastungen (wie etwa um den möglichen Verlust des Arbeitsplatzes, das möglicherweise Wiederauftreten einer Erkrankung oder eine eventuell hohe Steuerrückzahlung). In manchen Situationen kann man wenig tun. Dann geht es darum, abzuwarten und ruhig zu bleiben, bis sich eine günstige Gelegenheit ergibt, dass man wieder aktiv in die Geschehnisse eingreifen kann. In Situationen, in denen man nichts ändern kann, geht es darum, die Gegebenheiten tolerieren und akzeptieren zu lernen. Aber gerade in diesen Situationen sind wir besonders gefährdet. Die Stressreaktion schaukelt sich durch unser inneres Sorgen- und Gedankenpaket weiter auf, und die gegenwärtige Belastung wird immer größer. Am oben erwähnten Beispiel erkennt man, wie Frau M. in eine zunehmende Handlungsunfähigkeit gerät, ohne dass es bisher real irgendeine Form der Kritik an ihrer Arbeit gegeben hätte.

Wie kommt es dazu, dass wir durch eine anhaltende Belastung derartig aus dem Gleichgewicht geraten können? Eigentlich gibt es in unserem Organismus verschiedene Stressbremsen, d. h. Mechanismen und Steuerungssysteme, die dazu dienen, die Stressreaktion zu dämpfen und zu deaktivieren (wie etwa das parasympathische Nervensystem). Allerdings können unsere natürlichen Regulationsmechanismen, wie so häufig in der Biologie, durch ein Zuviel ausgehebelt werden. Nehmen verschiedene psychische und physische Reaktionen Überhand, gerät das System aus dem Gleichgewicht. Es gibt verschiedene stressverstärkende physiologische und psychologische Mechanismen, die zu einer Aufschaukelung der Stressreaktion führen. Dadurch entstehen regelrechte Teufelskreise. Damit ist gemeint, dass wir durch unsere eigenen psychischen und physischen Reaktionen die Stressreaktion auslösen – auch ohne zusätzliche äußere Belastungen. Und die Stressreaktion selbst verstärkt wiederum diese Mechanismen. Was damit gemeint ist, werden Sie im folgenden Abschnitt erfahren. Es werden stressverstärkende Prozesse und Spiralen beschrieben, die dazu führen, dass die Stressreaktion anhält und unnötigerweise aufrechterhalten wird.

Stressverstärker und Stressspiralen

Bei einer Vielzahl von Stressreaktionen reicht der ursprüngliche Auslöser allein nicht aus, die Stressreaktion in ihrer Intensität und Dauer zu erklären. Es kommt noch etwas verstärkend hinzu.

Dieses Phänomen bzw. der Mechanismus wird im oben erwähnten Fallbeispiel deutlich. Bei Frau M. ist ein reales stressauslösendes Ereignis vorhanden. In ihrer Firma finden bereits seit zwei Jahren Umstrukturierungsprozesse, Rationalisierungen und Veränderungen statt. Auch der Arbeitsplatz von Frau M. ist damit potenziell bedroht; real ist ihre berufliche Situation aber bis dato nahezu unverändert. Trotzdem fühlt sich Frau M. zunehmend überfordert, sie leidet chronisch unter Stress, die erlebte Belastung steigt. Und sie muss die Erfahrung machen, dass sie die realen Anforderungen immer weniger bewältigen kann.

Die Ursache dafür sind ihre eigenen Emotionen, Gedanken und Automatismen, die sie als Reaktion auf ihre Angst vor Veränderungen entwickelt. Bei Frau M. finden wir folgende stressverstärkende Mechanismen:

- Zukunftsängste,
- Selbstzweifel,
- Minderwertigkeitsgefühle,
- Selbstunsicherheit,
- Leistungsdruck,
- Angst vor Misserfolg, Versagen und eigenen Fehlern,
- Angst vor Ablehnung, Kritik und Zurückweisung.

Stressverstärker halten die Stressreaktion aufrecht und *verstärken* sie. Auf neuronaler Ebene kommt es dazu, dass durch eine anhaltende, wechselseitige Erregung verschiedene Hirnareale dauerhaft aktiviert werden und dadurch der Stress potenziert, verstärkt und chronisch wird. Natürliche körpereigene Regulations- und Hemmmechanismen werden ausgehebelt, und es können Teufelskreise entstehen.

Das Stressschaubild wird um vier Stressverstärker erweitert. Im Folgenden wird beschrieben, wie sich diese unterschiedlichen Stressverstärker auf die Stressreaktion auswirken.

Abb 6 Entwicklung von Stressspiralen durch innere Stressverstärker

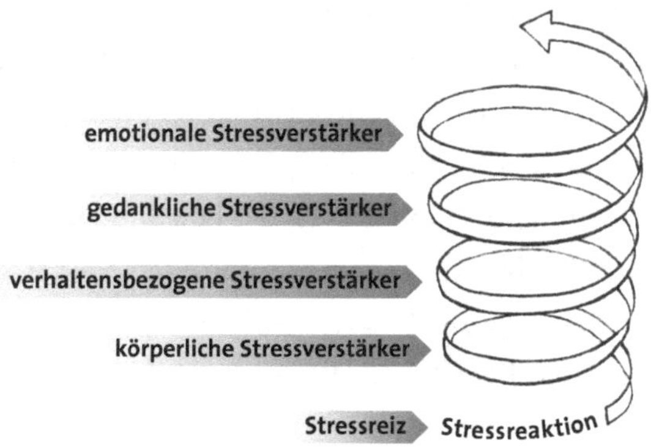

Körperliche Stressverstärker

Wird eine Stressreaktion ausgelöst, spannen wir unsere Muskeln an. Wir sind bereit, zu kämpfen oder zu fliehen. Um den Organismus mit ausreichend Sauerstoff zu versorgen, wird unsere Atmung flacher und schneller. Wenn nun in der Vergangenheit eine erhöhte Muskelanspannung oder eine beschleunigte Atmung häufig im Zusammenhang mit einer bedrohlichen Situation aufgetreten sind, beginnt ein spezieller Teil unseres Gehirns, die Amygdala, eine Muskelanspannung bzw. eine schnelle Atmung als Gefahrensignal wahrzunehmen.

Es findet eine Konditionierung statt: Bald führt also allein eine erhöhte Muskelanspannung oder eine Atembeschleunigung dazu, dass die Amygdala aktiviert wird und Stresshormone ausgeschüttet werden. In einem positiven Rückkopplungsmechanismus wird die Amygdala immer wieder durch die angeregte Muskulatur bzw. Atmung aktiviert. Die Stressreaktion wird verstärkt, und es entstehen Teufelskreise (BERKING 2008).

Abb 7 Eintritt in die Stressspirale durch körperliche Stressverstärker

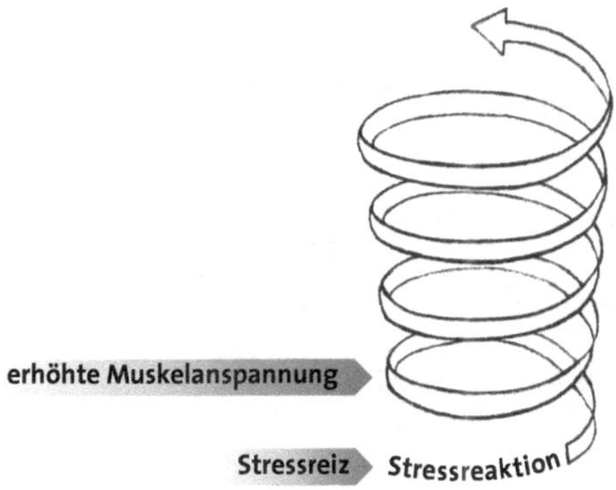

Bewältigungsstrategie ▶ Entspannung Eine Stressbewältigung auf der körperlichen Ebene kann man am besten durch Entspannungsverfahren erreichen. Die Progressive Muskelentspannung hat sich als eine sehr wirkungsvolle Methode erwiesen, um die muskuläre Anspannung abzubauen. Durch Muskelentspannung wird die Aufschaukelung der Erregung unterbrochen und dem Gehirn zurückgemeldet, dass Entspannung und Erholung stattfinden kann. Das Gehirn löst eine Gegenreaktion zur Stressreaktion aus, die Entspannungsreaktion.

Ein weiteres Erholungssignal für unser Gehirn ist ein gleichmäßiger und ruhiger Atem. Dadurch wird der Amygdala ebenfalls zurückgemeldet, dass keine Gefahr mehr besteht und die Entspannungsreaktion einsetzen kann. Eine ausführliche Darstellung von Entspannung als Stressbewältigungsstrategie finden Sie im Kapitel über Stressbewältigungskompetenzen (in Teil III, speziell Seite 128).

Abb 8 Ausweg aus der Stressspirale durch Muskelentspannung

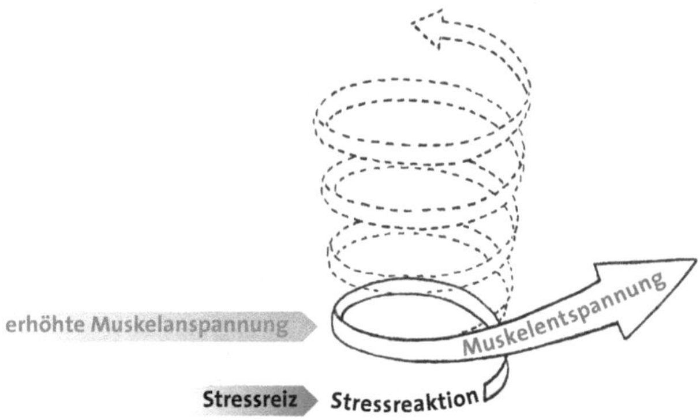

Automatisches und stressverstärkendes Bewältigungsverhalten

Wenn wir andauernd gestresst sind, reagieren wir häufig automatisch. In achtsamkeitbasierten Therapieansätzen (Kabat-Zinn 1995) wird davon gesprochen, dass wir auf Autopilot schalten. Damit ist gemeint, dass wir mechanisch und automatisch von Gewohnheiten gesteuert werden, ohne dass wir uns dieser wirklich bewusst sind. Wir re-agieren, statt zu agieren. Bestimmte Reize rufen bei uns wie auf Knopfdruck altbekannte Gedanken- und Gefühlsmuster hervor. Sie lenken uns von der realen Situation ab und überwältigen uns. Wir engen unseren Blickwinkel ein; unsere Wahrnehmung für neue Situationen ist eingeschränkt, und wichtige Informationen gehen verloren.

Im Umgang mit Stress können wir viele Fehler begehen. Einige typische stressverstärkende Bewältigungsformen werden im Folgenden dargestellt:

Leugnen und Vermeiden ▶ Wenn wir Schwierigkeiten leugnen oder Situationen vermeiden, kommt es zu einer Stressverstärkung. Denn unsere Probleme bleiben unverändert bestehen und belasten uns unterschwellig weiter. Es ist wie ein unerledigtes Geschäft, das wir mit uns herumtragen. Leugnung und Vermeidung können sich auf ganz verschiedene Bereiche unseres Lebens beziehen. Wir können vermeiden, Briefe und Rechnungen zu öffnen. Wir können auch bestimmte soziale Situationen meiden oder Konflikten ausweichen. Aus Angst, abgelehnt zu werden, vermeiden wir vielleicht, Nein zu sagen. Möglicherweise verleugnen wir Gefühle wie Trauer, Liebe oder Wut. Werden wir auch nur ansatzweise mit der Situation, die wir meiden, oder mit dem Gefühl konfrontiert, das wir verleugnen, kommt es häufig zu einem Gefühl der Bedrohung, das immer stärker wird. Auf diese Weise wird auch verhindert, dass wir aus einer Situation lernen können. Wir würden die Erfahrung machen, dass Konflikte aushaltbar sind, dass wir uns durch Nein-Sagen Respekt verschaffen können und dass auch lähmende und schmerzliche Gefühle wieder abklingen und vergehen.

Beharrlichkeit und Unflexibilität ▶ Ein weiterer Bewältigungsfehler kann darin bestehen, dass wir zu Spezialisten werden. Haben wir einmal eine Lösung im Umgang mit einer Belastung gefunden, bleiben wir beharrlich bei genau dieser Strategie.

HERR F. begann heimlich, seine Frau zu kontrollieren, da er sie im Verdacht hatte, untreu zu sein. Tatsächlich fand er dabei heraus, dass sich seine Ehefrau sehr gut mit einem ihrer Arbeitskollegen verstand. Der Mann verstärkte seine Kontrollen und trug seine

Eifersucht offen zur Schau. Die Frau fühlte sich missverstanden und reagierte verärgert auf das Misstrauen und die bohrenden Fragen ihres Mannes. Sie empfand seine Eifersucht und seine ständigen Kontrollen als sehr einengend und belastend. Es kam mehrfach zu heftigen Auseinandersetzungen. Der Mann fühlte sich dadurch in seinem Verdacht bestätigt. Er verstärkte seine Kontrollen, begann seiner Frau hinterherzuspionieren und sie regelrecht zu überwachen. Auf diese Weise fand er sein Eheglück nicht wieder. ■

Bei diesem Bewältigungsverhalten versuchen wir, die Schwierigkeiten rigide und immer wieder auf dieselbe Weise zu meistern und zu beherrschen. Wir reagieren unflexibel und automatisch. Manche von uns probieren es damit, dass sie sich selbst mehr kontrollieren, sich stärker zurückziehen und mehr vermeiden, oder aber damit, dass sie sich stärker anpassen, unterwürfiger und freundlicher sind. Andere fangen an zu essen, »stopfen ihren Kummer in sich hinein«, »ertränken ihren Kummer in Alkohol« oder treiben Sport bis zum Umfallen. Die Mechanismen sind dabei immer die gleichen. Die Betroffenen lenken von einer konstruktiven Auseinandersetzung mit der Situation ab und bemerken nicht, wie das Problem durch das eigene Verhalten nur größer wird.

Flucht in Phantasiewelten ▶ Eine weitere stressverstärkende Bewältigungsform kann darin bestehen, sich in Phantasien und Wunschvorstellungen zu flüchten. Wir ziehen uns mit unserem Erleben aus der realen Welt zurück. Diese Art von Flucht kann auch am PC oder durch Alkohol und Drogen erfolgen. Wir versuchen, uns in angenehmere Gefühlszustände zu bringen. Wir sind nicht mehr auf die aktive Auseinandersetzung aus, sondern wir fangen an, in einer Ersatzwelt zu leben, weil sie schöner, vielleicht leichter und weniger schmerzlich erscheint. Sie bringt uns kurzfristige Befriedigung und Entlastung. Das Problematische dabei ist allerdings, dass die reale Welt bestehen bleibt und die Probleme in der Regel zunehmen, wenn wir uns für längere Zeiträume auf die Flucht begeben. Irgendwann müssen wir wieder aus unserer Ersatzwelt auftauchen und uns mit den realen Gegebenheiten auseinandersetzen.

Schädigung der Gesundheit, Suchtverhalten ▶ Anhaltender Stress führt häufig zu einem gesundheitsschädigenden Lebensstil. Wir trinken zu viel Kaffee, rauchen zu viele Zigaretten, arbeiten zu viel, ernähren uns von Fast Food und Schokolade oder trinken zu viel Alkohol. Die Ernährungsgewohnheiten werden schlechter. Wir essen zu viel, zu wenig oder zu einseitig. Wir haben keine Zeit, keine Lust oder keine Energie, uns zu bewegen. Bei vielen Menschen kommt es zu Schlafstörungen. Die ungesunden Lebensgewohnheiten belasten unseren Organismus zusätzlich, und die Stressreaktion geht weiter.

Es gibt eine Vielzahl weiterer Möglichkeiten, sich durch die eigenen Reaktionen unglücklicher zu machen. Im Kern aber führen stressverstärkende Bewältigungsformen vor allem dazu, dass wir Situationen nicht mehr in angemessener Weise wahrnehmen und einschätzen können. Wir reagieren reflexhaft mit immer gleichen Mustern. Aber es gelingt uns nicht, die Situationen wirklich zu beherrschen und unsere Stressreaktion zu regulieren. Unser Körper gibt uns immer mehr Alarmsignale, die Stressreaktion bleibt weiter aktiviert. Um die äußere Bedrohung zu beseitigen, werden ungebremst Energiereserven mobilisiert und unserem Organismus zur Verfügung gestellt. Irgendwann kommt es zur Erschöpfung. »Wir fühlen uns ausgebrannt« und hilflos.

Abb 9 Eintritt in die Stressspirale durch stressverstärkendes Verhalten

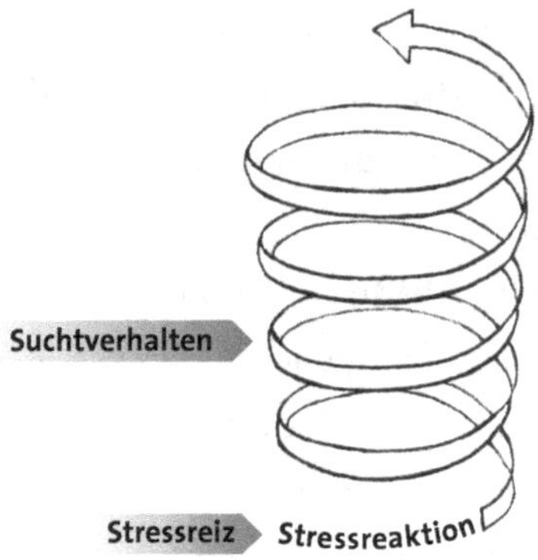

Bewältigungsstrategie ▶ lösungsorientiertes Verhalten (WEG-Schema)

Um unser automatisiertes und gewohnheitsmäßiges Verhalten unter Stressbelastungen zu unterbrechen, müssen wir lernen, die Situationen wieder aufmerksam *wahrzunehmen*, um dann realistisch einzuschätzen, welche Möglichkeiten sich uns bieten. Danach beginnt die Suche nach einer Lösung und die Umsetzung konkreter Schritte, um den weiteren Weg im Sinne der eigenen Werte, Wünsche und Ziele zu gestalten.

Durch diese drei Schritte (WEG-Schema) kann es gelingen, den Autopiloten auszuschalten: Wir können automatisiertes, mechanisches Verhalten unterbrechen und das Steuer bzw. die Kontrolle durch die bewusste Wahrnehmung und ein reflektiertes Handeln wieder aktiv übernehmen. Die dafür zuständigen Gehirnzentren werden aktiviert und die für die Stressreaktion verantwortlichen Hirnareale werden gedämpft. Auf diese Weise geben wir eine Antwort auf die Frage, die uns ein Stressproblem stellt. Ein Gefühl der Kontrolle entsteht, und die verschiedenen

Möglichkeiten zur Stressbewältigung können flexibel eingesetzt werden. Lösungsorientierte Bewältigungsstrategien werden im Kapitel »Vom Problem zur Lösung ...« in Teil III (Seite 139) vorgestellt.

Abb 10 Ausweg aus der Stressspirale durch lösungsorientiertes Bewältigungsverhalten

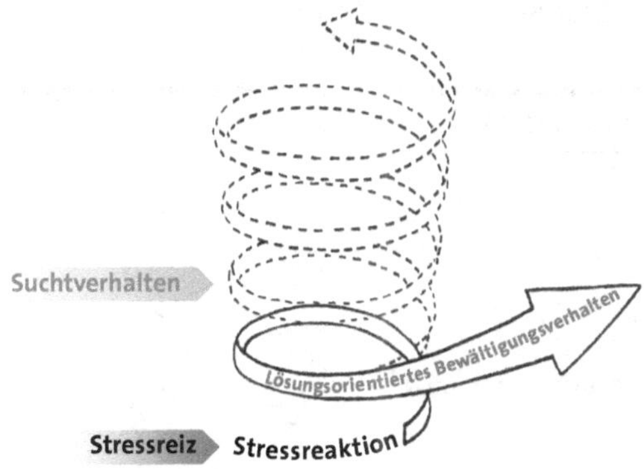

Gedankliche Stressverstärkung

Nicht die Dinge selbst beunruhigen die Menschen, sondern ihre Urteile und Meinungen über sie.
Epiktet

Negative Gedanken, Ängste und Sorgen können nicht nur eine Stressreaktion auslösen, sondern auch erheblich stressverstärkend wirken. Bereits die Vorstellung, dass man im Zahnarztstuhl liegt und der Zahnarzt den Bohrer ansetzt, genügt bei vielen Menschen, um Unwohlsein, Angst und Fluchtgedanken auszulösen.

Problematisch wird es, wenn wir uns in negative Gedanken, Zweifel und Ängste hineinsteigern und sich unser gesamtes Denken und Erleben schließlich darin verfängt, dass wir nur noch grübeln und in bestimmten Gedanken kreisen. Dann lösen diese Gedanken ihrerseits eine Stressreaktion aus. Auf diese Weise kann eine Erregung entstehen, die sich aufschaukelt, ohne dass es tatsächlich eine reale Anforderung, Belastung oder Bedrohung gibt. Der Stress entsteht in unserem Kopf.

Abb 11 Eintritt in die Stressspirale durch gedankliche Stressverstärker

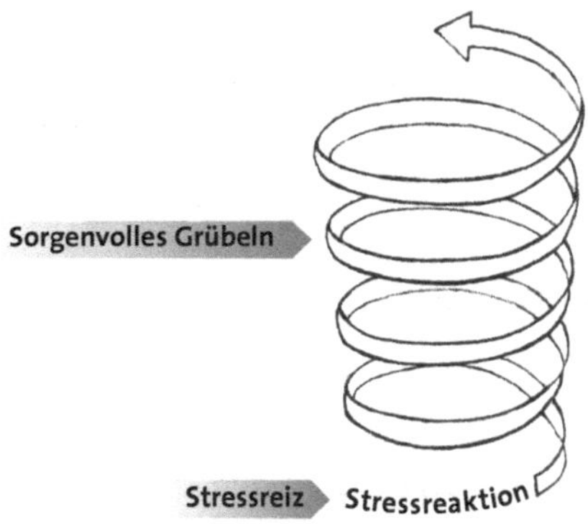

Bewältigungsstrategie ▶ achtsamer Umgang mit Gedanken Um unsere gedanklichen Stressverstärker unter Kontrolle zu bringen und zu unterbrechen, stehen uns verschiedene Techniken zur Verfügung, damit wir einen gelassenen Umgang mit Gedanken erlernen. Es geht darum, eine achtsame Haltung in Bezug auf das eigene Denken zu entwickeln und Gelassenheit zu fördern. Dabei ist die Unterscheidung zwischen gedanklichen und realen Ereignissen von zentraler Bedeutung. Kognitive Stressbewältigungsstrategien werden in Kapitel »Achtsamer Umgang mit Gedanken …« in Teil III (Seite 152) ausführlich vorgestellt.

Abb 12 Ausweg aus der Stressspirale durch achtsamen Umgang mit Gedanken

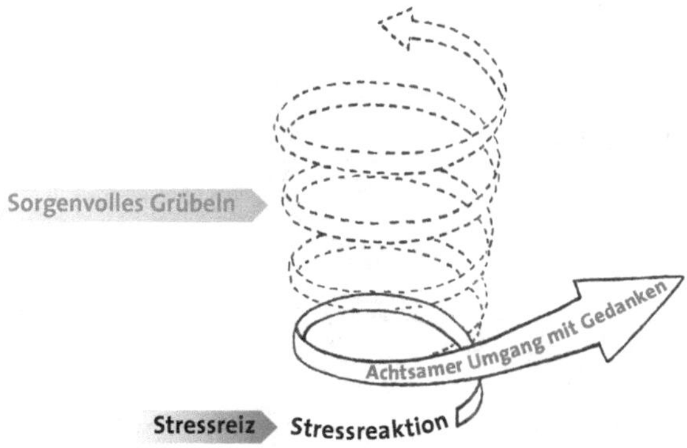

Emotionale Stressverstärkung

Unter Stress erleben wir oft negative Gefühle wie Angst, Wut oder Ärger. Auch Gefühle der Hilflosigkeit oder Trauer sind für uns Gefühle, die wir nur schwer ertragen können. Weil diese Gefühle, die wir als negativ erlebt haben, einfach nicht sein dürfen, reagieren viele Menschen mit Ablehnung, Selbstabwertung oder Schamgefühl auf sie. Sie klagen sich selbst wegen ihrer Empfindungen an. Dies kann zu erheblichen Selbstwertproblemen bis hin zum Selbsthass führen. Es entstehen sogenannte sekundäre Gefühle. Wenn man ein Gefühl ablehnt, führt dies zu weiteren negativen Gefühlen gegenüber der eigenen Person. Die Stressreaktion wird verstärkt.

Abb 13 Eintritt in die Stressspirale durch emotionale Stressverstärker

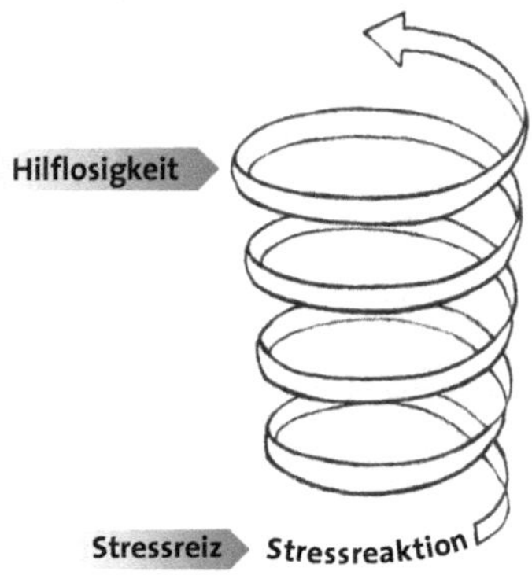

Bewältigungsstrategie ▶ emotionale Selbstunterstützung Eine weitere wichtige Bewältigungsstrategie besteht im kompetenten Umgang mit unseren Gefühlen. Wenn wir lernen, die eigenen Gefühle anzunehmen und zu verstehen, erzeugen wir keine weiteren negativen Gefühle. Wir kommen bei dem an, was die Gefühle uns sagen wollen (Greenberg 2006). Wir können die Informationen verarbeiten, die uns unsere Gefühle über uns oder unsere Umwelt vermitteln wollen. Damit nehmen wir sie in ihrer Funktion ernst.

Es ist wichtig, dass man lernt, sich selbst zu unterstützen und mit Mitgefühl zu begegnen. Hier handelt es sich um eine zentrale emotionale Kompetenz. Wege des selbstunterstützenden Umgangs mit Gefühlen werden in Kapitel über den »Umgang mit stressverstärkenden Gefühlen ...« in Teil III (Seite 171) vorgestellt.

Abb 14 **Ausweg aus der Stressspirale durch emotionale Selbstunterstützung**

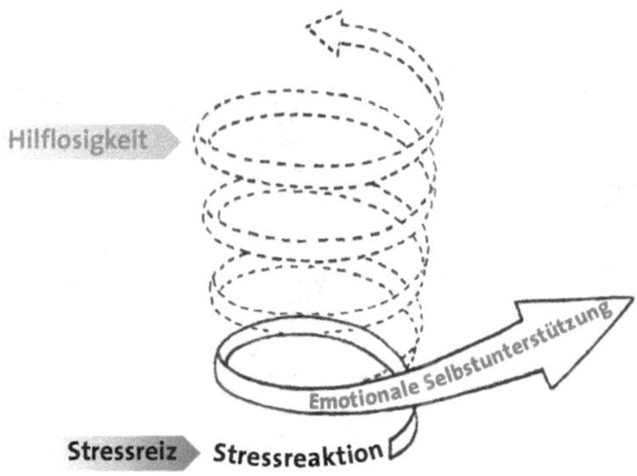

Es wichtig, dass man lernt, diese sich selbst verstärkenden Mechanismen und Stressspiralen wahrzunehmen und zu erkennen. Vermutlich kennen wir alle den einen oder anderen Stressverstärker, den wir automatisch und einfach aus Gewohnheit bedienen. Oft haben wir diese Reaktionsmuster bereits in der Kindheit oder Jugend so gelernt. Der erste Schritt, diese Mechanismen zu verändern, besteht darin, sie achtsam wahrzunehmen und zu akzeptieren (vgl. Kapitel zu Achtsamkeit und Akzeptanz, Seite 97). In einem zweiten Schritt müssen wir alternative Fähigkeiten entwickeln und beginnen, hilfreiche Stressbewältigungsstrategien einzusetzen (Kapitel zur Stressbewältigung, Seite 126). Sich selbst zu verurteilen und Vorwürfe zu machen, ist wenig hilfreich und wirkt nur stressverstärkend. Die oben dargestellten Stressverstärker sind Teil unseres Verhaltensrepertoirs; sie sind sehr menschlich und sehr verbreitet.

Abb 15 **Verlauf der gesundheitsgefährdenden Stressreaktion verstärkt durch Stress von innen**

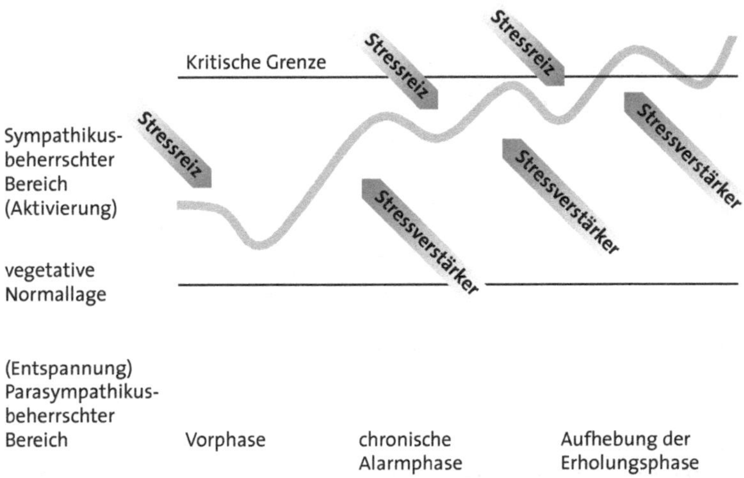

Im WEG-Modell sind Stressverstärker Kräfte, die uns langfristig vom WEG abbringen. Sie können zwar für eine kurzfristige Entlastung sorgen (wie etwa Alkoholkonsum oder Computerspiele). Auch wenn man es aus Angst vor Ablehnung oder Konflikten allen Menschen recht machen will, kann dies zu einer massiven Selbstüberforderung führen. Man kommt nicht mehr zur Ruhe, kann nicht mehr schlafen, arbeitet am Wochenende und in den Ferien. Man verläuft sich und kommt links vom WEG ab.

Die Flucht in Phantasien kann uns kurzfristige Entlastung schenken, kann aber über einen längeren Zeitraum zu Vermeidung, sozialem Rückzug und Isolation führen. Die Herausforderungen des Lebens werden nicht mehr angenommen, und es besteht die Gefahr, rechts vom WEG abzukommen.

Abb 16 Aus dem Gleichgewicht durch Stressverstärker

Welche Stressverstärker sind Ihnen bewusst? Fallen Ihnen Beispiele ein, die sich auf bestimmte Lebensbereiche beziehen (z.B. im Umgang mit den Eltern: Reagiere ich immer noch wie ein kleines Kind, das sich andauernd schuldig fühlt und alles recht machen will).

Wir sind unseren Reaktionen und Verhaltensmustern nicht hilflos ausgeliefert. Sobald wir unsere Stressverstärker verstanden und erkannt haben, kann es gelingen, neue Bewältigungsstrategien zu erlernen. Wir können lernen, neue Wege zu gehen und dabei unser Gleichgewicht aktiv zu gestalten. Wir können erfahren, wie die Stressreaktion uns dabei behilflich sein kann, Neues zu erproben und zu lernen.

Stressbewältigungsstrategien und -kompetenzen helfen uns, Stress abzubauen und mit Belastungen besser umzugehen. Sie helfen uns, nicht vom WEG abzukommen und in eine Über- oder Unterforderung zu geraten. Stressspiralen können unterbrochen oder sogar vermieden werden. Allerdings reichen diese Stressbewältigungsstrategien und -kompetenzen nicht aus, uns die notwendige Orientierung und Richtung zu geben, um unser persönliches Gleichgewicht und unser Leben aktiv zu gestalten. Um Gleichgewicht zu gestalten, ist es wichtig, die eigenen Fähigkeiten, Begabungen und Ressourcen zu kennen und zu nutzen. Wenn man sein eigenes Gleichgewicht erlebt, so ist dies durch Folgendes gekennzeichnet: Sinnerleben, Freude, Zufriedenheit und andere positive Gefühle, die es uns leichter machen, Ungleichgewicht und Stress auszuhalten und zu tolerieren. Sie geben uns Energie und Kraft, um mit den Belastungen des Lebens umzugehen und Herausforderungen anzunehmen. Im Gleichgewicht erleben wir unsere Kreativität und Schaffenskraft, wir erleben soziale Beziehungen als Orte der Geborgenheit und Zugehörigkeit. Aber das kommt nicht von alleine und vor allem nicht, wenn wir uns nur an möglichen Bedrohungen, Gefahren und Belastungen bzw. deren Vermeidung orientieren.

Wir dürfen uns nicht nur fragen, was uns zurzeit belastet, sondern müssen uns auch daran orientieren, was uns gut tut und Freude bereitet. Die Frage, was für mich im Leben wertvoll und wichtig ist, ist häufig viel entscheidender als die Frage, was mich stört, ängstigt oder kränkt. Ebenso wichtig ist die Frage, was mir angesichts von Stress, Belastungen und Nöten helfen würde, gesund zu bleiben bzw. meine Balance zu bewahren.

In der Psychologie und Medizin ist es in den vergangen zwei Jahrzehnten zu einem Perspektivenwechsel gekommen. Neben der Frage nach der Entstehung von Krankheiten (Pathogenese) rückt nun zunehmend eine weitere Frage in den Mittelpunkt des wissenschaftlichen und therapeutischen Interesses: die Frage danach, wie Gesundheit und Genesung entstehen (Salutogenese). Der Medizinsoziologe Aaron ANTONOVSKY (1997) beschäftigte sich mit der Frage, was einen Menschen trotz starker Belastungen gesund hält. In Israel untersuchte er Frauen der Geburtsjahrgänge 1914 bis 1923. Diese Frauen überlebten die Schrecken der Konzentrationslager, wanderten nach Israel aus, überlebten drei Kriege gegen arabische Nachbarländer und haben viele ihrer Familienangehörigen und Freunde verloren. Überraschenderweise ergaben die Untersuchungen, dass sich trotz der dramatischen Lebensereignisse fast ein Drittel dieser Frauen zum Zeitpunkt der Untersuchung in einem guten psychischen und körperlichen Zustand befanden. Antonovskys Studien und eine Vielzahl medizinischer und psychologischer Forschungsarbeiten beschäftigten sich seitdem mit der Frage, was Menschen trotz Belastungen gesund hält.

Im vorigen Kapitel wurden die verschiedenen Stressverstärker dargestellt. Was sind jedoch die Ressourcen und schützenden Faktoren, die uns helfen, trotz oder auch während hoher Stressbelastungen im Gleichgewicht zu bleiben, selbst persönliche Katastrophen und Belastungen ohne körperlichen und psychischen Schaden zu überstehen und wieder ins Gleichgewicht zu finden? Antonovsky prägte dafür das Wort Salutogenese (lat.: salus = Gesundheit), die Entstehung und Entwicklung von Gesundheit.

Viele Studien haben gezeigt, dass bestimmte Ressourcen als Stresspuffer wirken können und uns die nötige Kraft geben, auch starke Belastungen zu meistern und dabei nicht aus dem Gleichgewicht zu geraten. Hierzu gehören die folgenden:

»Ich schaffe es!«

Kobasa und Maddi (1982) untersuchten in den 70er Jahren leitende Angestellte des Telekommunikationsunternehmens AT&T während eines schwierigen Umstrukturierungsprozesses. Die Forscher interessierten sich dafür, wie und warum die einzelnen Personen unterschiedlich auf gewisse Stressauslöser reagieren und wie sie allgemein mit der Situation umgehen. Unter den Führungskräften fand sich eine Gruppe, die trotz ihrer hohen Arbeitsbelastung, nur sehr wenig stressbedingte Beschwerden zeigte. Diese Gruppe der gesunden Führungskräfte unterschied sich gegenüber anderen Mitarbeitern vor allem durch ihre Einstellung zu sich selbst, zu ihren persönlichen und beruflichen Aufgaben und zu ihren Mitmenschen. Die beiden Wissenschaftler bezeichneten diese Einstellung als »Hardiness«. Damit ist eine innere Stärke und Widerstandsfähigkeit gegenüber äußeren Belastungen gemeint. Hardiness ist durch drei Merkmale gekennzeichnet:

Engagement und Selbstverpflichtung ▶ Neugierig sein auf das Leben, sich mit dem, was man tut, identifizieren, sich innerlich verpflichtet und verbunden fühlen und das Beste geben.

Kontrolle ▶ Sich als einflussreich und kontrollierend erleben und glauben, den Lauf der Dinge selbst bestimmen zu können.

Herausforderung ▶ Veränderungen als positive Chance wahrnehmen und Neues aktiv suchen. Hierzu gehört auch die Bereitschaft, Unsicherheiten und Ungewissheiten zu ertragen.

Gerade das *Gefühl der Kontrolle* beeinflusst unser Stresserleben in starkem Maße. Dies zeigt sich in Untersuchungen, aber auch in unserer Alltagserfahrung: Flugzeuge sind im Vergleich zu Autos sicherere Verkehrsmittel, trotzdem haben mehr Menschen Angst vor dem Fliegen als vor dem Autofahren. Dies hängt damit zusammen, dass das Gefühl der Kontrolle im Auto stärker ausgeprägt ist als im Flugzeug.

Ein eng damit verwandter Aspekt ist die Überzeugung, ein bestimmtes Verhalten mit Erfolg ausführen zu können. Wenn Sie sich beispielsweise im Zusammenhang mit Stressbewältigung eine Veränderung vornehmen, ist es wichtig, sich auf die eigenen Fähigkeiten und Stärken zu besinnen. Die Überzeugung, etwas erfolgreich durchführen zu können, wird als *Selbstwirksamkeit* bezeichnet. Durch eine optimistische Einstellung ist es nicht so schwer, Probleme zu überwinden. Bei schwierigen Herausforderungen oder einer lang anhaltenden Belastung ist es besonders wichtig, eine positive und optimistische Einschätzung der Situation zu haben; denn so ist es einfacher, die nötige Ausdauer aufzubringen. Kontrolle und Selbstwirksamkeit sind das Gegenteil von Hilflosigkeit. Sie wirken als Puffer gegen Stress und Hilflosigkeit.

»Das Leben hat einen Sinn«

Sowohl ANTONOVSKY (1997) als auch der Wiener Psychiater Viktor FRANKL haben sich mit der Frage nach dem Sinn des Lebens beschäftigt. Als wichtigste Kraft und Energieressource im Umgang mit hohen Belastungen und persönlichem Leid sehen sie die Fähigkeit des Menschen, auch in schwierigsten oder sogar ausweglos erscheinenden Situationen noch einen Sinn zu erkennen. Viktor Frankl, selbst Gefangener und Überlebender des

Konzentrationslagers Ausschwitz, machte die Beobachtung, dass Mithäftlinge trotz der Grausamkeiten und unmenschlichen Bedingungen des Lagerlebens ihre Lebens- und Leidensfähigkeit bewahren und Widerstandkräfte entwickeln konnten.

In seinem Buch »Ein Psychologe erlebt das Konzentrationslager« (1992) schreibt er:

» War uns der Sinn des Leidens einmal offenbar geworden, dann lehnten wir es auch ab, die Leidfülle des Lagerlebens zu verharmlosen oder zu verniedlichen, indem wir sie ›verdrängten‹ und uns über sie hinwegtäuschten – etwa durch billigen oder verkrampften Optimismus. Für uns war auch das Leiden eine Aufgabe geworden, deren Sinnhaftigkeit wir uns nicht mehr verschließen wollten. (Seite 127) «

An anderer Stelle schreibt er:

» Aber nicht nur schöpferisches und genießendes Leben hat einen Sinn, sondern: Wenn Leben überhaupt einen Sinn hat, dann muss auch Leiden einen Sinn haben. Gehört doch das Leiden zum Leben irgendwie dazu – genau so wie das Schicksal und das Sterben. Not und Tod machen das menschliche Dasein erst zu einem Ganzen. (Seite 110) «

FRANKL (1994) spricht von der Fähigkeit des Menschen, dem Leben auch in existenziell bedrohlichen Situationen einen Sinn abzuringen. Er bezeichnet dies als »den Willen zum Sinn«. Ein sinnhaftes Leben kann seiner Meinung nach auf unterschiedliche Weisen erfolgen durch:

Schöpferische Werte ▶ Schöpferisches Tun und Arbeiten.

Erlebniswerte ▶ Emotional bedeutsame Erfahrungen bei der Begegnung mit Menschen und der Natur, indem jemand Liebe, Schönheit, Genuss erlebt.

Einstellungswerte ▶ Die Konfrontation mit unausweichlichem Leiden und Schicksalsschlägen, indem jemand Verluste und Leiden annimmt und Leidensfähigkeit entwickelt.

Frankl betont, dass insbesondere negative Erlebnisse und Schicksalsschläge die Chance zur inneren Reifung ermöglichen. Der innere schmerzliche Prozess des Akzeptierens ist häufig mit einer neuen Orientierung und Gewichtung bisheriger Werte, Ziele und Gewohnheiten verbunden.

Für Antonovsky besteht das Geheimnis der Gesundheit darin, dass man auch in schwierigen Lebenssituationen eine Lebenshaltung entwickelt, die er »sense of coherence« (also *Kohärenzsinn* oder Sinn für einen inneren Zusammenhang) nennt. Man ist demnach davon überzeugt, dass die schwierigen Situationen, die einem begegnen, erklärbar und verstehbar sind, dass man das Leben aus eigener Kraft oder mit fremder Hilfe bewältigen kann und dass das Leben einen Sinn hat. Es lohnt sich, Energie einzusetzen und sich innerlich zu verpflichten, sich zu engagieren und die Herausforderungen offen anzunehmen.

Untersuchungen zur *Resilienz*, der menschlichen Widerstandsfähigkeit gegenüber schweren Belastungen, haben Folgendes gezeigt: Wenn die Stressreaktion abgeklungen ist und sich unser physiologisches Gleichgewicht wieder eingestellt hat, sind wir bei einer erneuten Stresserregung wieder voll belastbar. Auf physiologischer Ebene läuft demnach ein gleichförmiges, sich wiederholendes Muster ab. Auf psychologischer Ebene hingegen vollzieht sich mit jeder durchlebten Stressreaktion eine Veränderung: Die erfolgreiche Verarbeitung einer Belastungssituation führt zur Bildung neuer Strukturen, neuer Bewältigungs- und Erklärungsmuster. Wir haben neue, komplexere und adaptivere Verhaltensmuster erlernt. Wir gehen gestärkt aus der durchlebten Stressreaktion hervor. Denn wir sind um eine Erfahrung reicher und entsprechend besser in der Lage, mit der nächsten Herausforderung umzugehen.

Glück, gute Gefühle und eine positive Lebenseinstellung

In den vergangenen Jahren wurden die positiven Gefühle intensiv erforscht. Insbesondere die Hirnforschung hat sich der Frage gewidmet, wie z.B. Genuss, Freude und Glück in unseren Köpfen entsteht. Auch die Wirkungen positiver Lebenseinstellungen wie Optimismus wurden in vielen klinischen Studien untersucht. Vor allem bei chronischen Erkrankungen konnte festgestellt werden, dass sich optimistische Einstellungen förderlich auf die Gesundheit auswirken.

Insgesamt zeigten sich enge Verbindungen zwischen positiven Gefühlen und unserem Körper. Gute Gefühle halten negative Gefühle und Stress im Zaum. Gute Gefühle fördern unsere Lernfähigkeit und unsere Kreativität. Durch gute Gefühle sind wir interessanter für andere. Mit guten Gefühlen fällt es leichter, sich für andere einzusetzen. Daraus lässt sich ableiten, dass unsere positiven Gefühle und Lebenseinstellungen eine wichtige Gesundheitsressource darstellen.

Die gute Nachricht der Glücksforschung lautet, dass gute Gefühle erlernbar sind und durch unseren Lebensstil und unsere Gewohnheiten gefördert, entwickelt und gepflegt werden können. Die Fähigkeiten und Möglichkeiten, positive Gefühle zu pflegen, werden im Kapitel »Mit Freude und Genuss das Leben gestalten« (Seite 235) vertieft dargestellt.

Wer kennt das nicht: Wir fühlen uns in einer Situation überfordert, vielleicht hilflos oder auch nur unentschlossen. Besprechen wir dann unsere Lage mit einer uns vertrauten Person, spüren wir bereits beim Erzählen Erleichterung und fühlen uns mit unserem Problem nicht mehr ganz so allein gelassen. Das gilt besonders dann, wenn unser Gegenüber Mitgefühl und Verständnis zeigt, uns ein Ratgeber ist und zuhören kann. Vielleicht hat man durch das Gespräch etwas Abstand gewonnen, eine neue Idee bekommen oder sogar eine Lösung gefunden. Vielleicht hat man aber auch nur erfahren, dass jemand zu einem hält, einem Mut zuspricht oder einfach nur da ist.

Soziale Unterstützung kann auf unterschiedliche Weise erfolgen und erfahren werden:

Instrumentelle oder materielle Unterstützung ▶ Hier kann es sich z. B. um finanzielle Unterstützung handeln, aber auch um praktische Hilfen wie Nahrung, Kinderbetreuung oder ein Platz zum Übernachten.

Emotionale Unterstützung ▶ Das gemeinsame Erleben von Nähe, Akzeptanz, Geborgenheit und Zugehörigkeit. Wenn wir emotionale Unterstützung bekommen, können wir folgende Erfahrungen machen:
»Ich kann so sein, wie ich mich gerade fühle. Ich fühle mich verstanden.«
»Mein Freund belehrt mich nicht, sondern nimmt sich die Zeit, mir zuzuhören.«
»Ich muss nicht darauf achten, einen guten Eindruck zu hinterlassen, sondern werde so akzeptiert, wie ich bin.«

Informationelle Unterstützung ▶ Hilfe durch spezielle Informationen, an wen und wohin man sich mit bestimmten Problemen wenden kann, sie gibt aber auch Rückmeldungen oder Hilfsangebote (z.B. für die Vorbereitung auf ein Bewerbungsgespräch oder die Korrektur eines Bewerbungsschreibens).

Soziale Unterstützung bedeutet z.B., auf eine Geburtstagsparty eingeladen zu werden, mit jemanden zusammen Sport zu treiben und sich einer Gruppe zugehörig zu fühlen.

Soziale Netzwerke können uns teilweise direkt dabei helfen, Stress zu bewältigen, aber auch indirekt dadurch, dass wir ein Gefühl der Geborgenheit, Zugehörigkeit und Akzeptanz erleben. In verschiedenen wissenschaftlichen Studien wurde wiederholt nachgewiesen, dass Menschen mit befriedigender sozialer Unterstützung gesünder und länger leben als Menschen, die das Gefühl haben, keine ausreichende soziale Unterstützung in ihrem Leben zu finden. Entscheidend ist hier allerdings die erlebte soziale Unterstützung. Real kann es sich dabei um eine recht wirkungslose Unterstützung handeln, entscheidend ist aber die Überzeugung oder Gewissheit, im Notfall auf ein soziales Netzwerk zurückgreifen zu können.

Die Hilfe und Unterstützung kann auch eher unsichtbar und indirekt ausfallen. Bei dieser Form der Unterstützung besteht nicht die Gefahr, dass sich der Hilfeempfänger schuldig oder abhängig fühlt. Aufgedrängte Hilfe kann hingegen sehr schnell als unangenehm, belastend und grenzüberschreitend erlebt werden. Entscheidend bleiben die Bedürfnisse und Wünsche des Einzelnen. Während der eine sich von den »nett gemeinten« Anrufen und Ratschlägen bedrängt fühlt, ist ein anderer dankbar und fühlt sich umsorgt und unterstützt.

Selbstwirksamkeit, Engagement, Kontroll- und Sinnerleben, eine positive Lebenseinstellung, die Fähigkeit Glück zu erleben, oder die Fähigkeit, fremde Hilfe und Unterstützung anzunehmen, sind die menschlichen Ressourcen, die uns als Puffer und Bollwerk gegen seelischen und körperlichen Stress dienen können. Nutzen wir diese Kräfte, erleben wir Stress eher als kontrollierbar und als eine Herausforderung, die wir bewältigen wollen. Und wir suchen dann immer wieder nach Strategien, auf unseren Weg in die Balance zurückzufinden.

Diese positiven Kräfte können wir vor allem in der aktiven Auseinandersetzung mit den Anforderungen unseres Lebens erleben. Dann können wir erfahren: »Ich schaffe es!« Meiden oder leugnen wir hingegen Herausforderungen, Belastungen und Stress, können wir keine Erfahrung mit unseren Fähigkeiten und persönlichen Ressourcen machen.

Abb 17 Ressourcen zur Stärkung des Gleichgewichts

Kompetenzen zur Gestaltung des persönlichen Gleichgewichts

Auf dem Weg dahin, unsere Balance im Leben zu finden, müssen wir sehr verschiedene Fähigkeiten und Fertigkeiten (*Kompetenzen*) entwickeln und einsetzen. Wir sind gefordert, unsere *Ressourcen* und inneren Potenziale zu nutzen. Um angesichts der vielfältigen Herausforderungen des Lebens den eigenen Weg zu gestalten, wird immer wieder ein aktives, zielorientiertes Handeln notwendig sein. Aber zeitweise geht es auch einfach nur darum, zu akzeptieren, loszulassen oder zu tolerieren. Wir sind immer wieder gefordert, uns zwischen zwei Extremen zu entscheiden: ob wir nun verantwortungsvoll anpacken sollen oder ob wir uns dem Strom überlassen sollen. Unser Gleichgewicht ist ein Balanceakt zwischen Beherrschen und Zulassen, zwischen Meistern und Akzeptieren. Es ist ein Pendeln zwischen Sein und Tun, wie es in diesem Gebet (Niebuhr 2006) ausgedrückt wird:

» Gott gebe mir die Gelassenheit, Dinge hinzunehmen, die ich nicht ändern kann, den Mut, Dinge zu ändern, die ich ändern kann, und die Weisheit, das eine vom andern zu unterscheiden. «

Das Gelassenheitsgebet verweist als Erstes auf die Fähigkeit, Dinge hinnehmen, annehmen und akzeptieren zu lernen. Dies sind Fähigkeiten, die man mit Offenheit, Bereitschaft, Akzeptanz oder Toleranz beschreiben kann.

Als Zweites erwähnt das Gebet die Fähigkeit, Dinge zu ändern, die man ändern kann. Damit sind Veränderungskompetenzen gemeint, der Mut, persönliche Werte und Ziele zu verfolgen und sich engagiert mit den Herausforderungen des Lebens auseinanderzusetzen sowie das zu verändern, was man verändern kann.

Die dritte Kompetenz, die das Gebet beschreibt, ist die Fähigkeit, das eine vom anderen zu unterscheiden. Damit könnte die Fähigkeit gemeint sein, genau wahrzunehmen und einzuschätzen, wann und in welcher Situation das eine oder das andere angemessen und wirkungsvoll ist. Bei dieser dritten Kompetenz geht es um die übergeordnete Fähigkeit, wann ich was tue. Man könnte auch von einer Metakompetenz sprechen, von einer Fähigkeit zum Unterscheiden. Sie besteht in der Fähigkeit, Signale wahrzunehmen, die Folgendes deutlich machen: Jetzt bietet sich die Gelegenheit zur Veränderung; also handle aktiv. In einer anderen Situation nehme ich Reize wahr, die signalisieren, dass von mir jetzt die Bereitschaft gefordert ist, die Dinge so anzunehmen und zu akzeptieren, wie sie sind. Ich muss nichts mehr verändern, kann einfach sein.

Veränderungskompetenzen, Akzeptanzkompetenzen und die Fähigkeit, das eine vom anderen zu unterscheiden, stellen die Grundlage und Grundidee für das folgende Kompetenzmodell zur Gestaltung des persönlichen Gleichgewichts dar.

Kompetenzmodell zur Gestaltung des persönlichen Gleichgewichts

Das im Folgenden beschriebene Kreismodell veranschaulicht die unterschiedlichen Kompetenzen, um Stress zu bewältigen und Gleichgewicht zu gestalten. Die zentrale Fähigkeit besteht in Achtsamkeit und Akzeptanz und wird daher durch das Kreiszentrum symbolisiert. Es folgen die Kompetenzen zur Stressbewältigung und die Fähigkeit zur Gestaltung positiven Erlebens.

Im Außenring sind die persönlichen Werte und Ziele in verschiedenen Lebensbereichen dargestellt; sie geben unserem Leben Orientierung und unserem Handeln eine Richtung.

Abb 13 Kompetenzmodell zur Gestaltung des persönlichen Gleichgewichts

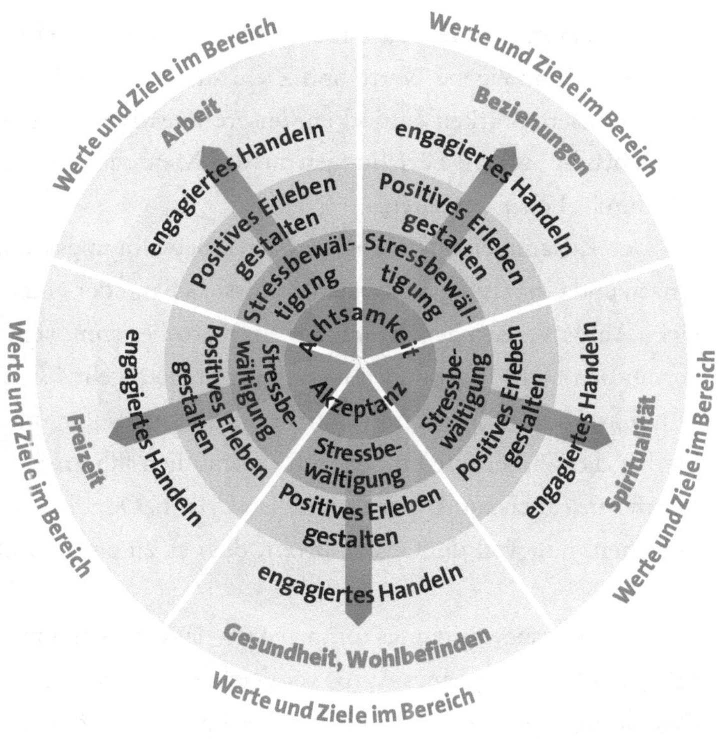

Die erwähnten Kompetenzen beziehen sich jeweils auf die verschiedenen Lebensbereiche: Arbeit, Beziehungen, psychisches und körperliches Wohlbefinden, Freizeit und sonstiges wie Spiritualität, politisches Engagement und Ähnliches.

Das Kreismodell dient als Übersicht und Darstellung der verschiedenen Bewältigungs- und Gestaltungskompetenzen.

Schwierigkeiten und Stressbelastungen gehören zu unserem Alltag. Es ist wichtig, mit ihnen umzugehen und sie bewältigen zu lernen. Um ein sinnvolles Leben zu führen, ist es mindestens genauso wichtig, Freude, Spaß und Genuss in unserem Leben zu kultivieren und eigene Werte und Ziele zu verfolgen. Wir alle wollen unsere Stärken entdecken, unsere Kreativität ausleben und lebendige soziale Beziehungen mit den Menschen leben, die uns durchs Leben begleiten.

Der Zusammenhang zwischen Stressbewältigungskompetenzen und Gestaltungskompetenzen lässt sich mit der Nutzung eines Autos vergleichen: Wenn Sie ein Auto besitzen, steht es vermutlich nicht nur in der Garage, damit sie regelmäßig den Ölwechsel durchführen, im Frühjahr die Sommerreifen und im Herbst die Winterreifen montieren. Vermutlich fahren Sie mit Ihrem Auto auch zur Arbeit oder in den Urlaub. Oder lassen Sie es stehen, nur weil die Gefahr droht, dass es zu einem Unfall kommt?

Die Stressbewältigungskompetenzen lassen sich mit der Pflege und Wartung eines Autos vergleichen. Kompetenzen zur Gestaltung ihres Lebens und ihres Gleichgewichts können mit den Ideen, Zielen und Plänen verglichen werden, wie Sie Ihr Auto täglich nutzen wollen. Wenn Sie damit in die Stadt fahren, um einzukaufen, riskieren Sie einen Unfall; Sie werden Benzin verbrauchen und die Reifen abnutzen. Aber Sie haben danach auch ein paar schöne, leckere oder nützliche Dinge in ihrem Kofferraum und können so den weiteren Tag anders, vielleicht angenehmer gestalten. Wenn Sie mit dem Auto die vielen tausend Kilometer bis nach Portugal reisen, steigt Ihr Risiko, aber auch die Wahrscheinlichkeit, dass Sie etwas Neues, Aufregendes und Wunderbares erleben. Sie können die Reise allerdings nur unternehmen, wenn Sie Ihr Auto ausreichend gewartet, getankt und gepflegt haben. Sonst werden Sie Ihr Ziel nicht erreichen.

Das heißt: Stressbewältigungskompetenzen und Gestaltungskompetenzen ergänzen einander, gehören zusammen und können gleichzeitig gepflegt und entwickelt werden.

Ihr Alltag als Entdeckungsreise – Hinweise zur Nutzung dieses Buchs

Beim Lesen der folgenden Kapitel beginnen Sie eine persönliche Entdeckungsreise. Das WEG-Schema wird Sie dabei begleiten. Beim Aufbau der Kapitel wurde darauf geachtet, dass Sie theoretische Hintergrundinformationen, aber auch praktische Anregungen und Impulse zum *Wahrnehmen, Einschätzen und Gestalten* (WEG-Schema) in Ihrem persönlichen Leben erhalten. Deshalb nehmen Sie sich bitte Zeit, um die Anregungen schrittweise zu verarbeiten und in Ihrem Alltag anzuwenden.

Wahrnehmen: Unter Stress und in der Hektik des Alltags ist unsere Wahrnehmung oft sehr eingeschränkt. Wir nehmen häufig eine Tunnelperspektive ein und blenden dabei vieles aus. Die folgenden Kapitel enthalten Anregungen und Impulse, um die Wahrnehmung zu schulen, zu öffnen und aufmerksamer zu werden. Sie werden dabei die Gelegenheit bekommen, sich selbst besser kennenzulernen. Sie werden angeregt, sich auf verschiedenen Ebenen Ihres Lebens beobachten zu lernen.

Einschätzen: Sie werden Hintergrundinformationen zu den einzelnen Kompetenzen erhalten, die hoffentlich zum Nachdenken anregen. Lassen Sie diese Informationen auf sich wirken. Lassen Sie sich Zeit zum Nachdenken, so wie Sie Zeit benötigen, um eine Speise zu verdauen. Durch diesen Verarbeitungsprozess können Sie prüfen, was auf Sie zutrifft und was nicht, was für Sie bedeutungsvoll ist und was nicht. Finden Sie für sich heraus, was Sie vertiefen wollen. Klären Sie dabei auch, welche Ziele Sie verfolgen.

Gestalten: Bei dieser Entdeckungsreise geht es darum, sich auf den Weg zu machen und eigene Erfahrungen zu sammeln. Wählen Sie aus, welche Ideen und Übungen Sie umsetzen und praktizieren wollen. Experimentieren Sie mit den verschiedenen Übungsanregungen, um herauszufinden, was für Sie mit den Werten und Zielen Ihres Lebens übereinstimmt. Nur durch die eigene Umsetzung und Gestaltung können Sie herausfinden, in welcher Weise das Gelesene für Sie hilfreich sein kann. Werden Sie dabei zum Experten bei der Gestaltung ihres persönlichen Gleichgewichts.

In diesem Sinne können Sie das WEG-Schema auf das Lesen dieses Buchs anwenden; gleichzeitig stellt es die Brücke zu Ihrem Alltag her. Es unterstützt Sie darin, Ihr persönliches Leben zu erforschen und zu gestalten.

Unachtsamkeit ist beispielsweise eine Haltung, die nicht viel Hirn beansprucht. Wem es gelingt, künftig etwas achtsamer zu sein, der wird automatisch bei allem, was er fortan wahrnimmt, was er in seinem Gehirn mit diesen Wahrnehmungen verbindet (aktiviert) und was er bei seinen Entscheidungen berücksichtigt, mehr »Hirn« benutzen als jemand, der weiterhin oberflächlich oder unachtsam mit sich selbst umgeht und mit allem, was ihn umgibt. Achtsamkeit ist daher eine ganz wesentliche Wartungsmaßnahme für ein menschliches Gehirn.
Gerald Hüther

Alltagsaufmerksamkeit oder der Autopilot

Sie kennen es bestimmt. Sie stehen im Keller und denken: »Was wollte ich hier erledigen?« Sie wollen auf dem Weg von der Arbeit noch etwas einkaufen, fahren dann aber den gewohnten Weg nach Hause und vergessen, die richtige Ausfahrt zum Einkaufszentrum zu nehmen. Oder Sie lesen in einem Buch, und nach einer halben Seite stellen Sie fest, dass Sie sich an das Gelesene nicht mehr erinnern können. Irgendwelche Gedanken haben Sie beschäftigt, Sie waren innerlich abgelenkt und konnten die Informationen nicht aufnehmen. Häufig sind wir in solchen Situationen mit Sorgen, Zukunftsplänen oder Ereignissen der Vergangenheit beschäftigt. Manchmal kann uns diese Art und Weise, gedanklich mit etwas anderem beschäftigt zu sein, sehr belasten, vor allem wenn wir nicht mehr in der Lage sind, uns auf eine Sache zu konzentrieren, abzuschalten und die Gegenwart zu genießen.

EIN FREUND berichtete mir: »Ich hatte eine wirklich stressige Arbeitsphase. Ich habe mich so auf den Urlaub in den Bergen gefreut, konnte dann aber beim Wandern nicht einmal abschalten. Ich habe die ganze Zeit daran gedacht, was mich nach dem Urlaub am Arbeitsplatz erwartet. Ich konnte es gar nicht richtig genießen.« ■

EIN KOLLEGE beschrieb diese Art von Alltagsaufmerksamkeit sehr treffend: »Ich habe den Eindruck, dass wir am Tage höchstens 10 Prozent von dem wahrnehmen, was läuft. Den restlichen Tag sind wir mit unseren eigenen Gedanken, Gefühlen und Reaktionen beschäftigt.« ■

Die kognitiven Verhaltenstherapeuten SEGAL, WILLIAMS und TEASDALE (2002) haben ein Programm zur Rückfallprophylaxe für depressive Patienten entwickelt. Sie setzen dabei achtsamkeits- und akzeptanzorientierte Therapieverfahren ein. Sie bezeichnen die alltäglich auftretende Form der Nichtgegenwärtigkeit als »Autopiloten«. In diesem Zustand verhalten wir uns eher mechanisch und sind nicht aufmerksam für das Hier und Jetzt. Wir tun etwas (z. B. essen), während wir in Gedanken ganz woanders sind. Es sind häufig automatische Gedanken, die wie eine innere Schallplatte ablaufen. Als hätte diese Platte einen Sprung, wiederholen sich die immer gleichen Gedanken, ohne Ergebnis, ohne neue Impulse oder Ideen.

Damit depressive Patienten lernen, diesen Autopiloten bzw. diese alltägliche Unachtsamkeit zu bemerken und auszuschalten, setzen Segal und seine Kollegen mit Erfolg bei ihnen Methoden der Aufmerksamkeitslenkung und Achtsamkeit ein. Die Fähigkeit, diese Gedankenautomatismen zu kontrollieren und willentlich zu beenden, ist vor allem bei emotionalen Störungen von zentraler Bedeutung. Denn hier kommt es häufig zu negativen Gedanken und Inhalten, die in der Regel nichts mit der Realität des Augenblicks zu tun haben und negative Emotionen weiter verstärken.

Abb 19 Vom Autopiloten gesteuert

Achtsam wahrnehmen, was ist

Beim Kreismodell der Fähigkeiten und Ressourcen zur Gestaltung des persönlichen Gleichgewichts steht die Achtsamkeit im Zentrum (vgl. Abbildung 18). Achtsamkeit ist sowohl eine Fähigkeit, die wir entwickeln und trainieren können, als auch eine Ressource, über die wir alle bereits verfügen. Das, was ist, achtsam wahrzunehmen, ist allerdings einfacher gesagt als getan. Unsere automatisch auftauchenden Gedanken und Gefühle verleiten uns dazu, im Autopiloten unser Leben zu leben. Grundvoraussetzung, um die Kompetenzen zur Gestaltung des persönlichen Gleichgewichts zu entwickeln, ist eine wache, aufmerksame Wahrnehmung.

Wenn wir die Stresssignale unseres Körpers nicht bemerken, können wir auch nicht darauf reagieren. Wenn uns der Stress-Teufelskreis nicht bewusst wird, können wir auch nicht lernen, ihn zu unterbrechen. Wenn wir Stressbelastungen nicht wahrnehmen, ist es schwierig, sie erfolgreich zu bewältigen. Wenn wir uns unserer Werte und Ziele im Leben nicht bewusst sind, können wir uns nicht an ihnen orientieren. Wenn wir unsere Gefühle, Gedanken und Bedürfnisse nicht wahrnehmen, wie können wir dann gut für uns sorgen?

Bewusste Wahrnehmung der Gegenwart und Achtsamkeit für den Augenblick sind Basiskompetenzen, die uns befähigen, uns selbst und unsere Umwelt zu erleben, zu spüren und verstehen zu lernen. Achtsamkeit besitzt eine Schlüsselfunktion und ist eine Grundvoraussetzung dafür, dass wir Stress bewältigen und unser persönliches Gleichgewicht gestalten.

Achtsamkeit hat vielfältige religiöse und kulturelle Hintergründe und Bezüge. In der buddhistischen Meditationspraxis ist Achtsamkeit ein wichtiges Prinzip und Teil der meditativen Übungswege. Auch viele Psychologen haben die Methoden der Achtsamkeitspraxis in die psychotherapeutische Arbeit integriert (wie z. B. der Begründer der Gestalttherapie Fritz PERLS, 2002). Verschiedene Verhaltenstherapeuten haben achtsamkeitsbasierte Therapieverfahren nicht nur in ihre Arbeit integriert, sondern auch wissenschaftlich genauer untersucht; dazu gehören die Pionierarbeiten von Jon KABAT-ZINN (1995) und Marsha LINEHAN (1996).

Auch im Christentum gibt es Traditionen, die eine aufmerksame Hinwendung zur Gegenwart betonen, vor allem bei den

Vertretern der christlichen Mystik (wie etwa Meister Eckhart oder Hugo de Balma). Verschiedene westliche Dichter und Denker wie Henry D. Thoreau, Aldous Huxley oder Rainer Maria Rilke beschreiben sehr kraftvoll und bildhaft den Reichtum des Gegenwartserlebens.

Achtsamkeit ist nicht an eine Weltanschauung gebunden. Johannes MICHALAK und Thomas HEIDENREICH (2004) bezeichnen Achtsamkeit als »ein allgemein menschliches Phänomen, das nicht an eine bestimmte Tradition oder Technik gebunden ist. Allerdings haben bestimmte Traditionen – insbesondere die unterschiedlichen buddhistischen Wege – eine besondere Meisterschaft entwickelt, dieses Potenzial im Menschen zu kultivieren. Aufgrund der allgemeinmenschlichen Natur von Achtsamkeit erscheint es uns nicht zwingend, ihre Kultivierung an eine bestimmte Tradition oder Technik zu binden« (Seite 779). Um achtsam zu sein, braucht man keine besondere Weltanschauung. Ob Moslem, Atheist, Christ oder Buddhist, alle können unabhängig und unbeeinflusst von ihrer Glaubensrichtung in gleicher Weise die Gegenwart aufmerksam und offen wahrnehmen.

Was bedeutet Achtsamkeit?

Wir werden uns an einer Definition von Achtsamkeit orientieren, die Jon KABAT-ZINN (1995) formulierte: Achtsamkeit ist eine bestimmte Form der Aufmerksamkeit, wobei die Aufmerksamkeit (1) absichtsvoll, (2) nicht wertend und (3) auf das bewusste Erleben des aktuellen Augenblicks gerichtet ist.

Was ist unter diesen drei Aspekten der Achtsamkeit zu verstehen?

Achtsamkeit ist absichtsvoll ▶ Achtsamkeit wendet sich immer wieder dem gegenwärtigen Augenblick zu. Dazu ist eine wiederholte absichtsvolle Aufmerksamkeitslenkung erforderlich. Unsere Aufmerksamkeit verlässt das Hier und Jetzt, sobald es langweilig oder unangenehm wird oder wir bestimmte innere oder äußere Erlebnisse nicht wahrnehmen wollen. Wir beginnen, in unseren Erinnerungen oder in unseren Zukunftsphantasien zu leben. Unser Kopfkino ist dabei sehr einfallsreich, sodass das Gegenwartserleben verblasst und zur Randnotiz verkommt.

Achtsamkeit ist nicht wertend ▶ Es geht darum, alle äußeren Ereignisse genauso wie unser inneres Erleben zunächst so anzunehmen, wie es ist. Die Trauer als Trauer erleben. Die Wut als Wut erkennen. Den Neid als Neid wahrnehmen. Gefühle werden nicht abgelehnt und bekämpft, sondern zugelassen. Nicht wertend bedeutet aber auch, Erlebnisse nicht sofort in bestimmte Kategorien zu ordnen: gut oder schlecht, erwünscht oder unerwünscht. Eine nicht bewertende Haltung wird oft mit der Sicht eines neutralen Beobachters verglichen. Mit »neutral« ist nicht eine distanzierte, kalte und nüchterne Betrachtungsweise gemeint, sondern vielmehr eine freundliche und offenherzige Wahrnehmung der Situation oder des eigenen Erlebens, mit Mitgefühl, doch ohne Bewertung. Der neutrale Beobachter sind wir selbst, er ist ein Teil von uns.

Achtsamkeit ist auf das bewusste Erleben des aktuellen Augenblicks gerichtet ▶ Achtsamkeit bedeutet, sich dem Erleben im Augenblick zuzuwenden, mit allen Sinnen das aufzunehmen, was in diesem Moment ist, was Sie tun, sehen und hören. Es bedeutet, ganz da zu sein, im Hier und Jetzt, bei den Dingen, die Sie erleben, ohne dabei in Gedanken, Grübeleien und Assoziationen abzugleiten. Wenn Sie beim Mittagessen sind, dann essen Sie. Wenn Sie tanzen, dann tanzen Sie. Spüren Sie Ihren Körper, die Bewegungen des Partners, fühlen Sie die Musik und den Rhythmus. Wenn Sie Ihr schreiendes Kind auf dem Arm halten, sollten Sie mit Ihrer ganzen Aufmerksamkeit bei Ihrem Kind sein. Dieser Augenblick ist vollwertig und ganz.

Der buddhistische Mönch und Autor THICH NHAT HANH (1995) spricht im Zusammenhang mit Achtsamkeit davon, das Bewusstsein für die gegenwärtige Wirklichkeit wachzuhalten. Er vergleicht Achtsamkeit mit einer Palastwache, die jedes Gesicht, das den Haupteingang passiert, bewusst registriert und wahrnimmt: »Aha, da betritt gerade die Angst den Palast, und dort drängen der Selbstzweifel und die Langeweile durchs Tor.« Gedanken und Gefühle werden wahrgenommen, wie sie kommen und gehen. Damit ist gemeint, dass man das Gefühl unmittelbar erlebt, wenn es auftritt, und nicht ein objektives, abgetrenntes Betrachten einer Vorstellung von einem Gefühl.

Mit der folgenden Übung möchte ich Sie einladen, Ihre Aufmerksamkeit auf das zu lenken, was da ist, sich der Gegenwart bewusst zu werden. Sie lesen die Zeilen und folgen mit der inneren Aufmerksamkeit den Instruktionen. Nehmen Sie sich die Zeit, innezuhalten und wahrzunehmen:

ÜBUNG Nehmen Sie wahr, wie Sie dieses Buch in Händen halten und ihre Augen über die Zeilen dieser Buchseite wandern. Während Sie weiter lesen, können Sie gleichzeitig mit Ihrer Aufmerksamkeit wahrnehmen, wie Sie sitzen, wie Ihre Füße auf dem Sofa oder auf dem Boden ruhen. Spüren Sie, wie Ihr Körper von der Sitzfläche getragen wird und die Lehne berührt. Begegnen Sie all dem, was Sie wahrnehmen mit der inneren Haltung: »Es ist so in Ordnung. Ich muss momentan nichts verändern. Es ist so, wie es ist, okay.«

Erfühlen Sie Ihre Sitzposition. Wo befinden sich gerade Ihre Arme und Hände?

Wandern Sie an Ihrem Körper entlang, und nehmen Sie weitere Körperempfindungen wahr, fühlen Sie die Spannung in Ihrem Gesicht, den Schlag Ihrer Augenlider, den feinen Luftzug beim Ausatmen. Bemerken Sie die Spannung in Ihren Schultern, das Gefühl, wie der Stoff Ihrer Kleidung die Haut wärmt und berührt. Sie müssen momentan nichts verändern.

Nehmen Sie die Reize und Körperempfindungen offen wahr, ohne sie abzulehnen oder verändern zu wollen. Wenn Gedanken oder Gefühle auftauchen, ist auch das in Ordnung. Nehmen Sie sie wahr, ohne sie verändern zu wollen. Wenn Sie ein Gefühl von Unruhe wahrnehmen, ist auch das in Ordnung. Bemerken Sie dann einfach: »Aha, ich bin unruhig oder nervös.«

Sie müssen gerade nichts verändern oder erreichen. Sie sollen nur das wahrnehmen, was Sie in diesem kurzen Augenblick erleben.

Richten Sie Ihre Aufmerksamkeit nun auf das, was Sie sehen. Blicken Sie umher, betrachten Sie den Raum oder den Ort, an dem Sie sich gerade befinden. Seien Sie ganz da, und nehmen Sie die Farben und Gegenstände wahr, die Sie umgeben. Sehen Sie sich um: Was sehen Sie gerade? Auch bei dem, was Sie sehen, müssen Sie nichts verändern.

Beginnen Sie nun, auf die Geräusche zu achten, die Sie umgeben. Was hören Sie gerade? Begegnen Sie auch diesen Reizen offen. Alles, was Sie wahrnehmen, ist in diesem Moment in Ordnung, auch wenn Ihnen Geräusche missfallen oder Sie stören. Verändern können Sie auch später noch.

Legen Sie das Buch für kurze Zeit zur Seite, und überlassen Sie sich dem aufmerksamen Wahrnehmen, nutzen Sie alle Ihre Sinne zum Erspüren von Gegenwart und Gegenwärtigkeit. Nachdem Sie den Geschmack des Augenblicks eine Weile gekostet haben, können Sie sich bewusst machen, wie es Ihnen ergangen ist. Ist es Ihnen schwer gefallen? Waren Sie in Gedanken ganz woanders? Waren Sie sofort wieder bei einem unerledigten Problem? Konnten Sie die ganze Breite der sinnlichen Reize wahrnehmen?

In der oben beschriebenen Übung konnten Sie damit experimentieren, dem, was gerade ist, was Sie gerade erleben, mit einer achtsamen Haltung zu begegnen. Das Vorgehen lässt sich in zwei Schritten beschreiben:

1. Zunächst geht es um das bewusste aufmerksame Erleben der Gegenwart mit allen Sinnen. Sie fühlen, sehen, hören, riechen und schmecken den Augenblick.
2. Sie stoppen bewusst den Impuls, das Erlebte verändern, kritisieren oder korrigieren zu wollen. Sie nehmen das, was da ist, offen wahr.

Der erste Schritt besteht also in der direkten Wahrnehmung, der zweite Schritt darin, sich nicht in den eigenen Empfindungen und Reaktionen wie Ablehnung, Kritik oder Begeisterung zu verfangen. Diese gedanklichen oder emotionalen Regungen dürfen sein. Wir registrieren sie wie die Palastwache und kehren zurück zur direkten Wahrnehmung. Dabei sind wir wachsam für das, was der Augenblick bietet. Achtsamkeit bedeutet, die Aufmerksamkeit immer wieder zum gegenwärtigen Moment zurückzubringen.

Akzeptanz (von lat. »accipere«) bedeutet anzunehmen, was angeboten wird (Hayes et al. 2004). In der Psychologie versteht man unter Akzeptanz die Bereitschaft, Ereignisse mit allen verfügbaren Informationen anzunehmen. Dabei werden auch unsere Reaktionen auf bestimmte Ereignisse angenommen. Gefühlsreaktionen werden als Gefühle wahrgenommen (Wut, Trauer), gedankliche Reaktionen als Denken (»Ich halte das nicht mehr aus«) und Phantasien als Phantasien. Akzeptanz bedeutet auch, nicht zu vermeiden, sondern die Dinge so anzunehmen, wie sie sind. Dabei ist Akzeptanz nicht damit gleichzusetzen, dass man etwas billigt oder gutheißt; denn Gutheißen beinhaltet Bewerten. Es wird auch nicht unterschieden, ob ich Einfluss auf das Geschehen habe oder nicht.

M. Linehan (1996) spricht deshalb von radikaler Akzeptanz. Damit ist gemeint, die komplette Wahrheit des Augenblicks anzunehmen, ohne sie zu begrenzen, wegzuschieben oder zu rationalisieren. Es ist eine Reaktion ohne Abwehrreaktion. Linehan betont außerdem, dass für das Annehmen des Lebens, so wie es im Augenblick ist, eine innere Bereitschaft erforderlich ist. Sie formuliert dies wie folgt:

» Das Annehmen meint ein radikales Annehmen (das heißt ein vollständiges Annehmen tief aus dem Inneren heraus), eine Entscheidung für das Annehmen (das heißt, sich dafür zu entscheiden, die Realität so zu akzeptieren, wie sie ist) und innere Bereitschaft (willingness) statt äußerem Wollen (willfulness). «

Linehan, 1996, S. 124

Diese innere Bereitschaft des Annehmens, bedeutet nicht, dass man alles hinnehmen und sich passiv und resignativ den Umständen ergeben sollte. Akzeptanz heißt auch nicht, dass man in der gegebenen Situation nicht aktiv handeln, verändern oder gestalten darf oder dass man sich gegen Missstände oder Gewalt nicht wehren sollte. Akzeptanz bedeutet die Bereitschaft, Realitäten unvoreingenommen, offen und frei von Vorurteilen zu betrachten. Nur mit klarem, direktem Blick auf die Dinge und durch das Anerkennen von Realitäten kann es uns gelingen, die Anforderungen und Konsequenzen einer Situation zu erfassen. Nur so schaffen wir die notwendigen Voraussetzungen für ein zielorientiertes Handeln.

Möchte ich meine Lebensgewohnheiten ändern, weil ich z. B. an Übergewicht, Nikotinsucht oder unter Bluthochdruck leide, muss ich in einem ersten Schritt akzeptieren, dass dieses Leiden, diese Krankheit ein Teil von mir ist und im Moment zu meinem Leben gehört. Wenn ich diese Realität annehme, gelingt es mir leichter, den eigenen Lebensstil zu ändern, als wenn ich die Tatsache leugne, mich ärgere oder mich sogar dafür hasse. Wenn ich erkenne, dass meine Gesundheit durch Übergewicht oder hohen Blutdruck gefährdet ist, verbessert sich meine Bereitschaft, Motivation und Disziplin, sogar liebgewordene Gewohnheiten zu verändern. Wenn ich ignoriere, vermeide oder verdränge, sind Veränderungen nur schwer möglich. Mein gesundheitliches Risiko wird dadurch nicht geringer, mein Lebensstil nicht gesünder. Akzeptanz schafft ein Klima, das Veränderung und Heilung ermöglicht.

Die Bereitschaft sich selbst oder bestimmte äußere Umstände zu akzeptieren, kann ein sehr schwieriger Lernprozess sein. Krankheit, körperliche Schmerzen, materielle Not oder der Tod eines nahen Menschen sind Schicksalsschläge, die nur sehr schwer anzunehmen und zu verarbeiten sind, weil sie uns ängstigen, bedrohen und wir einfach keinen Sinn darin erkennen können.

Es kann eine sehr lange Zeit dauern, bis unsere Bereitschaft wächst, diese schmerzlichen Ereignisse zu akzeptieren, und noch länger, bis unsere Wunden heilen. In diesen Situationen kann es sehr hilfreich sein, die Unterstützung von anderen Menschen, eine professionelle Beratung oder eine Therapie in Anspruch zu nehmen, um zu verhindern, dass man in seiner Ablehnung und seinem Kampf gegen bestimmte Realitäten stecken bleibt.

In vielen Therapien geht es einerseits darum, erwünschte Veränderungen umzusetzen, andererseits darum, dass wir lernen, Veränderungen, die das Leben mit uns vollzogen hat, zu verarbeiten und zu akzeptieren. Das Ziel besteht darin, dass die Betroffenen sich wieder für die Möglichkeiten, Chancen und Gelegenheiten der Gegenwart öffnen können.

Wie hängen Achtsamkeit und Akzeptanz zusammen?

Achtsamkeit und Akzeptanz hängen sehr eng zusammen. Achtsamkeit ist Neugierde, Offenheit und Aufgeschlossenheit für das gesamte Spektrum des Augenblicks – ohne Vorurteil und Bewertung. Akzeptanz ist in diesem Sinne ein Teil der Achtsamkeit. Wenn ich achtsam bin, muss ich auch bereit sein, die Emotionen, Gedanken und Ereignisse meines gegenwärtigen Lebens zu akzeptieren. Durch Achtsamkeit und Akzeptanz lerne ich, mit dem ganzen Paket meines Lebens umzugehen.

Es treten jedoch häufig auch Gefühle und Gedanken auf, die wir nicht ertragen können und denen wir uns verschließen. In der Regel lehnen wir Gefühle wie Wut, Langeweile, Angst und Einsamkeit ab, wollen sie loswerden und bekämpfen. Es ist uns dann nicht möglich, achtsam und akzeptierend mit diesen Gefühlen umzugehen. Dasselbe gilt für Körperempfindungen wie Schmerz, Hunger oder Kälte. Werden sie zu intensiv, beginnen wir uns zu verschließen, zu verkrampfen oder zu verzweifeln. Die Bereitschaft zur Akzeptanz wächst mit der aufmerksamen Wahrnehmung dessen, was ist. Die Grenze dessen, was wir akzeptieren können, ist verschiebbar; unsere Akzeptanz kann wachsen. Sie ist verschiebbar durch Achtsamkeit und die Erfahrung, dass Gefühle wie Einsamkeit oder Trauer schmerzhaft, aber erträglich sind. Wenn wir lernen, Gefühle achtsam wahrzunehmen, können wir manchmal noch ganz andere Facetten unseres Erlebens entdecken: andere Gefühle, die für uns und bezogen auf die Situation unerwartet sind.

Eine Patientin erklärte mir in einem Therapiegespräch, dass sie über den Tod ihres Mannes tiefe Trauer empfindet und unter der plötzlichen Einsamkeit sehr leidet. Aber manchmal verspürt sie einfach nur Wut, Wut auf ihren Mann, dass er sich so früh davon gemacht hat und Sie mit dem gemeinsamen Betrieb nun ganz allein dasteht. Ihre Wut wahrzunehmen und zu akzeptieren war für die Patientin ein ganz entscheidender und auch erleichternder Schritt, um die Tatsache zu verarbeiten, dass ihr Mann gestorben war.

Durch Achtsamkeit konfrontieren wir uns mit dem, was ist. Das heißt, dass wir unsere sogenannten negativen Gefühle oder Gedanken nicht mehr vermeiden. Häufig praktizieren wir jedoch mit unangenehmen Gefühlen oder Gedanken etwas, was Psychologen *Erlebnisvermeidung* nennen – das Gegenteil von Akzeptanz.

FRAU K., alleinerziehende Mutter von zwei Kindern, berichtete mir, dass sie nach der Arbeit als Kassiererin im Supermarkt häufig erst sehr spät abends nach Hause gekommen ist. Dann musste sie noch die Hausaufgaben der Kinder kontrollieren, ihnen das Abendbrot zubereiten, sie zu Bett bringen und den Haushalt in Ordnung bringen. Trotz ihrer Müdigkeit habe sie abends keine Ruhe gefunden. Diese Unruhe sei für sie unerträglich gewesen. Sie habe angefangen, regelmäßig Rotwein zu trinken. Anfangs habe ihr der Alkohol sehr geholfen, sie sei ruhiger geworden; alles wurde irgendwie etwas erträglicher und leichter. Negative Gedanken und Grübeleien über ihr anstrengendes Leben als Alleinerziehende gingen zurück.

Zwei Jahre später war sie alkoholabhängig und musste wegen einer beginnenden Leberzirrhose vorübergehend im Krankenhaus behandelt werden. Wegen häufiger Fehlzeiten hat sie ihren Job verloren. Jetzt möchte sie sich mithilfe einer Therapie von ihrer Sucht befreien.

Im Rahmen der Therapie musste Sie sich nun nicht nur der anfänglichen Unruhe stellen, sondern der Alkoholabhängigkeit mit all ihren körperlichen, psychischen und sozialen Schäden. ■

Aufmerksamer zu werden, unangenehme Gefühl wahrzunehmen und zu akzeptieren heißt auch, die oben beschriebene Erlebnisvermeidung zu reduzieren. Unsere Gefühle geben uns wichtige Signale, die wir lernen sollten wahrzunehmen. Die Erlebnisvermeidung kann auch zur Vermeidung realer Situationen führen.

HERR R., Außendienstmitarbeiter, entwickelte Panikgefühle in Autotunneln. Folglich plante er alle Autofahrten so, dass er keine Tunnel passieren musste. Er nahm teilweise erhebliche Umwege und verlängerte Fahrtzeiten auf sich. ■

FRAU B., Reisekauffrau, nahm an einer therapeutischen Gruppe teil und hatte Angst vor ablehnenden Kommentaren der Gruppenmitglieder. Deshalb entschloss sie sich dazu, in der Gruppe nicht zu sprechen. Dies hatte zur Folge, dass andere Gruppenteilnehmer das schweigsame Verhalten seltsam fanden und abfällig kommentierten. Es trat ein, wovor Frau B. sich am meisten gefürchtet hatte. Als Nächstes wollte sie nicht mehr an der Gruppe teilnehmen, um die Vermeidungsstrategie zu perfektionieren. ■

Es gibt viele Alltagsverhaltensweisen, die darauf beruhen, das vermeintlich Unangenehme zu vermeiden. Natürlich ist es sinnvoll, Situationen zu meiden, in denen ich mich oder andere schädigen könnte. Es ist ebenfalls verständlich, Situationen zu meiden, die nichts mit meinen Bedürfnissen und Zielen zu tun haben. Man kann auch nicht von Vermeidung sprechen, wenn ich kein Interesse an Sport habe und ich deshalb, statt in einem Fußballstadion zu sitzen, lieber ein Buch lese. Aber ein Außendienstmitarbeiter ist beruflich auf das Auto angewiesen. Eine Reisekauffrau muss mit ihren Kunden in Kontakt treten und mit ihnen kommunizieren, um ein Verkaufsgespräch zu führen. In der Therapie war es für beide notwendig, sich sowohl mit ihren Gefühlen als auch mit den Situationen zu konfrontieren, die sie zu meiden versuchten, um sie ertragen und annehmen zu lernen.

In der Verhaltenstherapie spricht man von Konfrontations- oder Expositionsübungen, wenn man sich den Situationen wieder stellt, in denen die Ängste auftreten. Diese Form der Angstbehandlung hat sich in vielen Studien als sehr wirkungsvoll erwiesen. Man lernt bei diesen Konfrontationsübungen die eigenen Gefühle der Angst besser kennen. Und kann dabei die Erfahrung machen, dass man z. B. bei Höhenangst auf einen Turm steigt und die Angstgefühle anfangs sehr stark werden. Man möchte fliehen, und die Gefühle sind kaum auszuhalten. Wenn man lernt, das Gefühl für eine gewisse Zeit wahrzunehmen und zu ertragen, ohne dass man es vermeidet, gewöhnt man sich an das Gefühl, und man wird mit ihm vertraut; es klingt dann langsam wieder ab. Auf diese Weise kann man lernen, dass es doch nicht so gefährlich ist, auf einen Turm zu steigen, wie es einem die Höhenangst einredet.

Achtsamkeit und Akzeptanz schließen also auch die unangenehmen, unerwünschten, von uns ignorierten oder vermiedenen Seiten des Lebens mit ein. Wir öffnen und erweitern unser Blickfeld; wir nehmen also *mehr* von einer Situation wahr und können so auf die Situation als Ganzes reagieren. Wir verzerren unsere Perspektive nicht dadurch, dass wir ein Detail überbewerten. Bei Achtsamkeit und Akzeptanz handelt es sich um Fähigkeiten, die man lernen kann, aber auch um konkrete Erfahrungen, die sich wechselseitig beeinflussen.

Wirkungen von Achtsamkeit

Eine Vielzahl wissenschaftlicher Studien haben gezeigt, dass Achtsamkeit jenseits der religiösen Praxis und losgelöst vom weltanschaulichen Hintergrund effektiv angewandt werden kann. Übungen zur Achtsamkeit sind in verschiedenen Therapieansätzen zu einem wichtigen Bestandteil geworden. Neuere Studien zeigen, dass achtsamkeitsbasierte Ansätze signifikant zu einer Verringerung der Symptome und einer Verhinderung von Rückfällen beitragen. Das ist z.B. der Fall bei Depressionen (Segal et al. 2002), Angststörungen, Borderline-Störungen und chronischen Schmerzzuständen. Man nimmt an, dass einer der

Nutzen von Achtsamkeit darin besteht, die eigene Situation besser annehmen zu können. Wenn man lernt, dies zu akzeptieren, spielt das eine zentrale Rolle im Umgang mit chronischen Erkrankungen und anhaltenden Belastungen.

Achtsamkeit einüben

Wenn Sie nicht in der Lage wären, Ihre Aufmerksamkeit zu lenken, könnten Sie auch dieses Buch nicht lesen. Achtsamkeit beruht auf unserer grundsätzlichen Fähigkeit, etwas aufmerksam wahrzunehmen. Diese Fähigkeit kann genauso trainiert werden wie ein Muskel.

Im Folgenden werden verschiedene Achtsamkeitsübungen vorgestellt. Wir unterscheiden zwischen strukturierten und alltagsintegrierten Achtsamkeitsübungen. Für die strukturierten Übungen (z. B. Atemzählen oder Körperreise) nehme ich mir bewusst Zeit, schaffe mir einen Raum der Ruhe und Ungestörtheit. Andere Übungen integriere ich bewusst in meinen Alltag, indem ich das, was ich tue, bewusst und aufmerksam tue. Ich gehe spazieren, dusche, koche, arbeite. Ich nehme meinen Körper, das, was ich sehe, höre, rieche, offen und sinnlich wahr. Ich lenke die Aufmerksamkeit auf das, was ich in diesem Augenblick erlebe.

Die Atmung als Anker für Achtsamkeit

Der Atem ist unser Begleiter, solange wir leben. Deshalb kann er eine Hilfe sein, um in der Gegenwart anzukommen, das Hier und Jetzt wieder bewusst zu erleben. Thich Nhat Hanh (1995) empfiehlt, den Atem als Werkzeug gegen die Zerstreuung zu nutzen. Der Atem vereinigt Körper und Gedanken. Deshalb empfiehlt er: »Immer wenn euer Geist zerstreut ist, sammelt ihn wieder mit eurem Atem. Atmet leicht und tief durch, seid euch bewusst, dass ihr tief atmet. Dann atmet die Luft aus den Lungen, und seid euch bewusst, dass ihr ausatmet.« (S. 19 f.)

Mit der folgenden Übung können Sie üben, mit Ihrer Aufmerksamkeit beim Atmen zu verweilen. Beginnen Sie zunächst mit 5 bis 10 Minuten, und steigern Sie die Übungszeit dann langsam. Legen Sie die Übungszeit für sich fest. Es empfiehlt sich, täglich eine Auszeit zum Üben zu nehmen.

ÜBUNG Zählen Sie in Gedanken still bei jedem Ausatmen Ihre eigenen Atemzüge von eins bis zehn.
»Einatmen, Ausatmen, eins; Einatmen, Ausatmen, zwei, ...«
Und wenn Sie beim zehnten Atemzug angelangt sind, beginnen Sie wieder von vorne bei eins.
Sie haben nichts anderes zu tun, als auf Ihren Atem zu achten und zu zählen. Zählen Sie jeden einzelnen Atemzug.
Wenn Ihre Gedanken abwandern, führen Sie sie sanft wieder zurück zum Atmen und zum Zählen.
Wenn Sie bei zehn angelangt sind, beginnen Sie wieder bei eins.
Wenn Sie das Zählen vergessen haben und in Gedanken abgeschweift sind, beginnen Sie wieder bei eins. Es ist in Ordnung, dass die Gedanken immer wieder abschweifen. Lenken Sie Ihre Aufmerksamkeit zurück zum Atmen und beginnen wieder bei eins.
Sie können langsam das Zählen verklingen lassen.

Atempausen im Alltag

Schenken Sie sich regelmäßig am Tag drei Minuten Atempausen. Damit sind drei Minuten gemeint, in denen Sie Ihre Aufmerksamkeit ganz auf Ihren Atem lenken können. Dies kann im Büro, in der Küche oder S-Bahn sein. Es sollte sich möglichst um Zeiträume handeln, in denen Sie gerade nichts anderes tun. Sie können Ihren Atem noch deutlicher spüren, wenn Sie eine Hand auf den Bauch legen und mit der Handfläche spüren, wie sich die Bauchdecke hebt und senkt. Sie haben nichts anderes zu tun, als Ihren Atem zu spüren und zu folgen. Wenn Sie möchten, können Sie wieder jedes Ausatmen zählen. Auf diese Weise können Sie die Achtsamkeit für den Atem auch in Alltagssituationen trainieren.

Den Atem wahrnehmen

Mit etwas Übung können Sie lernen, Ihren Atem genauer wahrzunehmen. Sie können spüren, wie der Atem, den Sie einatmen, etwas kühler ist, als die Atemluft beim Ausatmen. Sie können entdecken, wie sich der Brustkorb und die Bauchdecke heben und senken. Sie können die Ausdehnung von innen erspüren. Sie können die Hand auf den Bauch legen und bewusst von außen die Auf- und Abbewegung wahrnehmen. Nehmen Sie auch den Rhythmus Ihres Atems wahr, ohne ihn zu verändern. Spüren Sie, wie der Atem fließt, und nehmen Sie nur wahr, ohne zu verändern.

Unser Körper ist Teil von uns und ist zu jeder Zeit durch bewusste Wahrnehmung zugänglich. Die Wahrnehmung des eigenen Körpers kann sich wie ein Dialog gestalten. Wenn wir lernen, uns bewusst nach innen zu wenden, können wir die Signale aus unserem Körperinneren besser verstehen. Durch eine gesteigerte Aufmerksamkeit und Sensibilität für unseren Körper und seine Signale können wir die Grenzen seiner Leistungsfähigkeit leichter achten und für sein Wohlbefinden und seine Gesundheit sorgen. Durch verschiedene Entspannungsverfahren und Übungen kann diese Wahrnehmung für Vorgänge aus dem Körperinneren geschult werden. Man bezeichnet diese Form der Wahrnehmung auch als *Interozeption.*

Die folgende Übung lädt Sie ein, Ihr körperliches Erleben neu zu entdecken, und zwar von innen her. Ob Sie sich als zu groß, zu dick oder zu dünn empfinden, spielt dabei keine Rolle. Der Ausgangspunkt der Übungen wird wieder sein: Ihr Körper ist so, wie er ist, in Ordnung. Es muss dabei nicht immer um positives körperliches Erleben gehen. Sie müssen nichts verändern. Nehmen Sie bei den folgenden Übungen Ihren Körper mit einer wohlwollenden Haltung wahr, die nicht wertet oder ablehnt. Und wenn Sie andere Vorstellungen über Ihren Körper haben, nehmen Sie wahr, dass es nur Gedanken sind.

Es kann auch sein, dass Sie körperliche Anspannung oder Signale des Schmerzes bewusst wahrnehmen. Ein achtsames akzeptierendes Wahrnehmen, kann dazu führen, dass wir lernen, sie besser zu tolerieren und uns in angemessener Weise darum zu sorgen.

ÜBUNG Body Scan (in Anlehnung an KABAT-ZINN 1995)

Führen Sie die folgende Übung im Liegen an einem ruhigen Ort durch. Sie können die Übung mit geschlossenen oder offenen Augen durchführen.

Richten Sie Ihre Aufmerksamkeit auf das Ein- und Ausatmen, und spüren Sie, wie sich Ihre Bauchdecke hebt und senkt.

Lenken Sie dann die Aufmerksamkeit auf Ihren ganzen Körper. Spüren Sie, wie Ihr Körper als Ganzes von Kopf bis Fuß von Haut umhüllt ist.

Sie werden bei den folgenden Übungen in die einzelnen Körperteile ein- und wieder ausatmen. Beginnen Sie zunächst mit ihrem rechten Bein, und atmen Sie dorthin. Stellen Sie sich vor, Sie atmen ein durch Nase und Lunge, durch Bauch und Beine. Bei jedem Atemzug geht der Atem weiter bis in die Zehen Ihres rechten Fußes. Der Atem fließt bis in den rechten Fuß und wieder zurück.

Wie fühlt sich Ihr rechtes Bein, Ihr rechter Fuß an? Was spüren Sie in Ihrem Oberschenkel, Ihrem Knie, Ihrem Schienbein und Ihren Waden? Lenken Sie die Aufmerksamkeit auf Ihren Fuß. Wie fühlt sich die Fußsohle an, was spüren Sie in Ihren Zehen?

Und beginnen Sie, nun auch in Ihr linkes Bein ein- und wieder auszuatmen. Der Atem fließt hinunter bis zu den Zehen. Sie atmen ein und aus.

Später wechseln Sie zu Gesäß, Geschlechtsteilen und zu Ihrem Becken. Spüren Sie dann den Atem im Bauchraum. Lenken Sie nun die Aufmerksamkeit auf Ihren unteren Rücken, den oberen Rücken und dann zu den Schultern. Wandern Sie dann mit Ihrer Aufmerksamkeit die Arme hinunter zu den Händen in die einzelnen Finger. Danach lenken Sie die Aufmerksamkeit über die Schultern, über den Hals in Richtung auf das Gesicht hin. Sie nehmen den ganzen Kopf wahr. Atmen Sie in jede Körperregion hinein. Spüren Sie in jeden Bereich Ihres Körpers hinein.

Wenn Gedanken kommen, ist das in Ordnung. Lenken Sie langsam wieder die Aufmerksamkeit zu Ihrem Atem und Ihrem Körper.

Wenn Sie die Übung beenden, verweilen Sie beim Ein- und Ausatmen. Nehmen Sie wahr, wie sich Ihre Bauchdecke hebt und senkt.

Beenden Sie die Übung mit mehreren tiefen Atemzügen, öffnen Sie langsam die Augen, und strecken Sie sich.

Wenn Sie bei dieser Übung zum Einschlafen neigen, können Sie sie auch mit geöffneten Augen durchführen.

Achtsam gehen

Beim achtsamen Gehen handelt es nicht darum anzukommen, nicht darum, ein Ziel zu erreichen. Beim achtsamen Gehen handelt es sich um das Gehen selbst. Das Gehen selbst wird wahrgenommen, Schritt für Schritt, wie die Füße den Boden berühren und für die nächste Berührung des Bodens wieder angehoben werden. Bewusstes Gehen ohne Sorgen im Kopf ist Genießen. Die gleichmäßige Bewegung unserer Schritte bringt uns ganz in die Gegenwart. Es gibt nichts zu erreichen und nichts zu tun. Unser Körper kennt die Bewegungen, wir folgen diesen Bewegungen aufmerksam. Der Gang zur S-Bahn kann so zum achtsamen Genussspaziergang werden.

ÜBUNG Um achtsames Gehen zu üben, nehmen Sie sich 5 bis 10 Minuten Zeit.

Suchen Sie sich dafür einen Ort, an dem Sie ungestört auf und ab gehen können. Richten Sie Ihre Aufmerksamkeit auf einen Aspekt des Gehens, auf die Empfindungen in den Füßen oder auf den Atem, und bleiben Sie dabei, statt zwischen Atem, Füßen oder dem Gefühl des Körpers als einem Ganzen hin und her zu wechseln.

... Wählen Sie ein Schritttempo, das größtmögliche Aufmerksamkeit gestattet. Das mag von Fall zu Fall verschieden sein, sollte aber im Allgemeinen stets langsamer sein als Ihre normale Gangart.

... Wenn Sie die formale Gehmeditation eine Weile geübt haben, können Sie schließlich in den verschiedenen Situationen »nicht formal« gehen. Zum Beispiel können Sie Ihre Einkäufe achtsam gehend erledigen, anstatt achtlos von einem Laden zum anderen zu hetzen. Kurz, jede Gelegenheit, bei der Sie zu Fuß unterwegs sind, ist geeignet, um Achtsamkeit zu üben. (Kabat-Zinn 1995, Seite 118 ff)

Achtsamkeit im Alltag

Bei alltäglichen Erfahrungen fällt es uns häufig schwer, aufmerksam zu bleiben. Es wird entweder langweilig, oder es treten Gedanken und Assoziationen auf.

Nehmen Sie Ihre Unaufmerksamkeit, Ihre Gedanken und Gefühle wahr, und lenken Sie die Aufmerksamkeit wieder zurück zu einem sinnlichen Reiz. Wenn Sie beispielsweise durch den Weihnachtsmarkt schlendern und den Geruch von Zimtgebäck wahrnehmen, werden sehr schnell Assoziationen und Erinnerungen wachgerufen. Das kann sehr schön sein. Genießen Sie die Assoziationen und Bedeutungen, die ihr Gehirn dem Geruch hinzufügt. Sie können bewusst bei den Erinnerungen verweilen, die der sinnliche Reiz geweckt hat. Sie können aber Ihre Aufmerksamkeit auch neugierig auf die Suche nach weiteren sinnlichen Reizen schicken. Auf diese Weise entsteht in uns ein innerer Strom von Bildern, Gefühlen und Gedanken, in die wir eintauchen können. So können uns unsere alltäglichen Erfahrungen beflügeln; wir dürfen nur nicht versäumen, all die kleinen Genüsse, Schönheiten und Überraschungen wahrzunehmen.

Abb 20 Sinnliche Wahrnehmung und gedankliche Assoziationen

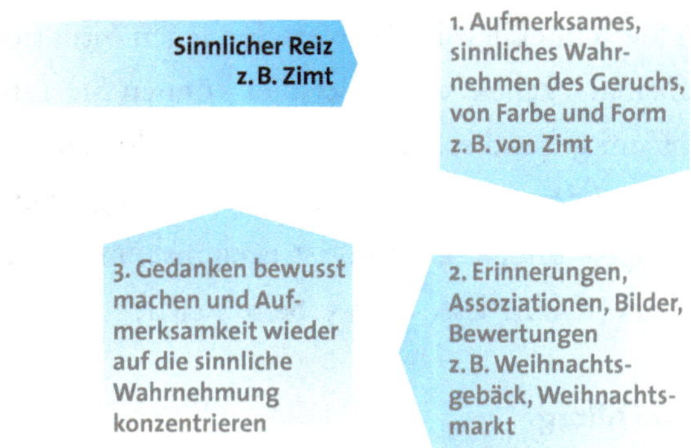

Die intensive Kontaktaufnahme mit dem gegenwärtigen Augenblick kann in sehr vielen Situationen und Alltagsmomenten gelingen. Ich kann mein zielstrebiges Einkaufen unterbrechen und mich in der Nähe eines Straßenmusikers auf eine Bank setzen und der Musik zuhören, den Strom der Fußgänger an mir vorbeiziehen lassen oder einfach die Sonne genießen und spüren, wie sie mir die Haut wärmt.

Leider nützt es nur wenig, wenn man sich vornimmt, mit der Aufmerksamkeit mehr in der Gegenwart zu verweilen. Sehr rasch verfallen wir in alte Gewohnheiten, und der Autopilot übernimmt wieder das Steuer. Deshalb ist es hilfreich, sich gezielt Aufgaben zu stellen, kleine Aufgaben, die Sie neugierig machen und Ihr Interesse wecken. Führen Sie in Ihrem Alltag immer wieder kleine Experimente durch.

Die Welt mit allen Sinnen entdecken

Es kann hilfreich sein, die Aufmerksamkeit bewusst auf einzelne Wahrnehmungsobjekte oder einzelne Sinnesreize zu begrenzen.

In die Ferne blicken ▶ Häufig nehmen wir nur das wahr, was sich unmittelbar in unserem Gesichtsfeld befindet. Nehmen Sie sich die Zeit, den Blick zu öffnen und in die Ferne zu blicken. Sehen Sie zum Fenster hinaus, betrachten Sie den Himmel, blicken Sie über die Häuser und Dächer hinweg, und suchen Sie den Horizont. Erweitern Sie Ihr Blickfeld, als würden Sie bei einer Kamera das Weitwinkelobjektiv verwenden.

Farben entdecken ▶ Achten Sie auf die Farben in Ihrer Umgebung. Machen Sie einen Spaziergang, und entdecken Sie die Vielfalt der Farben. Es geht nicht darum, sie zu benennen. Lassen Sie sich von der Farbenfreude Ihrer Umgebung leiten. Sie sehen vielleicht etwas, was schon immer da war und wofür Sie bisher blind waren.

Gerüche erleben ▶ Lassen Sie sich von Ihrer Nase leiten. Wenn Sie eine Bäckerei oder ein Cafe betreten, sollten Sie auf die Geruchseindrücke achten. Jede Jahreszeit hat ihre besonderen Gerüche. Entdecken Sie im Frühling den Duft von blühenden Sträuchern und Wiesen. Atmen Sie den Geruch von frischen Erdbeeren ein. Nehmen Sie im Wald den Geruch von Herbstlaub wahr.

Sie können auch beim Kochen an Paprika oder Basilikum riechen oder an Möhren und Fenchel schnuppern. Lassen Sie sich Zeit, um Ihren Alltag mit der Nase zu entdecken. Jeder Ort besitzt einen eigenen Geruch. Versuchen Sie, diese Gerüche direkt und sinnlich aufzunehmen oder wieder zu entdecken. Lassen Sie sich dabei nicht von angenehm oder unangenehm leiten. Es geht darum, die sinnlichen Qualitäten des Alltags zu erforschen. Auf spielerische und neugierige Art können wir die Welt entdecken, wie wir es als Kinder getan haben.

Hören ▶ Schließen Sie für einen Moment die Augen, und achten Sie nur auf die Geräusche dieses Augenblicks. Hören sie vorbeifahrende Autos, das Gezwitscher von Vögeln, die Kaffeemaschine oder das Gemurmel aus der Nachbarwohnung. Sie können auch gezielt Musik auflegen. Finden Sie heraus, bei welcher Musik es Ihnen leichter gelingt, achtsam und »ganz Ohr« zu sein.

Schmecken ▶ Lassen Sie ein Schokoladenstück auf der Zunge zergehen. Genießen Sie, wie der Geschmack intensiver wird und sich die Konsistenz der Schokolade verändert. Achten Sie beim Essen nur auf den Geruch und den Geschmack der Speisen. Legen Sie beim Essen die Zeitung zur Seite. Multitasking verhindert sinnliches Erleben

Körperliches Erleben im Alltag ▶ In der Regel nehmen wir unseren Körper im Alltag nicht wahr. Wir bemerken ihn, wenn wir Schmerzen empfinden, wenn wir außer Atem sind, nicht mehr können, wenn uns zu warm ist, wir schwitzen oder uns verletzen. Aber nur selten nehmen wir unseren Körper wirklich wahr. Wenn wir im Supermarkt in der Schlange stehen, ärgern wir uns vielleicht über die langsame Kassiererin, denken an die Arbeit oder träumen einfach vor uns hin. Wir blenden unseren Körper aus. Unser körperliches Erleben und unsere Körperhaltung sind in jeder Situation ein Anker, im Hier und Jetzt anzukommen.

Achten Sie auf Ihre Körperhaltung: im Fahrstuhl, in der Warteschlange, beim Kaffee trinken, beim Lesen dieses Buches. Wenn Sie Ihren Körper wahrnehmen – und sei es nur für kurze Augenblicke inmitten Ihres stressigen Alltages –, können Sie die Gegenwart spüren.

Wartezeiten entdecken ▶ Vielleicht müssen Sie ab und zu auf eine S-Bahn oder auf einen Bus warten. Oder Sie haben fünf Minuten Zeit zwischen zwei Terminen. Sie wissen sicher auch, wie es ist, wenn man ungeduldig in einer Arztpraxis wartet. Entdecken Sie diese Lücken und Zeiträume, um auf den Atem zu achten oder wieder bewusst den Körper zu spüren. Lernen Sie, wie man diese Situationen dazu nutzen kann, zu üben und in der Gegenwart anzukommen. Machen Sie sich bewusst, dass es gerade nichts zu tun gibt, dass Sie einfach da sitzen oder stehen können, ohne dass Sie etwas verändern müssten. Widerstehen Sie der Versuchung, die Wartezeiten schnell mit einer anderen Aktivität zu füllen (z. B. in einer Illustrierten zu blättern). Nehmen Sie das wahr, was Sie sehen, hören, riechen. Nehmen Sie auch die Gefühle und Körperempfindungen wahr, die jetzt gerade da sind. Das Warten kann dann zu einer erholsamen Atempause werden.

Gewohnheiten nutzen ▶ Unser Leben besteht aus unzähligen Gewohnheiten, die Sie regelmäßig wiederholen (z. B. Treppensteigen, die Spülmaschine ausräumen, die Wäsche waschen, Duschen, den Tisch decken, den Telefonhörer abnehmen). Nutzen Sie diese täglichen Gewohnheiten, um mit dem Jetzt in Kontakt zu kommen. Viele dieser Tätigkeiten verrichten wir automatisch und sind in Gedanken mit allem Möglichen beschäftigt.

Nutzen Sie gerade diese Aufgaben, um ganz da zu sein. Es sind die Rituale Ihres Alltags. Erinnern Sie sich immer wieder daran, zu der Tätigkeit, die Sie gerade verrichten, zurückzukehren.

» Der Straßenkehrer Beppo fuhr jeden Morgen lange vor Tagesanbruch mit seinem alten, quietschenden Fahrrad in die Stadt zu einem großen Gebäude. Dort wartete er in einem Hof zusammen mit seinen Kollegen, bis man ihm einen Besen und einen Karren gab und ihm eine bestimmte Straße zuwies, die er kehren sollte. Beppo liebte diese Stunden vor Tagesanbruch, wenn die Stadt noch schlief. Und er tat seine Arbeit gern und gründlich. Er wusste, es war eine sehr notwendige Arbeit. Wenn er so die Straßen kehrte, tat er es langsam, aber stetig: bei jedem Schritt einen Atemzug und bei jedem Atemzug einen Besenstrich. Schritt – Atemzug – Besenstrich. Schritt – Atemzug – Besenstrich. Dazwischen blieb er manchmal ein Weilchen stehen und blickte nachdenklich vor sich hin. Und dann ging es wieder weiter: Schritt – Atemzug – Besenstrich ... Während er sich so dahinbewegte, vor sich die schmutzige Straße und hinter sich die saubere, kamen ihm oft große Gedanken. Aber es waren Gedanken ohne Worte, Gedanken, die sich so schwer mitteilen ließen wie ein bestimmter Duft, an den man sich nur gerade eben noch erinnert, oder wie eine Farbe, von der man geträumt hat. Nach der Arbeit, wenn er bei Momo saß, erklärte er ihr seine Gedanken. Und da sie auf ihre besondere Art zuhörte, löste sich seine Zunge und er fand die richtigen Worte. ›Siehst du, Momo‹, sagte er dann zum Beispiel, ›es ist so: Manchmal hat man eine sehr lange Straße vor sich. Man denkt, die ist so schrecklich lang – das kann man niemals schaffen, denkt man.‹

Er blickte eine Weile schweigend vor sich hin, dann fuhr er fort: ›Und dann fängt man an, sich zu eilen. Und man eilt sich immer

mehr. Jedes Mal, wenn man aufblickt, sieht man, dass es gar nicht weniger wird, was noch vor einem liegt. Und man strengt sich noch mehr an, man kriegt es mit der Angst, und zum Schluss ist man ganz außer Puste und kann nicht mehr. Und die Straße liegt immer noch vor einem. So darf man es nicht machen.‹
Er dachte eine Zeit nach. Dann sprach er weiter: ›Man darf nie an die ganze Straße auf einmal denken, verstehst du? Man muss nur an den nächsten Schritt denken, an den nächsten Atemzug, an den nächsten Besenstrich. Und immer wieder nur an den nächsten.‹ Wieder hielt er inne und überlegte, ehe er hinzufügte: ›Dann macht es Freude, das ist wichtig, dann macht man seine Sache gut. Und so soll es sein.‹ Und abermals nach einer langen Pause fuhr er fort: ›Auf einmal merkt man, dass man Schritt für Schritt die ganze Straße gemacht hat. Man hat gar nicht gemerkt wie, und man ist nicht außer Puste.‹ «
Aus »Momo« von Michael Ende (1973).

Entspannung und Erholung oder mische Tun mit Nichtstun

Die erste wichtige Kompetenz im Umgang mit Stress ist die Entspannung. Durch Entspannen wird das Erregungsniveau, das durch Stress erhöht ist, wieder abgesenkt. Wir erholen uns und erreichen wieder unser Gleichgewicht. Es lohnt sich, die Mechanismen und Wege, wie dies gelingen kann, etwas ausführlicher zu besprechen.

Stellen Sie sich vor, Sie befinden sich in einem medizinischen Labor zur Messung ihrer Stressreaktion. Sie sind verkabelt und verdrahtet. Verschiedene Sensoren, Elektroden und Messinstrumente registrieren kontinuierlich körperliche Funktionsparameter, die Muskelspannung und die Gehirnströme. Nach einer kurzen Phase der Eingewöhnung beginnen Sie, sich zu entspannen. Plötzlich schlägt der Untersucher hinter Ihnen mit lautem Knall eine Tür zu. Sie erschrecken, wenden sich um, orientieren sich. Der akustische Reiz hat bei Ihnen einen Kampf-Flucht-Reflex ausgelöst, die Stressreaktion. Die Funktionsmessungen zeigen zeitgleich einen Anstieg von Blutdruck, Puls und Atemfrequenz, eine größere Muskelanspannung und eine erhöhte elektrische Aktivität Ihres Gehirnes. Nach einer Ruhephase werden Sie gebeten, sich etwas Schreckliches vorzustellen oder sich an ein negatives Erlebnis zu erinnern, an eine schmerzhafte Zahnarztbehandlung, einen Unfall oder eine Auseinandersetzung mit dem Partner. Wieder zeigen die Messdaten eine starke, ganz körperliche Erregung.

Die Stressreaktion kann also durch eine tatsächliche Belastung, aber auch allein durch unsere Vorstellungskraft ausgelöst werden. Dabei ist eigentlich nichts Schlimmes passiert. Auf diese Weise aktivieren wir tagtäglich Stressreaktionen, ohne dass eine reale Bedrohung für uns bestehen würde. Es sind Stressauslöser unserer Phantasie, doch sie sind die Ursache dafür, dass wir chronisch erhöhte Erregungszustände erleben müssen.

Die Entspannungsreaktion

Die Stressreaktion wurde bereits zu Beginn des 20. Jahrhunderts entdeckt und untersucht. Die eingangs erwähnten Wissenschaftler Hans Selye und Walter Cannon gehören zu den bekanntesten Stressforschern. Erst in den 70er Jahren begann man, auch Menschen zu untersuchen, die Entspannungstechniken oder Meditation gelernt hatten. Bei diesen Untersuchungen steht nicht die Stressreaktion, sondern die Entspannungsreaktion im Zentrum des wissenschaftlichen Interesses. Diese Studienteilnehmer wurden während der Untersuchungen aufgefordert, eine Entspannungs- oder Meditationsübung durchzuführen.

Die Wissenschaftler registrierten dabei das Gegenteil der Stressreaktion. Nachdem die geübten Teilnehmer mit ihrer Entspannungsübung beginnen, stellen sich rasch Veränderungen ein. Der Blutdruck sinkt, die Anspannung sinkt, Verdauungsaktivitäten beginnen, die Stresshormone im Blut verändern sich. Herbert Benson (1975) hat diese Reaktion als Entspannungsreaktion bezeichnet. So wie die Stressreaktion automatisch durch Stressreize ausgelöst werden kann, kann auch die Entspannungsreaktion ausgelöst werden. Die Entspannungsreaktion ist von fundamentaler Bedeutung, um das Gleichgewicht zu regulieren und eine chronisch erhöhte Erregung zu verhindern. Die Entspannungsreaktion ist eine angeborene menschliche Kompetenz, die man bereits bei Säuglingen beobachten kann. Ein hungriger Säugling schreit herzzerreißend und erlebt Hunger als Stress. Der Körper spannt sich an, der Kopf wird rot, der Blutdruck steigt, und die Atemfrequenz wird schneller. Wenn er dann gestillt und satt ist, stellt sich die Entspannungsreaktion wieder ein. Das kleine Gesicht entspannt sich, der Atem wird ruhig, und vielleicht stellt sich ein Lächeln ein.

Wir verfügen über die Fähigkeit, uns zu entspannen. Die Entspannungsreaktion ist das beste Mittel, um abzuschalten, eine zu starke Erregung abzukühlen und heftige Emotionen zu beruhigen. Natürlich kann man sich auch bei einer beruhigenden Musik oder bei einem Spaziergang entspannen. Es ließ sich jedoch zeigen, dass die Entspannungsreaktion durch gezielte Entspannungstechniken und regelmäßiges Üben deutlich vertieft werden kann.

Wirkungen der Entspannungsreaktion

Entspannung ermöglicht uns, abzuschalten und zu regenerieren. Wir können unsere Batterien wieder aufladen oder einfach wieder aus der Zerstreuung zu uns selbst zurückfinden. Während der Entspannung kann es uns gelingen, für eine Weile unsere Sorgen zu vergessen und mit den Gedanken wieder bei uns anzukommen. Wir spüren unseren Körper und erleben den Augenblick. Wir kommen in der Gegenwart an und können ganz da sein. Diese Erfahrung ist sehr einfach und sehr menschlich.

Entspannungsverfahren

Es gibt verschiedene Methoden, die Entspannungsreaktion auszulösen. Vereinfachend gesagt geht der Weg, Entspannung zu fördern, entweder über unseren Körper oder über unseren Geist. In den körperbetonten Verfahren werden körperliche Übungen durchgeführt (wie z. B. die Anspannung und Entspannung oder die Dehnung einzelner Muskelgruppen). Die körperliche Entspannung wirkt sich ganzheitlich auf unseren gesamten Organismus aus. Der andere Weg führt über unseren Geist. Bei den konzentrativen oder imaginativen Entspannungsverfahren oder dem autogenen Training bleibt man ruhig sitzen. Man lenkt innerlich die Aufmerksamkeit auf eine spezielle Übung, die man über einen bestimmten Zeitraum durchführt. Man kann seine Aufmerksamkeit auf den eigenen Atem lenken und spüren, wie der Atem durch den Körper ein- und ausfließt. Man kann sich aber auch mit der Vorstellung an einen schönen erholsamen Ort begeben, an dem man sich geborgen und wohl fühlt (z. B. an einen Meeresstrand). Der Phantasie sind bei imaginativen Verfahren keine Grenzen gesetzt. Durch diese mentalen Verfahren kommen wir geistig und körperlich zur Ruhe.

Übersicht über verschiedene Entspannungsverfahren	
Kognitive oder mentale Entspannungsverfahren (eher passiv)	konzentrative, meditative und Achtsamkeitsübungen
	imaginative Verfahren
	Autogenes Training
	Atementspannung
körperbetonte Entspannungsverfahren (eher aktiv)	Atementspannung
	Yoga, Stretching, Thai Chi, Chi Gong, Massage etc.
	Progressive Muskelentspannung

Es lohnt sich, wenn man sich mit den unterschiedlichen Methoden, sich zu entspannen, beschäftigt. Dabei kann man herausfinden, wie verschieden die einzelnen Verfahren wirken, welches Verfahren Ihnen persönlich am meisten liegt und Ihnen

Spaß macht. Im Rahmen dieses Trainings liegt der Schwerpunkt auf der Progressiven Muskelentspannung sowie auf meditativen und konzentrativen Verfahren, die eng verbunden sind mit Übungen zur Achtsamkeit (vgl. Kapitel zu Achtsamkeit und Akzeptanz, Seite 97). Es werden außerdem verschiedene Methoden zur Kurzentspannung vorgestellt.

Zur Vertiefung können Sie Audiodateien zur Progressiven Muskelentspannung von der Internetseite http://www.matthias-hammer.de herunterladen: Durch etwas Übung können Sie selbst herausfinden, welche Übungen Ihnen gut tun und Sie in Ihrem Alltag anwenden wollen.

Die Progressive Muskelentspannung

Die Progressive Muskelentspannung ist ein Entspannungsverfahren, das man leicht und in kurzer Zeit erlernen kann. Es wurde in den 20er Jahren von Edmund Jacobson entwickelt. Er fand heraus, dass eine entspannte Muskulatur zu einer geistigen und seelischen Entspannung führt. Deshalb brachte er seinen Patienten bei, wie sie sich der Muskelanspannung bewusst werden können und wie sie lernen, loszulassen und sich zu entspannen. Psychologen und Mediziner perfektionierten dieses Verfahren und wandten es in Forschung und Praxis sehr häufig an. Die Idee hinter der Progressiven Muskelentspannung ist ganz einfach zu erklären:

Bei der Progressiven Muskelentspannung werden verschiedene Muskelgruppen des Körpers jeweils einzeln kurz angespannt (5 bis 10 Sekunden) und anschließend wieder entspannt (ca. 20 Sekunden). Es ist hilfreich, die Anspannung mit dem Ausatmen zu lösen. Auch während der Anspannungsphase sollte man normal weiter atmen. Es folgt eine Ruhe- und Entspannungsphase, um danach mit der Anspannung und Entspannung der nächsten Muskelgruppe fortzufahren. Sie können dies jetzt ausprobieren. Legen Sie das Buch für eine Minute zur Seite.

ÜBUNG Ballen Sie ihre beiden Hände zu Fäusten, spannen Sie auch die Muskeln ihrer Oberarme an, und ziehen Sie die Schultern nach oben, und spannen Sie sanft Ihre Schultermuskulatur an. Halten Sie die Spannung ein wenig, spüren Sie die Anspannung, und lassen Sie los. Achten Sie auf das Gefühl in Ihren Händen, Armen und Schultern. Ein beginnendes Gefühl von Entspannung kann sich in Ihren Schultern und Armen ausbreiten. Lassen Sie sich Zeit, den Unterschied zwischen An- und Entspannung wahrzunehmen.

Genau darum geht es bei der Progressiven Muskelentspannung: den Unterschied zwischen Anspannung und Entspannung zu erfahren. Wir sind uns oft bei Alltagsaufgaben der Anspannung in unserem Körper nicht bewusst. Ist es notwendig, die Schultern und die Arme anzuspannen oder gar zu verkrampfen, wenn wir mit dem Auto fahren oder in einem Stau stehen? Oder ist uns die Anspannung in der Gesichtsmuskulatur bewusst, wenn wir in einer Besprechung sitzen? Oder spüren Sie die Anspannung in ihrem Körper, wenn Sie sich einen spannenden Thriller im Kino ansehen?

Durch die Aufmerksamkeitslenkung auf die einzelnen Muskelgruppen können Sie lernen, sich dies bewusst zu machen. Die Muskelanspannung und die Stressreaktion hängen eng zusammen. Die Stressreaktion löst eine stärkere Muskelanspannung aus, um bei einem Kampf oder bei der Flucht schneller weglaufen zu können. In der Vergangenheit war die Anspannung also immer dann erhöht, wenn Gefahr droht. Dies kann längerfristig dazu führen, dass unser Gehirn lernt (über die Aktivierung der Amygdala). Wenn wir angespannt sind, droht Gefahr. Das heißt: Nicht nur reale äußere Bedrohungen lösen die Stressreaktion aus, sondern die bereits größere Anspannung führt bei uns dazu, dass die Stressreaktion ausgelöst wird. Dies kann in einen Teufelskreis münden, bei dem Anspannung über eine Verstärkung der Stressreaktion zu noch mehr Anspannung führt (vgl. Kapitel zu Stressverstärkern, Seite 62). Diesen Mechanismus können Sie mithilfe einer gezielten Muskelentspannung durchbrechen. Dem Organismus und unserem Gehirn wird signalisiert, dass keine Gefahr mehr droht. Entspannung und Ruhe sind erlaubt. Die Entspannungsreaktion wird ausgelöst. Die Muskelentspannung hat sich als besonders wirkungsvoll erwiesen. Durch eine vorausgehende moderate Anspannung ist es viel leichter, loszulassen und seine Muskeln zu entspannen. Probieren Sie es aus.

Man kann zusammenfassend sagen: Durch die Muskelentspannung können Sie lernen, sich unnötige Anspannung bewusst zu machen und loszulassen. Durch die größere Bewusstheit für Anspannung und Entspannung können Sie früher gegensteuern und die Muskelverspannungen lösen.

Worauf man beim Erlernen der Progressiven Muskelentspannung achten sollte:

- Die Progressive Muskelentspannung kann im Sitzen oder im Liegen eingeübt werden.
- Richten Sie beim Üben Ihre Aufmerksamkeit auf den Wechsel von Anspannung und Entspannung der einzelnen Muskelgruppen.
- Versuchen Sie während der Anspannungsphase, normal weiterzuatmen. Beim Anspannen sollten Sie also nicht den Atem anhalten. Die Anspannung wird mit dem Ausatmen gelöst.

Dies kann dazu beitragen, dass das Entspannungsgefühl tiefer wird.

- Während der Übung werden Sie immer wieder Gedanken oder äußere Geräusche ablenken; das ist normal. Wichtig ist dabei, dass Sie lernen, Ihre Aufmerksamkeit wieder zur Übung und zur Wahrnehmung der An- bzw. Entspannung zurückzulenken.
- Sie werden während der Durchführung die betreffenden Muskeln einige Sekunden anspannen und dann wieder loslassen.
- Versuchen Sie, darauf zu achten, dass Sie, wenn Sie eine Muskelpartie anspannen (z.B. die Hand), nicht gleichzeitig den ganzen Körper oder zumindest nicht Rücken und Schulter mit anspannen.
- Übungen, die Ihnen schwer fallen oder Schmerzen bereiten, lassen Sie bitte aus. Auch Körperbereiche, in denen Sie akute Schmerzen verspüren sollten Sie aussparen.
- Die Übung wird dadurch beendet, dass Sie die Entspannung zurücknehmen. Beim Zurücknehmen atmen Sie mehrmals tief durch und spannen die Hände und Arme an. Sie können die Arme und Beine strecken und räkeln, sodass Sie Ihren Körper wieder auf Aktivität und Wachheit einstellen.
- Entspannung lässt sich nicht erzwingen. Mit einer spielerischen, absichtslosen Haltung gelingt es leichter, sich zu entspannen. Achten Sie auf den Unterschied zwischen Anspannung und Entspannung in den einzelnen Muskelpartien; dann stellt sich das Gefühl der Entspannung von selbst ein. Sie können sich auch in Erinnerung rufen, dass es nur darum geht, etwas, was Sie früher konnten, wieder für sich zu entdecken und aufzufrischen. Das heißt, Ihr Körper kennt die Entspannungsreaktion bereits.

- Es ist jederzeit möglich, die Übung abzubrechen, wenn sie unangenehm wird. Sie können durch das Öffnen der Augen und Bewegungen mit Armen und Beinen wieder zu einem Zustand der Wachheit zurückgelangen.
- Die Entspannungsreaktion vertieft sich durch regelmäßiges Üben. Sie werden vielleicht auch feststellen, wie Sie sich durch wiederholtes Üben leichter entspannen können. Sie sollten sich deshalb täglich Zeit für die Entspannung nehmen.

Erlernen der Progressiven Muskelentspannung

Am entspannungsförderlichsten und wirkungsvollsten ist es, wenn Sie die Progressive Muskelentspannung regelmäßig durchführen. In Ihrem Tagesablauf kann Entspannung dann zu einer angenehmen Gewohnheit werden, durch die Stress abgebaut und das Wohlbefinden gesteigert wird. Es gibt verschiedene Formen dieses Verfahrens.

Näheres im Internet unter www.matthias-hammer.de. Dort ist auch eine Audio-Datei mit einer gesprochenen Entspannungsübung nach Jacobson kostenlos herunterladbar, Passwort: Gleichgewicht

Übungserfahrungen bewusst machen

Um sich die Übungserfahrungen bewusst zu machen, können Sie sich nach jeder Übung einzelne der unten aufgeführten Fragen stellen. Sollten Schwierigkeiten auftreten, sollten Sie diese mit einem erfahrenen Entspannungstrainer oder im Rahmen einer psychologischen Beratung besprechen.

- Welche Empfindungen, Gefühle traten auf?

- Stellen Sie eine körperliche oder psychische Veränderung fest?
- Gab es bei einzelnen Übungen Schwierigkeiten und/oder unangenehme Empfindungen?
- Wie wird der Grad der Entspannung auf einer Skala von 0 bis 10 eingeschätzt? (0 = totale Entspannung, 10 = sehr starke Anspannung, 5 = mittlerer Grad der Entspannung).
  Diese Einschätzung kann vor und nach dem Entspannungstraining abgegeben werden, sodass ein Unterschied oder eine Veränderung deutlich wird.
- Auf was wollen Sie in der nächsten Durchführung der Entspannungsübung achten?

Kurzentspannung im Alltag

Wahrscheinlich wenden Sie bereits verschiedene Formen der Kurzentspannung in Ihrem Alltag an. Beispielsweise steigen Sie nach einer längeren Autofahrt vermutlich aus und strecken oder dehnen sich. Oder nach einem schwierigen Gespräch atmen Sie vielleicht tief durch. Vielleicht sitzen Sie manchmal am Schreibtisch, und Ihre Gedanken wandern zu einem schönen Tagtraum, einem schönen Spaziergang oder einem Urlaubserlebnis in den Bergen oder am Meer. Wenn Sie erst einmal mit der Progressiven Muskelentspannung oder anderen Entspannungsverfahren begonnen haben, können Sie diese als Kurzentspannung mit einer Durchführungsdauer von ein bis fünf Minuten gezielt im Alltag anwenden. Wenden Sie einzelne Übungen an, die ihnen gut tun. Oder kombinieren Sie Übungen miteinander. Später werde ich Ihnen verschiedene Kurzentspannungsbeispiele vorstellen.

Es ist hilfreich, die einzelnen Übungen regelmäßig in bestimmten Alltagssituationen zu machen (wenn man z.B. in der

U-Bahn sitzt, kann man auf seinen Atem achten; wenn man regelmäßig länger mit dem Auto fährt, kann man die Schulter und Armübungen der Progressiven Muskelentspannung oder eine Zusammenfassungsübung durchführen). In nahezu jeder Lebenssituation können Sie durch eine achtsame Aufmerksamkeitslenkung mit Ihrer sinnlichen Gegenwart Kontakt aufnehmen (vgl. Kapitel zu Achtsamkeit und Akzeptanz, Seite 97). Auf diese Weise können Sie neue Gewohnheiten in Ihrem Alltag aufbauen. Die in der Übersicht dargestellten Entspannungsverfahren eignen sich alle zur Kurzentspannung. Einzelne körperbetonte oder mentale Übungen können in unterschiedlichen Lebenssituationen angewandt werden. Der Kreativität sind dabei keine Grenzen gesetzt. Im Folgenden finden Sie einige Beispiele:

PROGRESSIVE MUSKELENTSPANNUNG Die einzelnen Übungen der Progressiven Muskelentspannung für Hände, Arme, Schulter und Gesicht können zusammengefasst werden:

Anspannungsphase ▶ Spannen Sie beide Hände an, indem Sie die Fäuste ballen. Winkeln Sie die Ellenbogen an, und spannen Sie die Unter- und Oberarme an. Dann lenken Sie die Aufmerksamkeit auf Ihre Schultern. Ziehen Sie die Schultern sanft in Richtung Ohren nach oben. Spannen Sie auch die Schultern an. Spüren Sie die Anspannung und Kraft, und atmen Sie gleichmäßig weiter. Nehmen Sie aufmerksam Ihre Gesichtsmuskulatur wahr, und spannen Sie Ihr Gesicht an. Ziehen Sie die Augen und Augenbrauen zusammen, beißen Sie die Zähne zusammen, drücken Sie die Zunge gegen den Gaumen. Pressen Sie die Lippen aufeinander. Spannen Sie die gesamte Gesichtsmuskulatur an. Halten Sie die Spannung ein wenig.

Entspannungsphase ▶ Lassen Sie beim nächsten Ausatmen wieder los. Der Unterkiefer kann nach unten sinken, Zunge, Mund,

Wangen, Augen und Augenbrauen können sich entspannen. Der Kopf sinkt etwas nach vorne. Die Schultern sinken nach unten, die Arme und Hände sinken in den Schoß. Sie können das beginnende Gefühl der Entspannung wahrnehmen.

ATEMPAUSE Legen Sie Ihre Hände auf den Bauch (in Höhe des Bauchnabels). Nehmen Sie Ihren Atemfluss wahr: das Ein- und Ausatmen. Sie müssen nichts verändern, nur wahrnehmen, wie der Atem ein- und ausfließt. Sie brauchen in dieser Atempause nichts anderes zu tun, als dem Fluss Ihres Atems zu folgen. Mit Ihren Handflächen spüren Sie Ihren Atem von innen und von außen. Wenn Gedanken kommen und gehen, ist das in Ordnung. Lenken Sie Ihre Aufmerksamkeit wieder auf das Ein und Aus Ihres Atems.

Es folgen einige Beispiele von Kursteilnehmern, die ihre Kurzentspannungsübungen an ihre beruflichen oder privaten Lebensbedingungen angepasst haben.

BEISPIEL 1

Situation ▶ Ich erlebe als Krankenschwester auf der Station viel Hektik und Unruhe. Ständig gibt es etwas zu tun.

Kurzentspannung ▶ Wenn es dann etwas ruhiger wird und es einmal nichts mehr zu tun gibt, sitze ich im Stationszimmer und stelle mir vor, wie Ruhe herrscht. Und ich achte auf meinen Atem. Ich achte dann nur auf das Ein- und Ausströmen meines Atems, und in meinem Kopf wird es ganz ruhig.

BEISPIEL 2

Situation ▶ Ich bin viel mit dem Auto unterwegs, um Kunden zu besuchen oder zu Meetings in anderen Niederlassungen zu fahren. Meistens bin ich früher dran; dann nehme ich mir auf dem Parkplatz noch Zeit für eine kurze Entspannung.

Kurzentspannung ▶ Ich spanne meine Schultern und Arme an, dehne und strecke meinen Rücken, achte auf meinen Atem, bis ich ruhiger werde, und stelle mich innerlich auf das Meeting oder Kundengespräch ein.

BEISPIEL 3

Situation ▶ Beim Zahnarzt habe ich besonders viel Angst. Ich bin schon nervös, wenn ich mich auf den Zahnarztstuhl setze. Das Bohren und Schleifen macht mich ganz fertig.

Kurzentspannung ▶ Mir hilft es dann immer, in der Vorstellung beim Skifahren zu sein. Ich stelle mir dann schöne Skihänge vor, die ich abfahren kann. Ich habe mir auch schon vorgestellt, dass ich schnorchle oder tauche und eine interessante Unterwasserwelt entdecke.

BEISPIEL 4

Situation ▶ Wenn ich morgens zur Arbeit fahre, stehe ich häufig im Stau.

Kurzentspannung ▶ Ich achte darauf, meine Arme und Schultern zu entspannen, lehne mich zurück und achte auf meinen Atem, wie sich meine Bauchdecke hebt und senkt.

↻ Welche Kurzentspannung könnte Ihnen gut tun? Finden Sie selbst heraus, welche Kurzentspannung in Ihren Alltag passt. Experimentieren Sie mit verschiedenen Kombinationsmöglichkeiten der Entspannungsmethoden.

Vom Problem zur Lösung oder mit dem Kopf durch die Wand

Stresssituationen sind Lernsituationen. Das ist eine der wichtigen Botschaften dieses Buches. Es wäre hilfreich, wenn wir Stress, Belastungen und Schwierigkeiten einfach als interessante Herausforderungen ansehen könnten, die gelöst werden wollen. Ganz so einfach ist es aber eben nicht. Häufig erleben wir, dass wir trotz intensiver Bemühungen, wiederholten selbstkritischen Auseinandersetzungen, vielen Nachdenkens und womöglich schlafloser Nächte, immer wieder ungewollt in dem immer gleichen Schlammassel landen. Wieder einmal lassen wir es zu, dass eine an sich harmlose Diskussion über unterschiedlich ausgeprägte Putzambitionen zu einem handfesten Ehekrach eskaliert. Wieder einmal schaffen wir es nicht, im entscheidenden Moment nein zu sagen, und ernten Überstunden, Stress, Selbstvorwürfe und Müdigkeit, aber weder Lob noch Beförderung. Der Heilige Abend soll das wunderschöne Familienfest werden; doch wir zerstören mit rigidem Perfektionismus und gebieterischer Erwartungshaltung, wie schon im letzten Jahr, die Ruhe und Harmonie des Abends. Wir sind fixiert auf den einen möglichen Lösungsweg, obwohl er sich schon längst als unpraktikabel erwiesen hat.

»Mit dem Kopf durch die Wand« lautet die Redensart. Dahinter steckt aber nicht immer Starrsinn und Sturheit; viel häufiger vielleicht ist diese Form der Unflexibilität auch ein Ausdruck von Angst, Ratlosigkeit, Unsicherheit oder Hilflosigkeit. Wie soll ich es denn besser machen? Der Fehler liegt häufig an einer ungenügenden oder fehlerhaften Wahrnehmung der Situation, an einer fehlenden inneren Distanz und an einem unreflektierten

Handeln. Unter Stress handeln und reagieren wir eher wie ein Roboter, der auf Knopfdruck das alte Programm ablaufen lässt. Solange das Programm läuft, kann es erleichternd wirken. Kenn ich, kann ich. Aber umso größer ist die Enttäuschung, wenn wir schließlich nicht am gewünschten Ziel ankommen. Plötzlich stecken wir wieder in einer Sackgasse und fragen uns ehrlich erstaunt, wie und warum wir nur schon wieder hier gelandet sind.

» Die Grube im Gehsteig
Eine Autobiographie in fünf Kapiteln von Portia Nelson

1. Kapitel

Ich gehe die Straße entlang.
Im Gehsteig gähnt eine tiefe Grube.
Ich stürze hinein,
fühle mich verloren. Hoffnungslos!
Mein Fehler ist das nicht!
Es dauert eine Ewigkeit,
bis ich den Ausweg
aus der Grube gefunden habe.

2. Kapitel

Ich gehe dieselbe Straße entlang.
Im Gehsteig eine tiefe Grube.
Ich tue so, als würde ich sie nicht sehen,
und stürze neuerlich hinein.
Kaum zu glauben: Schon wieder
bin ich in derselben Lage.
Mein Fehler ist das nicht!
Es dauert einige Zeit, bis ich den Ausweg gefunden habe.

3. Kapitel

Ich gehe dieselbe Straße entlang.
Im Gehsteig eine tiefe Grube.

Ich sehe sie
und stürze trotzdem hinein –
einfach, weil ich es so gewohnt bin.
Meine Augen sind offen,
ich weiß, wo ich gehe.
Es ist allein mein Fehler!
Im nächsten Augenblick schon bin ich hinausgeklettert.

4. Kapitel

Ich gehe dieselbe Straße entlang.
Im Gehsteig eine tiefe Grube.
Ich mache einen Bogen um die Grube.

5. Kapitel

Ich folge einer anderen Straße.«
(Sogyal Rinpoche 1996)

Bei dieser kleinen Geschichte fällt sicher den meisten von uns spontan die eine oder andere Episode ihres Lebens ein. Keine Sorge, Sie dürfen Ihre kleinen Dummheiten, die eine oder andere irrationale Tat oder eine törichte Beharrlichkeit für sich behalten. Es geht darum, sich wiederzuerkennen, die eigenen Fehler wahrzunehmen und sich einzugestehen. Denn unsere Verhaltensweisen sind zwar die Ergebnisse teils langjähriger Lernprozesse, können aber auch wieder verlernt, umgelernt oder verändert werden. Eine sehr gute Nachricht.

Die Geschichte von der Grube im Gehsteig erzählt davon, wie man mit Gefühlen der Hoffnungslosigkeit und Ausweglosigkeit konfrontiert wird, wie man aus Gewohnheit immer wieder die gleichen Fehler begeht, wie man Auswege findet … und wie man aus Fehlern lernen kann.

Die alten Chinesen meinten, dass selbst einem Heiligen Fehler unterlaufen könnten. Kein Mensch ist unfehlbar, und dementsprechend wird die Fähigkeit, aus eigenen Fehlern zu lernen, als eine der größten Tugenden angesehen. Bewundernswert ist der, der sein eigenes Verhalten verbessern kann. Konfuzius pflegte zu sagen: »Wenn du weißt, dass du einen Fehler begangen hast und ihn nicht verbesserst, dann war dies wirklich ein Fehler.«

Häufig richten wir unsere Energie und das Augenmerk darauf, die Umstände zu ändern, uns Dinge anders zu wünschen, als sie sind. Es bedarf keiner weiteren Erklärung, um zu erkennen, dass wir auf diesem Weg scheitern werden. Wir haben eigentlich nur eine wirkliche greifbare Möglichkeit, unser Leben angenehmer, glücklicher und stressfreier zu gestalten, wir müssen an uns selbst arbeiten, uns selbst verändern. Selbstverständlich sollen Sie nicht Ihre Wünsche und Träume aufgeben. Auch geschehen und begegnen uns ständig wunderbare Dinge. Eine Liebe, ein Regenbogen, ein Kinderlachen, ein Sonnentag, ein Lob. Für sehr viel Wunderschönes im Leben reicht es, die Augen ein bisschen weiter zu öffnen. Anderes kann uns widerfahren oder geschenkt werden, doch bleibt unser Einfluss hier in der Regel klein.

Wenn Sie diese Tatsache verinnerlicht haben, müssen Sie sich mit einer weiteren Aufgabe anfreunden. Es geht um ein sehr einfaches, aber unstrittig wirkungsvolles Verfahren. Es geht darum, dass man es aufschreibt. Vielleicht erscheint Ihnen diese Methode zunächst lästig und überflüssig. Doch wenn man sich darauf einlässt, kann man überraschende Erfahrungen machen. So kommt manchem Übergewichtigen, der abnehmen möchte, beim Dokumentieren seines Essverhaltens die erstaunliche Erkenntnis, dass das Scheitern einer Diät vielleicht doch auf den einen oder anderen kalorischen Zusatzgenuss zurückgeführt werden kann. Der Verzweifelte kann schon dadurch, dass er sein Dilemma notiert, trotz seiner Sorgen, Befürchtungen und Selbstvorwürfe Klarheit und sogar Erleichterung erfahren. Denn das ist der erste Schritt in Richtung Aktivität und Handeln.

Nachdem ich Sie nun hoffentlich auch zum Aufschreiben ermutigen konnte, wählen Sie bitte ein Thema aus, einen bestimmten Stressfaktor in Ihrem Leben, der für Sie von besonderer Wichtigkeit und Präsenz ist, an dem Sie arbeiten wollen und den Sie verändern möchten. Wir werden uns zunächst auf das Handeln konzentrieren, auf typische Verhaltens- und Reaktionsmuster. Mit Gedanken und Emotionen, die unweigerlich dazugehören, werden wir uns zu einem späteren Zeitpunkt befassen. Welche Verhaltensweisen können Sie an sich selbst nicht ertragen? Wie sehen Ihre Gruben aus? Wie sehen die Situationen aus, in denen Sie denken: »Das passiert mir immer wieder!«

Worin besteht zurzeit Ihre Grube oder Belastung?
Nehmen Sie sich einen Augenblick Zeit, um darüber nachzudenken, welche Belastungen und Stresssituationen sich in Ihrem Leben wiederholen.

Bei der Suche nach dem Ausweg kommt es also auf die Bereitschaft an, unsere Gewohnheiten auszubremsen, Fehler zu erkennen, und auf den Mut, im Versagen eine neue Chance zu erkennen. Eine einmalige Anstrengung reicht nicht aus, um unsere Reaktionen dauerhaft zu verändern. Um das Gehirn neu zu verdrahten, ist es erforderlich, etwas zu wiederholen und eine Gewohnheit zu entwickeln. Aber wenn wir einmal den richtigen Ausweg gefunden haben, ist es beim nächsten Mal schon etwas leichter.

Wahrnehmen der äußeren und inneren Ereignisse

Um Ereignisse aufmerksam wahrzunehmen, ist es hilfreich, eine *nicht bewertende, achtsame Haltung* einzunehmen. Der Blick wird klarer und offener für das, was geschieht. Unter Anspannung und Stress ist der Blick häufig verengt. Wenn man die Möglichkeit hat, *sich zu entspannen,* ist das hilfreich, um etwas Abstand zu bekommen und äußere und innere Ereignisse besser wahrnehmen zu können.

Bitte beschreiben Sie im unten aufgeführten Protokoll so konkret wie möglich, was in der belastenden Situation passiert ist oder wie Sie reagierten. Versuchen Sie, sich an das letzte Mal zu erinnern, als es geschehen ist. Vielleicht ist auch ein stressverstärkender Mechanismus im Spiel. Bitte beschreiben Sie auch ihn so konkret wie möglich. Wenn wir genau hinsehen und ihn kennenlernen, ist dies die beste Voraussetzung, um ihn zu bewältigen.

Am wirkungsvollsten ist es, wenn Sie sich in der Situation direkt beobachten und das Wahrgenommene in das unten abgedruckte **PROTOKOLL** eintragen. In der Verhaltenstherapie werden häufig Situationsprotokolle verwendet und Verhaltensanalysen vorgenommen. Das unten aufgeführte Situationsprotokoll eignet sich in besonderem Maße, immer wiederkehrende Situationen (wie z. B. Konflikte) zu analysieren.

Die Belastung und die eigenen Gewohnheiten wahrzunehmen und zu beschreiben, ist häufig der erste Schritt zur Veränderung. Probieren Sie es selbst aus! Versuchen Sie sowohl ihre Achtsamkeit in Belastungssituationen zu wecken als auch ihre

Entspannungsübung in den Zusammenhang mit Belastungssituationen zu bringen.

Beschreibung der Situation

1. Situation

Wann tritt Stress auf?

....

....

Wer ist beteiligt?

....

....

Was wird gesagt, getan?

....

....

2. Bewertungen

Wie bewerte ich die Situation, die anderen und mich selbst?

....

....

Welche automatischen Gedanken gehen mir durch den Kopf?

....

....

3. Reaktionen in der Situation

Was spüre ich körperlich?

....

....

Was fühle ich?

....

....

In der zweiten Phase geht es darum, die Situation einzuschätzen und zu analysieren. Als Erstes geht es darum, dass Sie sich bewusst werden, was Ihre Werte, Ziele und Bedürfnisse in der Situation sind. Die zweite Frage bezieht sich auf Ihre Möglichkeiten, Einfluss zu nehmen.

Analyse der Situation

Werte und Ziele

Was sind meine Werte, Ziele und Bedürfnisse in der Situation?

....

....

Einflussmöglichkeiten

Welche Aspekte der Situation kann ich beeinflussen?

....

....

Was kann ich nicht beeinflussen, und was muss ich tolerieren oder akzeptieren lernen?

....

....

Was liegt in meinem Interessensbereich, aber ist nicht von mir beeinflussbar?

....

....

Nehme ich stressverstärkende Mechanismen und Gewohnheiten wahr?

....

....

Zielklärung ▶ Nach der aufmerksamen Wahrnehmung der Situation, der Einschätzung der eigenen Werte und Ziele und der Einschätzung der Einfluss- und Kontrollmöglichkeiten formulieren Sie nun ein konkretes Ziel, das Sie in der Situation erreichen wollen. Beispiele:
Ich möchte mehr Zeit mit meiner Familie verbringen.
Ich möchte einen Konflikt mit einer Kollegin klären.
Ich will mehr Sport treiben und mich in meinem Alltag mehr bewegen.

Zielklärung

Was ist mein konkretes Ziel in der Situation?

....

....

Brainstorming ▶ Welche Ideen und Möglichkeiten habe ich, um meinem Ziel und meinen Werten näher zu kommen? Sammeln Sie alle Lösungsmöglichkeiten, die Ihnen einfallen, um ihr Ziel zu erreichen, ohne vorschnell bestimmte Möglichkeiten zu verwerfen. Das Suchen nach neuen Wegen oder Lösungsideen kann Spaß machen; Sie können auch humorvolle Ideen oder sehr unrealistische Ideen notieren. Das Wichtige ist dabei, eine ganze Reihe von Ideen und Lösungsmöglichkeiten zu entwickeln, sodass Wahlmöglichkeiten entstehen und die beste Alternative ausgewählt werden kann.

Schreiben Sie alles auf, was Ihnen einfällt. Verwerfen oder bewerten Sie keine der Ideen. Auch verrückte, humorvolle, abwegige Ideen sind erlaubt.

Wenn Ihnen keine Ideen mehr einfallen, können Sie sich folgende Fragen stellen:

- Welche Ihrer Fähigkeiten könnten in der Sache weiterhelfen?
- Welche neuen Fähigkeiten sollten Sie lernen, um das Problem oder die Belastung zu bewältigen?
- Welche alternative Einstellung oder Bewertung könnte Ihnen weiterhelfen?
- Gibt es Ausnahmen im Hinblick auf das Problem? Gibt es Phasen, in denen das Problem nicht so ausgeprägt oder gar nicht vorhanden ist? Was ist in diesen Phasen anders? Über welche Fähigkeiten verfügen Sie in diesen Phasen?

Auswahl konkreter Schritte und Umsetzung ▶ Sie wählen die beste Lösungsmöglichkeit aus, d. h. die Lösung mit den meisten positiven und den geringsten negativen Konsequenzen. Dies kann im einen Fall eine aktive Auseinandersetzung sein, im anderen Fall kann sie darin bestehen, abzuwarten und sich zunächst selbst zu beruhigen. Je flexibler und situationsangepasster Sie sich verhalten, umso besser gelingt es Ihnen, Stressprobleme zu lösen und im Gleichgewicht zu bleiben. Es geht darum, möglichst bewusst, flexibel und situationsangepasst mit Belastungen umzugehen und nicht durch automatisiertes Verhalten wieder in der Grube zu landen.

Dann planen Sie konkrete Schritte, um die ausgewählte Lösung zu verwirklichen. Sie machen sich einen genauen Plan, wann, wo und wie Sie diese Schritte durchführen werden. Wann wollen Sie Ihren Plan umsetzen? Wollen Sie, dass Sie bei der Problemlösung unterstützt werden? Überlegen Sie auch, welche Schwierigkeiten bei der Umsetzung auftreten können.

Welche konkreten Schritte werde ich umsetzen, um meinem Ziel näher zu kommen? Planen Sie die Umsetzung so konkret wie möglich!

Umsetzung im Alltag ▶ Setzen Sie diesen Plan in die Tat um. Nur durch die Umsetzung können Sie herausfinden, ob Sie die Belastung besser bewältigen können.

Überprüfung der Umsetzung ▶ Bewerten Sie das Ergebnis nach zwei bis vier Wochen: War die Problemlösung erfolgreich, oder müssen Sie nach anderen Lösungen suchen? Wie haben sich Ihre Ziele und Wünsche verändert? Falls es ein Misserfolg war und falls Sie weiterhin ein Problem sehen, können Sie wieder mit dem ersten Schritt beginnen oder Unterstützung nutzen, um nach alternativen Lösungsmöglichkeiten zu suchen.

Experimentieren und Neues entdecken mithilfe des WEG-Schemas

Sobald Sie mit dem WEG-Schema arbeiten, werden Sie angeregt, genauer hinzusehen, und Sie kommen in Kontakt mit der augenblicklichen Situation. Aus dem Erleben und dem direkten Kontakt lernen Sie, sich selbst und die Situation besser einzuschätzen, und erfahren, welche Handlungs- und Gestaltungsmöglichkeiten Sie momentan haben. Auf diese Weise lernen Sie, wieder bewusst die Situation und Ihr Leben zu gestalten und nicht mehr vom Autopiloten und automatischen Reaktionen gesteuert zu werden. Dadurch können Sie mehr Kontrolle erleben: Sie sind in der Lage, flexibel auszuwählen und zu gestalten, was Ihnen und der Situation am meisten entspricht. Gleichzeitig handelt es sich um ein Schema, das die eigene Selbststeuerung und Selbstmanagementfähigkeit verbessert. Es kann Ihnen helfen, mit äußeren Belastungen, aber auch mit von innen kommenden Stressauslösern wie etwa belastenden Gedanken, Gefühlen und Gewohnheiten umzugehen. In den folgenden Kapiteln wird dieses Schema auf den achtsamen Umgang mit Gedanken und Gefühlen übertragen. Nutzen Sie die unten aufgeführten drei Schritte, Stressverstärker in verschiedenen Lebensbereichen selbst zu entdecken und deren Bedeutung geringer werden zu lassen. Experimentieren Sie mit allem, was Sie auf dem WEG entdecken. Werden Sie neugierig auf das, was Sie schon lange nicht mehr wahrnehmen, auf das Gewohnte und Selbstverständliche, auf die vertrauten Gedanken und Gefühle, die man nicht mehr bemerkt. Das WEG-Schema lädt zu einer Entdeckungsreise in Ihren Alltag ein. Viele Aha-Erlebnisse und manches Erstaunen über die eigenen inneren Antreiber, kleinen verwöhnten Prinzessinnen oder die verletzlichen Kinder in uns sind möglich. Sie sind dazu eingeladen, bei dem anzukommen, was bei Ihnen selbst gerade da ist und in Ihnen wirkt. Das **W**ahrnehmen und Annehmen dessen, was da ist, sind der beste Ausgangspunkt für Veränderung. Veränderung kann geschehen durch **E**inschätzen und Klären, was Sie eigentlich verändern wollen. Danach folgt das **G**estalten. Seien Sie dabei möglichst offen für die Vielfalt der Möglichkeiten und Ressourcen, die Ihnen zur Verfügung stehen. Und lernen Sie dann, dies engagiert umzusetzen.

Das WEG-Schema in Kurzform

1. **Wahrnehmen**: Was nehme ich momentan wahr?
2. **Einschätzen**: Analysieren der körperlichen, psychischen Signale oder der Situation. Klärung der eigenen Werte und Ziele in der Situation. Worauf habe ich Einfluss? Was kann ich nicht beeinflussen?
3. **Gestalten**: Was kann ich tun, um wieder ins Gleichgewicht zu gelangen? Welche Lösungsideen gibt es, um die eigenen Werte und Ziele zu erreichen?

Achtsamer Umgang mit Gedanken oder das Nichtdenken denken lernen

Mein Leben ist voller Missgeschicke ... von denen die meisten nie stattfanden.
Mark Twain

There is nothing either good or bad but thinking makes it so.
Nichts ist weder gut noch schlecht, – das Denken macht es so.
Shakespeare, »Hamlet«

Menschliches Denken und Vorstellen hat die Grundlage für ungeahnte Möglichkeiten geschaffen. Mit technischen Hilfsmitteln können wir einen Kurztrip zum Mond unternehmen, aus Sonnenstrahlen Energie gewinnen und Herzen verpflanzen. Denken ermöglicht uns, Zusammenhänge zu erfassen, Probleme zu lösen und aus Fehlern zu lernen. Unser Denken hat ungeheure Potenziale. Der französische Philosoph René Descartes ging sogar so weit zu sagen: »Ich denke, also bin ich.«

Viele von uns haben dieses Lob des Denkens so sehr verinnerlicht, dass sie nicht mehr abschalten können, ins Grübeln geraten und weiter denken, obwohl die Probleme längst gelöst sind. Unser ständiges Denken und unsere Selbstgespräche können uns in die Irre führen, die Realität verzerren und unglücklich machen.

Dies kann auf vielfältige Weise geschehen. Wir stellen uns zukünftige Katastrophen in den düstersten Farben vor. Wir konstruieren Gedankengebäude, die nicht mehr viel mit der Realität zu tun haben, und führen eine Statistik über unsere Fehler und Missgeschicke. Dadurch entstehen Angst und Versagensgefühle.

Was wir uns ausmalen, erscheint uns häufig furchtbar wichtig und real. Manchmal geschieht dies in einem Maße, dass wir die wirklichen Fakten nicht mehr sehen können, weil wir mit unserem Kopfkino so sehr beschäftigt sind. Dies kann fatale Folgen haben. Unser Körper kann nicht zwischen Gedankengebäuden und realen Ereignissen unterscheiden. Die Stressreaktion wird in gleicher Weise ausgelöst; dabei spielt es keine Rolle, ob ich mir ein schreckliches Ereignis vorstelle oder ein reales Ereignis geschieht. In dem Bestseller Anleitung zum Unglücklichsein beschreibt Paul Watzlawick (1988), was passieren kann, wenn wir unsere Gedanken, Zweifel und Unterstellungen für reale Fakten halten:

» Ein Mann will ein Bild aufhängen. Den Nagel hat er, nicht aber den Hammer. Der Nachbar hat einen. Also beschließt unser Mann hinüberzugehen und ihn auszuborgen. Doch da kommt ihm ein Zweifel: ›Was wenn der Nachbar mir den Hammer nicht leihen will? Gestern schon grüßte er mich nur so flüchtig. Vielleicht war er in Eile. Aber vielleicht war die Eile nur vorgeschützt, und er hat etwas gegen mich. Und was? Ich habe ihm nichts getan; der bildet sich da etwas ein. Wenn jemand von mir ein Werkzeug borgen wollte, ich gäbe es ihm sofort. Und warum er nicht? Wie kann man einem Mitmenschen einen so einfachen Gefallen abschlagen? Leute wie dieser Kerl vergiften einem das Leben. Und dann bildet er sich noch ein, ich sei auf ihn angewiesen. Bloß weil er einen Hammer hat. Jetzt reicht's mir wirklich.‹ – Und so stürmt er hinüber, läutet, der Nachbar öffnet, doch noch bevor er ›Guten Tag‹ sagen kann, schreit ihn unser Mann an: ›Behalten Sie Ihren Hammer, Sie Rüpel!‹«

Wir gehen davon aus, dass unsere Gedanken reale Ereignisse sind. Das ist dann besonders leidvoll und stresserzeugend, wenn es sich um negative Gedanken über uns selbst, über die Zukunft, über andere oder die Welt handelt. Wenn es um diese »giftigen Annahmen« geht (wie etwa »Ich bin wertlos« oder »Ich bin nicht liebenswert«), sind wir oft nicht bereit und nicht in der Lage, sie zu überprüfen. Es ist so wie in der »Geschichte mit dem Hammer« von Paul Watzlawick. Der Mann ist auch nicht in der Lage, die Informationen der realen Situation vorurteilslos aufzunehmen. Dabei kommt es zu einer grundlegenden Verwechslung, er vergisst dabei nämlich, zwei Aspekte voneinander zu unterscheiden: zum einen die realen Fakten der Situation und die Ereignisse, die passiert sind, zum anderen die eigenen Zweifel und Interpretationen der Situation, die ihm gerade durch den Kopf gehen. Diese Interpretationen sind keine realen Fakten. So wie man das vermutete Verhalten des Nachbarn überhaupt nicht mit seinem realen Verhalten gleichsetzen kann. Die Unterscheidung zwischen den Fakten in einer Situation und den gedanklichen Bewertungen lässt sich leicht im ABC-Modell darstellen, das häufig in der kognitiven Verhaltenstherapie verwendet wird (z.B. ELLIS 1989, BECK 1976).

Das A steht für das auslösende Ereignis, also für die realen, sichtbaren Fakten. In diesem Fall ist das der Nachbar, der nicht grüßt. B steht für die Bewertungen und Interpretationen, die unser Mann mit dem Hammer vornimmt. Und C für die Konsequenzen, damit sind die physiologischen Reaktionen, Gefühle und Verhaltensweisen gemeint.

Abb 21 ABC der Gedanken und Gefühle

A = auslösendes Ereignis:	B = Bewertungen, Gedanken und Interpretationen:	C = Konsequenzen:
▫ Nachbar grüßt nicht	▫ Nachbar ist unfreundlich ▫ hat etwas gegen mich ▫ würde mir nie helfen ▫ ist unverschämt	▫ Frustration ▫ Wut, Ärger ▫ aggressives Verhalten

Am ABC-Modell wird deutlich, warum wir Menschen so unterschiedlich auf Stresssituationen reagieren. Die Bewertungen und Interpretationen bestimmen sehr stark, was wir erleben und welche Gefühle und physiologischen Reaktionen in unserem Körper ausgelöst werden.

Die Bewertungen, die unser Mann ohne Hammer vornimmt, wirken sich auf seine Gefühle und sein Verhalten aus, das sein nachbarschaftliches Verhältnis nachhaltig beeinflusst. Gedanken sind zwar keine Fakten, aber sie haben für unser Stresserleben und unser Wohlbefinden dauerhafte Konsequenzen.

Dies wird an folgenden Beispielen deutlich:

CATHRIN ist seit vier Jahren Single. Sie fühlt sich zunehmend minderwertig und unattraktiv. »Alleine gehe ich auf keine Party mehr, danach fühle ich mich noch viel einsamer, wenn ich die glücklichen Paare sehe.« ■

JÖRG traut sich in einer größeren Gruppe nicht zu reden, weil er dann befürchtet, etwas Falsches zu sagen. Er hat Angst davor, dass die ganze Gruppe ihn anschaut. Er befürchtet, dass er dann ganz rot wird und ihm nichts einfällt: »Ich blamiere mich dann bis auf die Knochen.« ■

PETER wurde von seiner Freundin verlassen, mit der er seit zwei Jahren zusammen war. Er fühlt sich wertlos und hilflos. »Das zeigt, wie beziehungsunfähig ich bin. Ich bin unfähig und nicht liebenswert. Ich bin ein Versager.« ■

Bewerten wir eine Situation als bedrohlich für unsere Wünsche, Pläne, Bedürfnisse und unser körperliches Wohlbefinden (»Ich werde mich blamieren« oder »Ich bin unfähig und nicht liebenswert«), wird die Stressreaktion ausgelöst. Sie erfolgt unabhängig davon, ob diese Bedrohung real ist oder es sie nur in unserer Phantasie gibt. Wenn wir nicht nur die Situation, sondern auch uns selbst (»Ich bin ein Versager«) und unsere Bewältigungsmöglichkeiten (»Ich bin nicht beziehungsfähig«) negativ bewerten, fällt die Stressreaktion umso stärker aus. Wir fühlen uns dann bedroht und überfordert. Hohe Ansprüche an uns selbst (»Ich muss besser sein als die anderen«) oder sehr negative Einschätzungen unserer Fähigkeiten führen häufig zu Verzerrungen und einer Verstärkung der Stressreaktion.

Bewerten wir uns selbst und unsere Fähigkeiten als positiv, bewerten wir auch viele Alltagssituationen als positiv und als etwas, was zu bewältigen ist. Wir nehmen dann Situationen als Herausforderungen wahr, in denen ich etwas über mich und meine Umwelt lernen kann. Dies wirkt sich insgesamt positiv auf das Stresserleben aus.

Unser Gehirn produziert ständig Gedanken und Sorgen. Wir sehen schon unsere Pläne scheitern und sind überzeugt davon, dass wir unfähig sind. Wenn wir genügend Zeit haben und in schlechter Stimmung sind, produzieren wir negative Gedankenketten, Sorgentürme und sind in unseren Grübelkreisläufen gefangen. In der kognitiven Therapie spricht man von automatischen Gedanken. Damit ist auch gemeint, dass wir das Auftauchen von Gedanken nicht kontrollieren können; denn sie treten automatisch auf. Wir haben aber Einfluss darauf, wie wir mit unseren Gedanken umgehen.

Gedanken sind nur Gedanken und keine Fakten

Der wichtigste Schritt beim Umgang mit unseren Selbstgesprächen und Gedankenketten besteht darin, sie zu bemerken. Oft haben wir uns schon so sehr an unsere Gedanken, Regeln und Annahmen gewöhnt, dass sie unbemerkt ablaufen und unsere Wahrnehmung beeinflussen. Ist dies der Fall, werden wir von automatisch ablaufenden Gedanken gesteuert.

Um wieder selbst die Führung zu übernehmen, ist es wichtig, sich dessen bewusst zu werden und achtsam wahrzunehmen, was in diesem Augenblick in uns vorgeht, welche Gedankenketten und Geschichten unser Gehirn automatisch produziert. Es ist erforderlich, dass wir lernen, einen Schritt zurückzutreten und wahrzunehmen: »Aha, ich denke gerade.« Dadurch können wir erstens gedankliche Schleifen unterbrechen. Und zweitens können wir lernen, die Beziehung zum eigenen Denken zu verändern. Ich stelle fest, dass es sich bei dem, was ich mir gerade in meinem Geist ausmale, nur um Gedanken und nicht um Fakten handelt. Wenn ich über mich selbst schlecht denke oder die Zukunft schwarz male, sind das nur meine Gedanken, es ist nicht die Realität.

SANDRA malt sich aus, dass Sie die Stelle verliert. Sie vergleicht sich mit ihren Kollegen und denkt, die anderen seien geschickter und verkauften sich besser. Sie glaubt, sie hat keine Chance, hält dies bereits für die Realität und zieht sich grübelnd, selbstabwertend und hilflos zurück. Sie bemerkt dabei nicht, wie ihre negativen Sichtweisen sie einschränken und ihr Handlungsmöglichkeiten versperren (wie etwa sich zu bewerben oder sich aktiv einzusetzen). Sie behandelt ihre Gedanken wie Fakten und resigniert, statt zu sehen, dass sie sich aufgrund von Unsicherheiten am Arbeitsplatz Sorgen um den Erhalt des Arbeitsplatzes macht.

Es ist wichtig zu lernen, dass unsere Gedanken nicht die Wahrheit abbilden. Wir sollten nicht alle Katastrophen, die wir sorgenvoll auf unsere innere Leinwand projizieren, ernst nehmen. Stattdessen sollten wir uns in Erinnerung rufen: Es handelt sich nur um Gedanken, nicht um Fakten.

Wenn Sie das wiederholt tun, werden Sie auch feststellen, wie häufig Sie dieselben Gedanken innerlich wiederholen, sich dieselben negativen Geschichten über sich und die Welt erzählen. Mit der Zeit kann es gelingen, die eigenen Gedanken und Grübeleien gelassener zu nehmen.

Beobachten Sie für eine Minute Ihre eigenen Gedanken. Beobachten Sie die Gedanken wie Vögel oder Wolken, die vorbeifliegen. Zählen Sie Ihre Gedanken. Der Inhalt ist dabei nicht wichtig. Versuchen Sie zu beobachten, wo die Gedanken entstehen und wie sie wieder vergehen. Jeder Gedanke bekommt eine Zahl. Auch wenn Sie diese Aufgabe seltsam oder komisch finden, ist das auch nur ein Gedanke. Sie haben nichts anderes zu tun, als Ihre Gedanken zu zählen.

Wenn wir auf diese Weise auf Gedanken warten, sie beim Entstehen aufmerksam wahrnehmen und sie dann nur zählen und uns nicht inhaltlich mit den Gedanken auseinandersetzen, kann es sein, dass der Gedankenstrom für ein paar Sekunden ins Stocken gerät. Wir sind dann weniger verstrickt mit den Inhalten unserer Gedanken, haben etwas Abstand und beobachten unser Denken wie von außen.

Unser Alltagserleben unterscheidet sich deutlich davon. Erinnern wir uns an Sandra: Sie denkt nahezu ständig über ihre Arbeit, ihre Zukunft und darüber nach, was sie vielleicht alles nicht kann oder andere besser können.

Diese sich wiederholenden Gedanken sind nicht hilfreich, sie müssen vom zielgerichteten Denken unterschieden werden. Wenn ich z.B. in Berlin vom Potsdamer Platz zu den Hackeschen Höfen mit öffentlichen Verkehrsmitteln fahren möchte, muss ich überlegen und nachsehen, ob es eine günstige Busverbindung gibt oder ob ich besser die S-Bahn nehmen soll. Dieses bewusste zielgerichtete Suchen nach einer Lösung muss unterschieden werden vom gedanklichen Wiederholen, von Sorgen und automatischen Gedanken, die nicht Teil einer bewussten Lösungssuche sind.

Es ist hilfreich zu unterscheiden, ob es sich gerade um konkretes problemlösendes Denken oder um negative Grübeleien handelt. Problemlösendes Denken führt zu sinnvollen Handlungen. Negative Grübeleien führen dagegen in der Regel zu unangemessenen Gefühlen und Verhalten.

Achtsamer Umgang mit Gedanken (in Anlehnung an Segal et al. 2002)

- **Es ist hilfreich, das eigene Denken beobachten zu lernen und zu bemerken: »Aha, ich denke gerade.« Dabei können Gedanken kommen und gehen wie Wolken am Himmel.**
- **Es ist hilfreich, sich wiederholt in Erinnerung zu rufen, dass Gedanken, vor allem negative Gedanken über uns und die Welt, Ereignisse in unserem Kopf sind und keine realen Fakten.**
- **Es ist hilfreich, Gedanken niederzuschreiben. Dadurch kann man etwas Abstand gewinnen und sich mit den Inhalten auseinandersetzen.**

- **Sich immer wieder daran erinnern, was in einer Situation die Fakten sind und worin die eigenen Bewertungen, Meinungen und Interpretationen bestehen.**

Stressverstärkendes Denken erkennen und verändern

Viele Ereignisse werden erst durch unsere Gedanken und Bewertungen belastend. Die kognitive Therapie hat sich damit beschäftigt, wie diese stressproduzierenden, giftigen Einstellungen und Bewertungen aufgespürt und verändert werden können. Um stressverstärkendes Denken zu verändern, ist der erste oben beschriebene Schritt notwendig, nämlich zu bemerken: »Aha, ich denke gerade.« Es ist notwendig, auf Abstand zu gehen, um sich dann inhaltlich mit dem eigenen Denken auseinanderzusetzen. Es gibt inzwischen eine Vielzahl von Listen und Tests, um dysfunktionale oder irrationale Gedanken zu erheben. Im Folgenden wird ein anderer Zugang gewählt (in Anlehnung an SMITH 2005).

Vier gedankliche Stressverstärker

⚖ Die Stressreaktion wird ausgelöst, wenn wir eine reale Gefahr wahrnehmen oder wenn wir wichtige Ziele und Bedürfnisse als bedroht ansehen. Außerdem gibt es die gedanklichen Stressverstärker, über die man wie mithilfe einer Fernbedienung die Stressreaktion verstärken oder sogar auslösen kann. Wenn wir diesen Knopf bedienen, nimmt die Erregung zu, oder es werden Gefühle der Wut oder Hilflosigkeit ausgelöst. Man kann es mit dem Lautstärkeregler an der Fernbedienung der Stereoanlage vergleichen. Dies hat etwas mit unserem verzerrten und unrealistischen Denken zu tun, das uns in manchen Lebensbereichen bestimmt. Überprüfen Sie bitte im Folgenden, ob Sie bestimmte Themen, Gedanken oder Verzerrungen wieder erkennen. Die Stressverstärkung kann auf vier Weisen ausgelöst werden:

Der Muss- und Sollte-Knopf

Wir bedienen diesen Verstärkerknopf, wenn wir etwas unbedingt haben müssen, um glücklich und zufrieden zu sein. Wir haben dann verzweifelte Wünsche, übersteigerte Erwartungen und glauben, todunglücklich zu sein, wenn diese Erwartungen nicht befriedigt werden. Hierzu gehören folgende Gedanken und Einstellungen: Die Dinge müssen so laufen, wie ich es mir wünsche oder ich es erwarte. »Ich muss pünktlich sein.« »Ich muss besser sein als die anderen.«

Diese Vorsätze sind sicherlich wünschenswert, aber noch lange kein absolutes hundertprozentiges Muss. Musssätze, die Sie selbst betreffen, führen meist zu Schuldgefühl und Frustration, wenn sie nicht erfüllt werden.

Musssätze, die sich auf andere Menschen oder die Welt beziehen, führen meist zu Wut und Frustration. »Er sollte nicht so dickköpfig sein.« »Sie sollte mich mehr lieben.«

Wir versuchen, uns und andere durch »Du musst/sollst ...« zu motivieren. Meistens funktioniert es nicht, sondern ruft nur Widerstände hervor. Oft wird das Gegenteil erreicht.

Unnötiger Perfektionismus ▶ Es werden hohe, unerreichbare Standards für die eigene Person und andere gesetzt. »Ich darf keine Fehler machen.« »Ich muss perfekt sein.«

Kindliche Prinz- oder Prinzessin-Phantasien ▶ Bei dieser Annahme hat man Phantasien, die vielleicht ein Kind hat. »Alle sollen nett zueinander sein.« »Es darf keine Schwierigkeiten oder Probleme geben.« »Alle meine Wünsche müssen befriedigt werden.« »Ich werde immer bekommen, was ich will.«

Der Frustrationsknopf

Dieser Verstärkerknopf wird gedrückt, wenn unsere Wünsche nicht in Erfüllung gegangen sind oder wir von ihnen erwarten, dass sie nicht in Erfüllung gehen. Wir bewerten so etwas als furchtbar, als schlimm, als das Letzte, auf alle Fälle als etwas, was man nicht aushalten kann.

Katastrophisierung ▶ Wir übertreiben die Wichtigkeit unserer Probleme und Schwächen. »Es ist katastrophal. Ich halte es nicht mehr aus.« Eine solche Einstellung wird auch als Fernglastrick bezeichnet. Alltagssorgen werden zu albtraumartigen Monstern vergrößert. Frustrationen und Enttäuschungen werden in Katastrophen umgewandelt.

Die Zukunft lesen ▶ Sie wissen von vornherein, dass die Dinge schlecht ausgehen, ohne überhaupt einen Versuch zu wagen. »Ich werde nie zufrieden sein.« »Ich werde so oder so diesen Job nicht bekommen.« »Ich werde nicht gesund werden.« »Ich werde es nie schaffen.«

Der Vergangenheit nachtrauern ▶ Die Aufmerksamkeit wird auf Frustrationen und Enttäuschungen der Vergangenheit gelenkt, statt die Möglichkeiten der Gegenwart zu sehen und die sich jetzt bietenden Gelegenheiten zu ergreifen. Gedanklich wird eine Negativstrichliste über Misserfolge, Ablehnungen und Fehlschläge geführt. Diese Liste wird im Kopf regelmäßig aktualisiert und ergänzt, wenn wieder etwas im Leben misslungen ist.

Das Gute zählt nicht ▶ Positive Erfahrungen werden zurückgewiesen, indem man darauf besteht, dass sie nicht zählen. Sie haben eine gute Arbeit geleistet, und Sie sagen vielleicht zu sich selbst: »Es war nicht gut genug.« »Das kann ja jeder mindestens genauso gut.« Wenn man das Positive abwertet, nimmt man sich die Freude am Leben und fühlt sich nutzlos und frustriert. Man nennt es auch die umgekehrte Alchemie: Nicht Erde wird zu Gold gemacht, sondern Gold zu Erde.

Der Hilflosigkeitsknopf

Dieser Knopf wird dann bedient, wenn unsere Wünsche nicht befriedigt wurden und wir glauben, in einer Situation zu stecken, an der wir nichts verändern können. Wir fühlen uns hoffnungslos und hilflos dem Schicksal ausgeliefert. Wir können nichts mehr tun oder kontrollieren.

Fatalismus ▶ Wir gehen davon aus, dass das Leben vom Schicksal, den Sternen, den Genen oder anderen Mächten bestimmt wird. Wir können wenig oder gar nichts verändern oder tun. »Es hat keinen Sinn, etwas zu verändern. Alles ist vorherbestimmt.« »Ich habe keinen Einfluss. Das ist mein Schicksal.«

Helfen können nur andere ▶ Dem liegt die Annahme zugrunde, dass man selbst nichts tun kann, nur andere, die stärker sind. Man selbst ist völlig hilflos dem Schicksal ausgeliefert. »Ich bin zu schwach. Nur andere können meine Probleme lösen.«

Selbstabwertung ▶ Die Sicht und Bewertung des eigenen Selbst ist grundsätzlich negativ und defizitär. »Ich bin nicht liebenswert.« »Wenn andere Menschen herausfinden, wie ich wirklich bin, werden sie sich abwenden.«

Personalisierung und Selbstbeschuldigung ▶ Man macht sich selbst verantwortlich für Ereignisse, die nicht ganz unter der eigenen Kontrolle stehen. »Ich bin schuld, dass meine Beziehung in die

Brüche ging.« »Ich bin verantwortlich für die Probleme meines Sohns.«

Der Verzerrerknopf

Dieser Knopf ist sehr wirkungsvoll, da er jedes beliebige Ereignis verzerrt bzw. verallgemeinert. Oder es werden nur die negativen Aspekte einer Situation ausgewählt und gesehen. Diese Verzerrungen folgen einer bestimmten Logik. In der Regel wird etwas so verallgemeinert, dass es gut oder schlecht, schwarz oder weiß ist. Eine andere Form der Verzerrung besteht darin, einen einzelnen Aspekt herauszugreifen und zu übertreiben.

Schwarzweiß-Denken ▶ Sie sehen die Dinge in Schwarzweiß- bzw. in Alles-oder-nichts-Kategorien: Dazwischen gibt es keinen Raum für Alternativen. Wenn eine Situation nicht Ihren Erwartungen entspricht, sehen Sie sie als totale Enttäuschung oder Versagen an.

Generalisierung ▶ Sie sehen ein einziges negatives Ereignis (wie etwa eine Ablehnung) als ein unendliches Muster von Niederlagen. Wenn Sie über das negative Ereignis nachdenken, gebrauchen Sie solche Worte wie »immer« und »nie«.

Mentaler Filter ▶ Sie picken sich ausschließlich einen negative Aspekt heraus und wiederholen ihn ständig in Gedanken. Ihr Blick auf die Realität verdunkelt sich durch das eine negative Ereignis, wie ein Tropfen Tinte ein ganzes Glas Wasser verfärben kann.

Falsche Schlüsse ziehen ▶ Sie ziehen Schlüsse, obwohl sie nicht durch Fakten gestützt sind. Sie lesen z. B. Gedanken: Ohne es zu überprüfen oder nachzufragen, folgern Sie, dass jemand Sie nicht mag.

Etikettierung ▶ Etikettierung ist eine extreme Form des Alles-oder-nichts-Denkens. Statt zu sagen: »Ich habe einen Fehler gemacht«, sagen Sie sich: »Ich bin ein Versager.« Sie sind nicht, was Sie tun.

Sie sind vielleicht ein Mensch mit Fehlern, das ist ja menschlich. Sie sind jedoch kein Versager. So etwas gibt es nicht. Die Etikettierung anderer führt meist zu Feindschaft und lässt wenig Raum für eine offene Begegnung. Damit besteht kaum die Möglichkeit, etwas zu verändern.

Stressverstärkendes Denken identifizieren

Die Veränderung stressverstärkenden Denkens ist so anstrengend wie die Änderung anderer Gewohnheiten auch. Uns ist vielleicht bereits bewusst, dass wir perfektionistische Ansprüche haben oder uns selbst abwerten. Aber die Einsicht allein genügt noch nicht. Man braucht Zeit und Übung, um neue Denkgewohnheiten aufzubauen.

Im nächsten Schritt geht es darum herauszufinden, welche der dargestellten stressverstärkenden Gedanken Ihnen häufig in belastenden Situationen oder in Grübelphasen durch den Kopf gehen. Diese Gedanken und Einstellungen treten häufig sehr rasch und nahezu automatisch auf. Deshalb ist es zunächst wichtig, sich diese bewusst zu machen. Sie müssen wahrnehmen, in welchen Situationen und unter welchen Bedingungen Sie in besonderer Weise von diesen Gedanken und Sichtweisen bestimmt werden. Dabei können folgende Fragen hilfreich sein:

- Was sage ich zu mir selbst in Belastungssituationen (z. B. nach einem Konflikt, oder wenn mir ein Fehler unterlaufen ist)?
- Wenn ich sehr unter innerem Druck stehe, welche Gedanken gehen mir dann durch den Kopf?
- Welche Erwartungen oder Befürchtungen habe ich?
- Welche Gefühle habe ich in der Situation? Und welche Gedanken gehen mit diesen Gefühlen einher?

Welche gedanklichen Stressverstärker, die Ihnen häufig durch den Kopf gehen, wollen Sie verändern?

Alternative Sichtweisen und Bewertungen entwickeln

Ziel dieses Abschnittes ist es, unangemessene Denkmuster und Verzerrungen zu verändern, und zwar in Richtung auf flexiblere und realistischere Denkweisen. Wenn wir unsere eigenen Denkmuster überprüfen und verändern wollen, so ist das kein einfaches Unterfangen. Es geht nicht darum, dass wir uns so umprogrammieren, wie man einen Computer neu programmiert. Es handelt sich vielmehr um eine Fertigkeit, die man wie Klavierspielen oder Autofahren erlernen kann. Das setzt Wiederholung und Übung voraus, bis es gewohnheitsmäßig zu neuen flexibleren und realistischeren Denkgewohnheiten kommt. Unser Gehirn lernt durch Wiederholungen. Eine einmalige Einsicht ist hilfreich. Bis sie uns allerdings gedanklich bestimmt, müssen wir uns wiederholt an die neue Einsicht erinnern, sodass eine Bahnung im Gehirn stattfindet.

Spontane Einstellungen und Bewertungen stammen oft aus früheren Erfahrungen und werden automatisch auf neue, scheinbar ähnliche Situationen angewandt. Diese rasch ablaufenden Gedanken und Bewertungen sind ungenau oder erschweren den Umgang mit der realen Situation. Deshalb lohnt es sich, die eigene Sichtweise zu überprüfen oder zu verändern.

Bei diesem Schritt ist es wichtig, den eigenen Kopf auf eine andere Spur zu bringen, auf andere Gedanken, die eher Gelassenheit fördern. Wie kann man die Dinge anders sehen? Im Gedicht »Die Chinesische Legende« von Mascha KALENKO (1983) geht es darum, eine gelassene Perspektive einzunehmen:

Hoch auf dem Felsen, abgeschieden,
Lebten der Alte und sein Sohn
In stiller Eintracht, wohlzufrieden.
... Da lief den beiden das Pferd davon
    Der Nachbar, nach geraumer Frist,
    Kam, den Verlust mitzubeklagen.
    Da hörte er den Alten fragen:
    »Wer weiß, ob dies ein Unglück ist?«
Und bald darauf, im nahen Walde
Vernahmen sie des Pferdes Tritt:
Das kam und brachte von der Halde
Ein Rudel wilder Rosse mit.
    Der Nachbar, schon nach kurzer Frist,
    Pries den Gewinn nach Menschenweise.
    Da lächelte der Alte leise:
    »Wer weiß, ob dies ein Glücksfall ist?«
Nun ritt der Sohn die neuen Pferde.
Sie flogen über Stock und Stein,
Ihr Huf berührte kaum die Erde ...
Da stürzte er und brach das Bein.
    Der Nachbar nach geraumer Frist,
    Kam, um das Leid mit ihm zu tragen.
    Da hörte er den Alten fragen:
    »Wer weiß, ob dies ein Unglück ist?«
Bald dröhnt die Trommel durch die Gassen:
Es ist die Kriegsproklamation.
Ein jeder muss sein Land verlassen.
Doch nicht des Alten lahmer Sohn. «

Dem alten Mann in der chinesischen Legende gelingt der Perspektivenwechsel durch eine Frage: »Wer weiß, ob dies ein Unglück / Glücksfall ist?« und die grundsätzliche Offenheit für verschiedene positive und negative Konsequenzen, die sich aus einem Ereignis ergeben können.

Was hilft Ihnen, eigene Bewertungen und Einstellungen zu hinterfragen und neue Perspektiven zu entwickeln?

Im Rahmen kognitiv-verhaltenstherapeutischer Verfahren wurden sehr viele verschiedene Strategien zur sogenannten »kognitiven Umstrukturierung« erarbeitet.

Realitätsüberprüfung

- **Ist der Gedanke realistisch? Welche Tatsachen sprechen für diese Sichtweise?**
- **Ist die Einstellung hilfreich im Umgang mit dem Problem?**
- **Ist meine Denkweise unnötig einseitig oder rigide und unflexibel?**
- **Verallgemeinere ich zu stark?**
- **Was würde ich einem Freund sagen, der sich in einer ähnlichen Situation befindet?**
- **Was würde ein guter Freund zu mir sagen?**
- **Wenn ich über die Konsequenzen nachdenke: Was würde im schlimmsten Fall passieren? Was wäre davon die Konsequenz? Wie wahrscheinlich ist das?**
- **Sind meine Erwartungen an mich selbst oder andere realistisch, oder sind sie zu hoch?**

Eine positive Alternative

Die Zweispaltentechnik: Bei dieser Methode steht in der linken Spalte der stressverstärkende Gedanke und in der rechten können Sie alle gelassenheitsfördernden alternativen Gedanken niederschreiben. Dabei sollten Sie wie bei einer Brainstormingübung keine Idee verwerfen und erst am Ende auswählen, welche Gedanken für Sie stimmig erscheinen.

Stressverstärkende Gedanken	Gelassenheitsfördernde Gedanken
z. B. »Ich bemühe mich immer perfekt und vollkommen zu sein.«	Fehler machen ist menschlich. ✗
	Es ist Okay, dass mal etwas schief geht.
	80% genügen.
	Ich gebe mir Mühe und mache was ich kann. ✗
	Es ist noch kein Meister vom Himmel gefallen.
	Mal sehen, was passiert, wenn ich einen Fehler mache.

Positive Gedanken entwickeln

- **Was kann ich in dieser Situation lernen?**
- **Welchen Sinn könnte diese Situation haben?**
- **Was sind meine Werte und Ziele in der Situation?**
- **Wie wichtig ist diese Situation für mich?**
- **Gibt es Phasen, in denen es mir gelingt, die Situation anders zu sehen oder zu bewerten? Was denke oder sage ich dann zu mir selbst? Wie gehe ich dann mit der Situation um?**
- **Wie werde ich vielleicht in drei Monaten oder in einem Jahr darüber denken?**

Handelt es sich um Gedanken oder Einstellungen, die mit »Ich sollte« oder »Ich muss ...« beginnen, dann handelt es sich nicht um in Stein gemeißelte Regeln. Es sind Verträge, die ich mit mir selbst vor Jahren als Kind vereinbart habe. Will ich diese Regeln neu verhandeln? Wie könnte eine neue Regel lauten, die ich als

Erwachsener aushandle und für angemessen halte? Angenommen ich könnte die Situation oder mich selbst so annehmen oder akzeptieren?

ANJA fühlt sich in sozialen beruflichen und privaten Situationen unsicher. Sie zweifelt an sich selbst und lässt anderen den Vortritt. Ihre stressverstärkende Denkweise: Mache ich alles richtig? Das ist sicher nicht richtig, wie ich es mache. Andere sind besser als ich. Ich bin nicht so viel wert, und deshalb kann ich nicht so viel wie die anderen. Ich halte mich erst einmal zurück und lasse anderen den Vortritt.

Eine gelassenheitsfördernde Denk- oder Verhaltensweise sieht anders aus. Anja hat sich die Frage gestellt: »Was kann ich in dieser Situation lernen?«

Vermutlich lerne ich am meisten, wenn ich selbst ausprobiere und nicht ständig an mir zweifle. Andere kochen auch nur mit Wasser. Wenn ich es nicht selbst ausprobiere, kann ich es ja nicht selbst lernen. Probieren geht über studieren. ■

Beschreiben Sie kurz eine Situation, in der Sie sich unsicher und gestresst fühlen:

Welche Gedankenen treten auf?

....

....

Welche hilfreiche Fragen und gelassenheitsfördernde Denk- oder Verhaltensweisen könnten für Sie hilfreich sein?

....

....

Umgang mit stressverstärkenden Gefühlen oder wie Kopf und Bauch zusammenfinden

Empfindungen wie Enttäuschung, Verwirrung, Unbehagen, Groll, Zorn, Eifersucht und Furcht sind keineswegs etwas Schlechtes; sie sind vielmehr Momente der Klarheit, die uns auf das aufmerksam machen, was wir zurückweisen.
Pema Chödrön

So, wie wir uns kontinuierlich mit Gedanken beschäftigen, gibt es in jeder Alltagssituation auch einen emotionalen Hintergrund, der ständig da ist. Wenn morgens der Wecker klingelt und wir langsam wach werden, geschieht dies bereits in einer bestimmten Stimmung. Sie ist vielleicht noch von Traumresten bestimmt oder von den Plänen für den kommenden Tag. Wenn wir tagsüber das Mittagessen zu uns nehmen, unserer Arbeit nachgehen oder abends vor dem Fernseher sitzen, jede Handlung, jede Aktivität wird begleitet von einem Gefühl. Manchmal sind Gefühle und Stimmungen wie ein Hintergrundrauschen oder wie eine vertraute Tapete an der Wand, die wir nicht mehr wahrnehmen. Manchmal sind Gefühle sehr intensiv und treten in den Vordergrund. Sie sind so wie das schrille Läuten eines Weckers, das wir sehr bewusst wahrnehmen. Es ist für uns selbstverständlich, mit unseren Gefühlen zu leben und umzugehen.

Am Arbeitsplatz haben wir unsere eigenen Strategien, unsere Stimmung zu beeinflussen – ob es sich nun um die Tasse Kaffee handelt, auf die man sich freut, oder um das Gespräch mit dem Kollegen auf dem Gang. Vielleicht ist es aber auch die Reihenfolge der Tätigkeiten, die Art und Weise, wie man sie erledigt, oder auch dass man sie aufschiebt, wenn sie unangenehm sind. In der Freizeit haben wir mehr Gestaltungsmöglichkeiten; wir freuen uns auf den Tatort oder die Fahrradtour mit Freunden. Viele dieser Aktivitäten dienen dazu, dass wir uns wohl fühlen. Wir empfinden Freude oder Genuss dabei. Unsere Gefühle sind sehr wichtige Signalgeber für unsere Wünsche, Ziele und Bedürfnisse.

In Belastungssituationen geben uns unsere Gefühle wichtige Hinweise darüber, welche Ziele und Bedürfnisse gerade bedroht sind. Und Gefühle können uns die Energie und den Impuls zum Handeln geben. Ich nehme beispielsweise wahr, dass ich ärgerlich werde, wenn mir ein Staubsaugervertreter sehr beharrlich an der Tür einen Staubsauger verkaufen möchte. Dieses Gefühl des Ärgers gibt mir die Kraft und Deutlichkeit in Mimik und Gestik, um das Gespräch mit dem Vertreter nach meinen Wünschen und Bedürfnissen zu gestalten. Und das heißt in diesem Fall, dass ich das Gespräch in aller Deutlichkeit beende.

Gefühle, die als erste Reaktion auf eine Situation oder einen Reiz auftreten, nennt man *primäre Gefühle* (Greenberg 2006). Diese Gefühle sind wichtig für unser Wohlbefinden, unser Überleben und zur Gestaltung des persönlichen Gleichgewichts. Denn sie enthalten wichtige Informationen über unsere Ziele, Bedürfnisse und die reale Situation. Sie geben uns außerdem Impulse und Kraft zum Handeln, um den WEG entsprechend unseren Zielen und Bedürfnissen zu gestalten. Dem Staubsaugervertreter sage ich, dass ich keinen Staubsauger kaufen möchte, weil ich schon einen habe und ich nun das Gespräch beenden möchte. Daraufhin verabschiede ich mich energisch, obwohl der Vertreter noch versucht, mich zu unterbrechen; und ich schließe die Tür. Sobald die Situation im Einklang mit meinen Wünschen und Zielen zu einem guten Ende geführt wurde, klingt das Ärgergefühl rasch ab. Es ist von besonderer Bedeutung, dass man lernt, diese primären Gefühle wahrzunehmen und zu erkennen. Sie sind die wichtigste Ressource unserer emotionalen Intelligenz. Sie können uns zu jedem Zeitpunkt Orientierung geben. Deshalb ist es von Belang, die eigenen Gefühle als Verbündete oder als Freunde zu sehen, als WEG-Begleiter oder WEG-Zeichen, die uns helfen und wichtige Hinweise geben wollen. Und es ist von Bedeutung, sich daran zu erinnern, dass sich Gefühle verändern. Sie verändern sich, ohne dass wir sie beeinflussen. Sie verändern sich wie im oben beschriebenen Beispiel des Gesprächs mit dem Vertreter rasch, wenn die Informationen wahrgenommen, verarbeitet und zur Bewältigung genutzt werden.

Im Kapitel zu Stressverstärkern wurde dargestellt, dass uns Emotionen auch aus dem Gleichgewicht bringen können und zu einer Verstärkung der Stressreaktion beitragen.

Stellen Sie sich noch einmal die Situation mit dem Staubsaugervertreter vor:

ICH fühle mich ärgerlich. Aber da ich ein sehr harmoniebestrebter Mensch bin und schlecht Nein sagen kann, werde ich unsicher und lasse mich zögerlich auf das Gespräch mit dem Vertreter ein. Ich habe Angst, unhöflich zu werden; deshalb lasse ich ihn sogar eines seiner neuesten Modelle vorführen. Die Zeit vergeht, und ich fühle mich innerlich zunehmend unter Spannung und Stress. Ich werde ärgerlich auf mich selbst. Denn eigentlich wollte ich etwas anderes tun und schaffe es wieder nicht, diesen selbstgefälligen Schwätzer zu unterbrechen. Im Keller stehen bereits zwei Staubsauger. Ich fühle mich zunehmend hilflos und überfordert. Um ihn wieder loszuwerden, versuche ich, Staubsaugerbeutel zu kaufen, in der Hoffnung, dass er dann geht und mich in Ruhe lässt.

Ich bin nun um ein Paket Staubsaugerbeutel reicher, das ich eigentlich gar nicht benötige. Und ich habe einen Termin für nächste Woche vereinbart, an dem er mir weitere Modelle vorführen möchte. Danach habe ich den Vertreter zur Tür gebracht. Aber dann mache ich mir Vorwürfe, dass ich es wieder nicht geschafft habe. Ich male mir die Situationen aus, bei denen es mir in der Vergangenheit auch nicht gelungen ist, Nein zu sagen. Ich fühle mich hilflos und niedergeschlagen. ■

An diesem Beispiel wird deutlich, wie unangemessene Gefühle zu einer schlechten Bewältigung der Situation führen und stressverstärkend wirken. Zur emotionalen Stressverstärkung kommt es häufig durch drei vorrangige Mechanismen:

Wie bereits erwähnt, erleben wir *primäre Gefühle* als erste unmittelbare Reaktion auf einen äußeren oder inneren Reiz (z. B. Ärger auf den Vertreter). Diese primären Gefühle können abgelehnt werden. Dann treten *sekundäre Gefühle* auf (z. B. zunächst Unsicherheit, wie ich reagieren soll, oder Scham, dann Ärger auf mich selbst, weil ich nicht Nein sagen kann), danach Hilflosigkeit und Niedergeschlagenheit. Es kann zu einer Kette von sekundären Gefühlen kommen. Sekundäre Gefühle können aber auch Gefühle der Angst sein, die wir vor unserer eigenen Angst haben. Oder wir schämen uns, dass wir uns traurig fühlen. Sekundäre Gefühle sind häufig Bewältigungs- oder Abwehrversuche gegen primäre Gefühle, die wir nur schwer ertragen oder tolerieren können. In unserem Beispiel habe ich Schwierigkeiten, meinen Ärger wahrzunehmen und auszudrücken.

Sekundäre Gefühle können auch durch Gedanken ausgelöst werden. Gedanken und Gefühle sind wie zwei Seiten einer Medaille. Sorgenvolles Denken oder Grübeln geht mit ängstlichen oder depressiven Gefühlen einher. Gedanken und Gefühle können sich wechselseitig verstärken oder abschwächen. Insbesondere durch Grübeleien können negative Gedanken und Gefühlskreisläufe entstehen, die sich gegenseitig aufrechterhalten.

Es gibt allerdings auch *unangemessene primäre Emotionen,* die in der Regel auf frühen Lernerfahrungen beruhen. Man fühlt sich überrollt von Gefühlen, die man in Kindheit und Jugend erlernt hat, die aber eigentlich nichts mit der gegenwärtigen Situation zu tun haben. Es handelt sich dabei um starke Gefühlsmuster, die man mit der aktuellen Situation verknüpft.

ANDREAS fühlt sich in Gegenwart seines Vorgesetzten unsicher und angespannt, ob er immer alles richtig macht. Auf die Frage, ob ihm das Gefühl irgendwie aus seiner Kindheit oder Jugend bekannt vorkommt, antwortete er: »Ja. in Gegenwart meines Vaters habe ich mich immer unsicher und minderwertig gefühlt. Er hat mich immer kritisiert und mit Liebesentzug bestraft, wenn ich mit schlechten Leistungen aus der Schule kam.«
Andreas hatte gedacht: »Nur durch Leistung bin ich für meinen Vater liebenswert.« Dieses Gefühlsmuster übertrug er automatisch auf seinen Vorgesetzten, obwohl der in der realen Arbeitssituation nichts an Andreas' Leistung auszusetzen hatte. ■

In diesem Abschnitt geht es vor allem darum, wie man mit stressverstärkenden emotionalen Reaktionen umgeht und sie verhindert. Im Kapitel zur Gestaltung positiver Gefühle geht es vorrangig um die emotionalen Reaktionen, die mit Glück und Zufriedenheit verbunden sind. Stressverstärkende anhaltende Gefühle können dazu führen, dass wir sowohl links vom WEG abkommen als auch rechts davon im Sumpf landen.

Länger andauernde intensive Gefühle, die mit der linken Seite der Straße und mit einer starken Stressreaktion verbunden sind:

Auslöser für	Funktion von	Gedanken	Körperliche Reaktionen
Angst			
Wichtige Ziele sind gefährdet. Es ist unsicher, ob die Bedrohung abgewehrt werden kann.	Aufmerksam werden für Gefahren. Vorbereitung für Untersuchung der Gefahr, Flucht, Vermeidung.	Das schaffe ich nicht. Werde ich das durchstehen?	Starke Stressreaktion
Wut			
Wenn wir bei der Erreichung unserer Ziele behindert werden. Unterstellung von negativen Absichten, keine verstehende Erklärung.	Vorbereitung auf Kampf und Auseinandersetzung. Schutz vor destruktivem Verhalten anderer. Durchsetzung der eigenen Ziele.	So ein ...!!!	Starke Stressreaktion

(nach Becking 2008)

Länger andauernde Gefühle, die mit der rechten Seite der Straße verbunden sind und häufig mit Energieverlust, Antriebslosigkeit und Freudlosigkeit einhergehen:

Auslöser für	Funktion von	Gedanken	Körperliche Reaktionen
Trauer			
Verlust von wichtigen Menschen oder Dingen. Befürchtung, dass wichtige Ziele nicht mehr erreicht werden können.	Traurigkeit bereitet uns darauf vor, uns von wichtigen Menschen, Dingen und Zielen zu lösen.	Oh, nein ... Schade ...	▫ Reduzierter Antrieb und Energie ▫ Weinen
Depressive Gefühle			
Ein Verlust wird stressverstärkend verallgemeinert: ▫ **Hilflos**: keine Kontrolle mehr haben ▫ **Hoffnungslos**: Situation wird sich nicht ändern ▫ **Wertlos**: Person ist schuld und als ganze Person nichts wert	Neuorientierung nach einer schweren Krise oder nach einem schweren Verlust	Negative Sicht von der eigenen Person, der Situation und der Welt	▫ Energielosigkeit ▫ Freudlosigkeit ▫ Körperliche Beschwerden

(nach Becking 2008)

Zur Regulierung der eigenen Gefühle ist es hilfreich, wenn man lernt, sie in ihrer Funktion zu verstehen und anzunehmen. Um nicht weitere sekundäre negative Gefühle zu produzieren, ist es förderlich, den eigenen Gefühlen möglichst offen und wenig abwehrend zu begegnen. Häufig kann man erst dann erkennen, welchen Sinn und welche Bedeutung die eigenen Gefühle haben. Es ist oft schwer, sich selbst gegenüber empathisch und mitfühlend zu reagieren. Aber das kann man lernen.

Von großer Bedeutung für den Umgang mit Gefühlen sind die Fähigkeiten, die mit emotionaler Intelligenz verbunden sind. Den Emotionsforschern MAYER und SALOVEY (1990) zufolge beinhaltet emotionale Intelligenz folgende Fähigkeiten:

- Emotionen wahrnehmen, sie anerkennen und ausdrücken,
- Zugang zu den eigenen Emotionen finden oder Emotionen entwickeln, wenn sie das Denken erleichtern,
- Emotionen verstehen und emotionales Wissen einsetzen,
- Emotionen regulieren, um inneres Wachstum zu fördern.

Akzeptanz und Veränderung von Gefühlen

Im Folgenden werden einige Übungen und Grundhaltungen dargestellt, die Ihnen helfen können, die eigenen Gefühle neu zu entdecken und ihnen offen und wertschätzend zu begegnen. Der Umgang mit Gefühlen erfolgt in zwei Phasen. Eine erste Akzeptanzphase besteht darin, die Gefühle wahrzunehmen, sie anzuerkennen und kennenzulernen. Dies geschieht, um die wichtigen Informationen, die in ihnen enthalten sind, zu verstehen und für den Alltag zu nutzen.

Die zweite darauf aufbauende Phase ist die Veränderungsphase. Es geht darum, sich im Umgang mit Gefühlen selbst zu unterstützen. Beispielhaft werden Basis-, Bewältigungs- und Veränderungsstrategien erarbeitet. Dieses Kapitel kann kein Training emotionaler Kompetenzen (wie in Berking 2008) oder störungsspezifische Ansätze zum Umgang mit anhaltenden Angst- oder Depressionsproblemen ersetzen.

Akzeptanzphase

Emotionen wahrnehmen und beschreiben

Wenn man bewusst die eigenen Gefühle wahrnimmt, verschafft man sich Zugang zu den Informationen und Handlungstendenzen, die jedes Gefühl in sich trägt. Die Wahrnehmung der eigenen Gefühle sollte jedoch nicht damit verwechselt werden, dass man über die eigenen Gefühle distanziert nachdenkt und sie analysiert. Vielmehr geht es zunächst darum, ein Gefühl bewusst und achtsam zur Kenntnis zu nehmen. Versuchen Sie auch, das Gefühl körperlich zu spüren. Ist das Gefühl vielleicht mit Spannungen im Gesicht verbunden oder anderen Körpergefühlen? Wenn Sie das Gefühl wahrgenommen haben, beschreiben Sie Ihr Erleben. Geben Sie Ihrem Gefühl einen Namen. Unterscheiden Sie Gefühle von Gedanken und Handlungen. Versuchen Sie, Worte für ihre Gefühle zu finden. Wenn man ein Gefühl benennen kann, kann man es besser verstehen und regulieren. So entsteht ein Gefühl der Kontrolle über die eigene Erfahrung. Durch das Benennen und Beschreiben entsteht innerlich eine neue Perspektive.

Wählen Sie ein Gefühl aus, das Sie momentan empfinden oder vor kurzem empfunden haben. Welches Ereignis hat das Gefühl ausgelöst? Das auslösende Ereignis kann auch ein Gefühl oder ein Gedanke sein. Sollte ein Gefühl vorausgegangen sein, gehen Sie für das vorausgegangene Gefühl ebenfalls nachfolgende Fragen durch.

Gefühl	Intensität
....	1 2 3 4 5 6 7 8 9 10

Wodurch wurde das Gefühl hervorgerufen? Gab es ein auslösendes Ereignis, ein Gefühl oder einen Gedanken?

....

....

Welche Gedanken, Bewertungen, Interpretationen gehen mir durch den Kopf?

....

....

Welche körperlichen Veränderungen nehme ich wahr?

....

....

Welche Handlungsimpulse nehme ich wahr? Was möchte ich sagen? Was möchte ich tun?

....

....

Was habe ich in der Situation getan oder gesagt?

....

....

Welche Auswirkungen hat das Gefühl auf mich (Verhalten, andere Gefühle, Gedanken, Körperempfindungen etc.)?

....

....

Wenn man Gefühle wahrnimmt und zulässt, kann das Gehirn die Informationen, die das Gefühl in sich tragen, verarbeiten. Deshalb ist es wichtig, dem natürlichen Rhythmus der Emotionen zu folgen, sie kommen und gehen zu lassen. Wenn wir sie nicht unterbrechen, abblocken oder vermeiden, ist das möglich. Hat unser Verstand die Informationen verarbeitet, ist die Funktion des Gefühls erfüllt; es kann nun wieder gehemmt werden und abklingen. Deshalb sollte man sich selbst erlauben, die Emotionen zu erleben. Auch negative Gefühle klingen nach einer gewissen Zeit, auch ohne unsere Beeinflussungsversuche, von selbst wieder ab. Gefühle sind vergänglich.

Abb 22 Typischer Gefühlsverlauf (BERKING 2008)

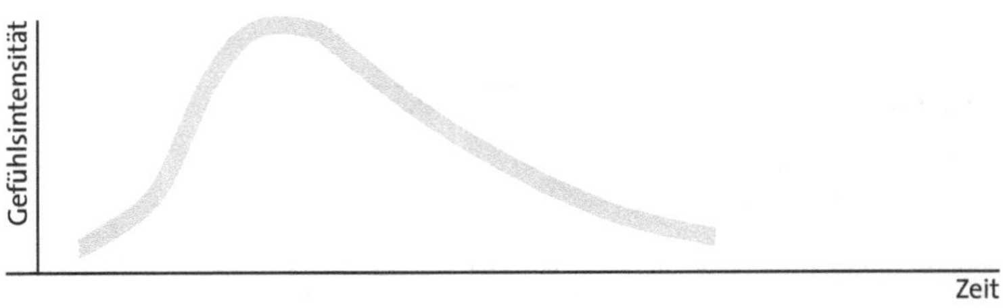

Gefühle sind keine in Stein gemeißelten goldenen Regeln oder Wahrheiten. Deshalb kann man seine eigenen Emotionen ohne Konsequenzen fühlen und erleben. Wenn ich mich hilflos fühle, heißt dies noch lange nicht, dass ich tatsächlich hilflos bin. Das Gefühl sagt mir etwas über meine momentane Befindlichkeit und meine eigene Bewertung, aber noch lange nichts über die realen Möglichkeiten. Es sagt nichts aus über meine Handlungsmöglichkeiten.

Emotionen sind meine geheimen Informanten und Verbündete, die mir etwas über mein Erleben mitteilen. Aber sie sind noch lange nicht Wahrheitsträger oder Befehlshaber über mein Handeln, die mich regieren oder gar tyrannisieren. Wenn ich sie als verbündete Teile von mir begreifen lerne, fällt es mir leichter, die Gefühle kommen und gehen zu lassen. Ich muss nicht mehr gegen sie ankämpfen. Um sich regelmäßig daran zu erinnern, Gefühle in diesem Sinne anzunehmen und zu akzeptieren, kann man sich selbst instruieren: »So, wie ich momentan bin und was ich momentan fühle, ist es in Ordnung.«

ÜBUNG Begegnen Sie Ihnen eigenen Gefühlen mit einer inneren Haltung, die sich in nachfolgenden Sätzen ansdrückt:

- So, wie ich momentan bin und was ich momentan fühle, ist es in Ordnung.
- Meine Gefühle haben einen Sinn. Sie sind ein Teil von mir und wollen mir helfen. Sie sind meine persönlichen Informanten und Verbündete.

Einschätzen: Emotionale Verarbeitung von Gefühlen

⚖ Auch unsere Fähigkeit, zu verstehen und Informationen zu verarbeiten, ist häufig, wenn wir gestresst sind, ein wenig beeinträchtigt. Dies kann sich stressverstärkend auswirken, da wir eine geringere Kontrolle über die Situation und unsere Gefühle erleben. Deshalb ist die emotionale Verarbeitung wichtig, um wieder mehr Kontrolle zu erleben. Insbesondere in emotional belastenden Situationen ist dies sehr hilfreich und notwendig. Wenn wir Verständnis für das Gefühl entwickeln, kann dies beruhigend wirken.

Zunächst geht es darum, das Gefühl verstehen zu lernen. ▶ Was will es mir sagen? Was ist der Sinn dieses Gefühls? Welche Funktion hat das Gefühl in meiner gegenwärtigen Lebenssituation?

Beispielsweise gibt mir Ärger die Energie, meine Interessen durchzusetzen. Traurigkeit bremst und hilft mir, Verluste zu verarbeiten und mich abzulösen. Angst macht mich wach für Gefahren und bereitet mich vor, sie zu meiden und mich zu schützen. Schamgefühle geben mir Hinweise darauf, wann ich meine, eine soziale Regel überschritten zu haben. Sie treten auf, wenn meine soziale Integration gefährdet ist. Auch Gefühle, die wir als angenehm und positiv erleben, haben eine Funktion. So signalisiert Entspanntheit, dass meine Ziele gerade nicht bedroht sind und ich im Moment nichts erledigen muss. Oder Freude bedeutet, dass ich das, was ich erlebe oder tue, positiv bewerte.

Um mich über den Sinn und die Funktion zu informieren, kann ich auch in einen Dialog mit meinem Gefühl treten und es fragen, was es mir sagen würde, wenn es sprechen könnte? Was wollen die Tränen sagen, wenn ich traurig bin? Dabei kann man sich wieder daran erinnern, dass Gefühle Teile von uns sind, die gehört werden wollen und uns über etwas informieren wollen.

Gefühle haben in der Regel etwas mit unseren Erwartungen, Werten, Zielen und Bedürfnissen zu tun. ▶ Sehen wir sie in irgendeiner Form als bedroht an, treten Gefühle auf, um uns das zu signalisieren. Deshalb kann ich mir, wenn ein Gefühl aufkommt, meiner Erwartungen und Ziele bewusst werden. Welche unbewussten Erwartungen sind mit der Situation verbunden? Welche Ziele und Bedürfnisse erlebe ich als bedroht?

Dies kann insofern zu weiteren Klärungen führen, als mir manche Ziele vielleicht nicht mehr so wichtig sind (z. B. eine neue Wohnung zu finden). Es kann aber vielleicht auch Trauer darüber auslösen, dass manche Erwartungen nicht befriedigt werden (z. B. wenn die ersehnte Anerkennung durch meine Eltern weiterhin ausbleibt).

Gefühle sind häufig eng mit automatischen Gedanken und Bewertungen verbunden. ▶ Gedanken und Gefühle hängen oft so zusammen wie zwei Seiten einer Medaille.

Um ein Gefühl besser zu verstehen, ist es förderlich, sich die gedankliche, sprachliche Seite bewusst zu machen. Unangemessene Gefühle werden häufig von stressverstärkenden Gedanken begleitet, die der eigenen Person feindlich gegenüberstehen (z. B. »Ich bin ein Versager«) oder unangemessene Erwartungen an andere stellen. Auch dabei handelt es sich um erlernte, gewohnheitsmäßige und automatische Verknüpfungen, die unsere negativen Gefühle aufrechterhalten und verstärken. Gedanken laufen auch als Reaktionen auf Gefühle ab. Dies können ablehnende Gedanken oder starke Bewertungen sein, die zu sekundären Gefühlen führen. »Oh Gott, schon wieder die Angst! Das halte ich nicht aus.« Durch diese Bewertung wird weitere Angst vor der Angst erzeugt.

Welche Gedanken und Bewertungen treten im Zusammenhang mit dem Gefühl auf? Welche Gedanken und Bewertungen erzeugen sekundäre Gefühle? Die eigenen destruktiven Überzeugungen müssen zunächst in Worte gefasst und bewusst werden, damit man Zugang zu alternativen Sichtweisen und damit verbundenen Gefühlen findet.

Sekundäre Gefühle verdecken häufig das primäre Erleben. ▶ Sekundäre Emotionen treten in der Regel auf, wenn wir bestimmte Gefühle ablehnen, weil wir meinen, die primären Gefühle nicht ertragen zu können.

Es ist dann viel schwieriger, die primären Signale und Informationen des eigenen Erlebens zu erkennen. Vielen Männern wurde es in ihrer Kindheit nicht erlaubt, traurig zu sein. Ihnen wurde vermittelt, dass sie immer stark sein müssen, dass Indianer keine Schmerzen kennen. Dieses Gefühlsverbot macht es schwer, die primären Gefühle zu erkennen; stattdessen reagieren sie mit Wut oder aggressivem Verhalten. Durch diese abwehrende Haltung gegenüber Gefühlen können Gefühlsketten entstehen. Ist das der Fall, sollten Sie diese Gefühlskette ebenfalls beschreiben. Welches Gefühl folgt nach dem anderen? Welcher Gedanke oder welche Bewertung löst das nächste Gefühl aus? Sind weitere Gefühle mit dem Gefühl verbunden? Handelt es sich um ein primäres oder sekundäres Gefühl? Wenn es sich um ein sekundäres Gefühl handelt, was ist das primäre Gefühl? Geht es bei diesem Gefühl um ein starkes unangemessenes Gefühl, das ich aus früher Kindheit oder Jugend kenne?

KLAUS berichtet: Ich habe mich oft benachteiligt gefühlt, weil meine Eltern meinem kleinen Bruder mehr Aufmerksamkeit gewidmet haben. Dieses Gefühl kommt sehr stark auf, wenn mein Vorgesetzter anwesend ist. Ich fühle mich oft von ihm benachteiligt, obwohl es in der realen Situation keine objektive Benachteiligung gibt. Im Gegenteil, mein Chef unterstützt und fördert mich. ■

Es handelt sich dann häufig um früh erworbene emotionale Muster, die unsere Wahrnehmung und Interpretation der Situation filtern und beeinflussen. Solche früh erworbenen Gefühlsmuster kommen häufig vor: »Ich bin nichts wert« oder »Ich muss es allen Recht machen, erst dann werde ich geliebt«.

Solche Gefühle können auch erhalten bleiben, wenn die Situation längst vorüber ist. Man kann sich dann auch fragen:

Wie alt fühle ich mich gerade? Fühle ich mich im Moment wie eine Arbeitnehmerin? Oder fühle ich mich wieder wie früher?

Diese Gefühle haben häufig keinen klaren Signalcharakter. Sie sagen in der Regel auch nichts über die konkrete Situation aus, sondern eher etwas über unser Befinden. Diese Gefühle werden mit der aktuellen Situation assoziativ verknüpft. Dann läuft ein altes Gefühlsmuster ab, das in der Vergangenheit sinnvoll war, aber in der Gegenwart oft eher die Bewältigung behindert. Diese Gefühle können auch ausgelöst werden, wenn meine Ziele in der Realität nicht bedroht sind. Es klingelt dann, es gibt einen emotionalen Stressalarm, obwohl in der realen Situation keine Gefahr besteht. Deshalb gehen Sie der Frage nach: Sind alte Gefühlsmuster mit der Situation oder dem Reiz verknüpft? Kenne ich diese Gefühle aus der Kindheit oder Jugend?

Und lernen Sie, zwischen der gegenwärtigen realen Situation und den damit verknüpften emotionalen Reaktionen zu unterscheiden. Lernen Sie Ihre typischen Gefühlsmuster aus der Vergangenheit kennen.

⚖ Geben Sie Ihrem aktuellen Gefühl einen Namen und beantworten Sie dann die folgenden Fragen:

Welchen Sinn, welche Funktion kann das Gefühl haben? Welche Informationen trägt das Gefühl in sich? Was will mir das Gefühl sagen?

....

....

Welche Werte, Ziele, Wünsche, Bedürfnisse oder Erwartungen werden bedroht?

....

....

Welche Gedanken und Bewertungen stehen im Zusammenhang mit dem Gefühl? Treten Gedanken und Bewertungen als Reaktion auf das Gefühl auf?

....

....

Sind weitere Gefühle mit dem Gefühl verknüpft? Handelt es sich um ein primäres oder sekundäres Gefühl? Nehme ich Ketten von Emotionen wahr, die sich aneinander reihen? Wenn ja, welche? Wenn es sich um ein sekundäres Gefühl handelt, was ist das primäre Gefühl?

....

....

Sind alte Gefühlsmuster mit dem Gefühl verknüpft? Kenne ich dieses Gefühl aus meiner Kindheit oder Jugend? Wie alt fühle ich mich, wenn das Gefühl auftritt?

....

....

Wenn wir gegen das Gefühl ankämpfen, kommen zusätzlich sekundäre Gefühle hinzu, und das primäre Gefühle kann nicht erkannt und verarbeitet werden.

Im nächsten Abschnitt werden Strategien zur Selbstberuhigung und Selbstunterstützung beschrieben, die besonders hilfreich sind, um mit unseren verletzlichen Seiten und Gefühlen umzugehen.

Mit Emotionen umgehen

Wie wir mit unseren Emotionen umgehen, hängt davon ab, ob sie unser Wohlbefinden positiv beeinflussen oder ob wir der Meinung sind, dass sich unsere Gefühle negativ auswirken. Wie bereits im vorigen Abschnitt dargestellt, können sich Gefühle durch negative Bewertungen und sekundäre Gefühle oder durch früh erworbene Gefühlsmuster aufschaukeln. Durch Einstellungen wie »Indianer kennen keinen Schmerz« und andere Abwehrstrategien kann man aber auch ein Zuwenig an Gefühlen erleben. Wir sind dann von unserem Erleben abgeschnitten. Deshalb kann es sehr unterschiedlich sein, wie man mit seinen Gefühlen in der jeweiligen Situation umgeht.

JOHAN berichtet: »Seit mein Vater gestorben ist, fühle ich mich so energielos und ausgebremst. Ich habe mir ein paar Tage Urlaub genommen. Um zu verarbeiten, dass er nicht mehr ist, brauche ich mehr Zeit. Ich kann es noch nicht fassen, dass er nicht mehr da ist.« ■

CLAUDIA arbeitet als Krankenschwester in der Klinik: »Wir haben einen neuen Arzt auf der Station. Das ist ein so arroganter, autoritärer Typ; der erinnert mich an einen früheren Chef. Wenn ich schon seine gegelten Haare sehe, dann schwillt mir der Hals vor Wut. Ich versuche, mich dann auf die Arbeit zu konzentrieren, und erinnere mich daran, dass er in sechs Monaten auf eine andere Station rotiert. Manchmal frage ich mich: Vielleicht tue ich dem Neuen auch unrecht, er hat mir ja eigentlich nichts getan.« ■

Der persönliche Umgang hängt von der emotionalen Verarbeitung, aber auch von der Einschätzung ab, zu der man gelangt. Dabei geht es darum, ob man dem Gefühl als Informationsquelle und als primärem Gefühl trauen kann oder ob es eher hilfreich ist, zu lernen, dass man das Gefühl kontrolliert und umwandelt. Bei anhaltenden emotionalen Belastungen kann auch eine Beratung oder Therapie hilfreich sein, da die Wahrnehmung und Einschätzung von Gefühlen häufig durch Gefühle verzerrt und gefiltert wird.

Im Folgenden werden exemplarisch Formen des Umgangs beschrieben: Man sollte sie nicht als Patentrezepte verstehen. Vielmehr sollen sie zu einem offenen Umgang mit Gefühlen und gleichzeitig zu einer besseren Kontrolle negativer emotionaler Mechanismen anregen, die eine stressverstärkende Wirkung haben.

Es ist sehr schwer für uns, unangenehme Gefühle und Stress zu erleben und zu ertragen. Wir reagieren oft automatisch mit ablehnenden Bewertungen, Impulsen und Vermeidungsreaktionen.

ANJA hatte von ihrem Vorgesetzten den Auftrag bekommen, eine Internetrecherche durchzuführen. Als sie gerade damit beginnen wollte, sagte ihre Kollegin in einem schroffen Ton: »Die Internetrecherche werde ich durchführen. Der Chef hat mir den Auftrag erteilt und gesagt, dass ich ihm schnell die Ergebnisse liefern soll.« Anja fühlte sich eingeschüchtert, verunsichert und übergangen. Sie zog sich schweigend zurück und überließ die Suche im Internet ihrer Kollegin. Sie fragte sich, ob ihr Chef und ihre Kollegin ihr noch wohl gesonnen seien. Je länger Anja darüber nachdachte, desto abgelehnter und unfähiger fühlte sie sich. ■

Wie das Beispiel von Anja zeigt, können negative Gefühle und Selbstzweifel dazu führen, dass wir Angst davor haben, einen Konflikt auszutragen oder zu klären. Wir wollen dann am liebsten die Situationen, in denen Konflikte auftreten könnten, meiden. Dies führt dazu, dass langfristig das Gefühl der Angst vor Konflikten immer häufiger auftritt und stärker wird. Wenn wir aber den negativen Gefühlen offen begegnen, wenn wir sie wahrnehmen und erleben, dann spüren, wie die Anspannung, die unangenehmen Körperempfindungen, das Gefühl der Unruhe und Angst stärker werden, erleben wir die Enge und den innerlichen Druck und haben das Gefühl, einfach fort zu wollen. Es kann dann sein, dass wir der Situation am liebsten entfliehen wollen und die Gefühle so schnell wie möglich verändern oder zum Verschwinden bringen wollen. Es kann anstrengend und schwer sein, sich den negativen Gefühlen zu stellen.

Deshalb ist es besonders hilfreich, wenn man sich dabei unterstützt, unangenehme Gefühle und Stress zu erleben und auszuhalten. Sich selbst Vorwürfe zu machen und abzuwerten, wirkt eher stressverstärkend. Dagegen wirkt es entlastend und beruhigend, wenn man sich selbst unterstützt. Mit der wohlwollenden Unterstützung von uns selbst können wir unangenehme Gefühle und Leiden leichter ertragen.

Aber wie unterstützt man sich selbst? Was bedeutet wohlwollende Selbstunterstützung? Um dies deutlich zu machen, wollen wir uns vor Augen führen, welche Verhaltensweisen gute Unterstützung bedeuten. Versuchen Sie, sich an Menschen zu erinnern, die Sie in Ihrem Leben unterstützt haben. Wie sah es aus, als andere Personen Ihnen geholfen haben, über Schwierigkeiten hinwegzukommen?

Vermutlich haben diese Menschen Sie nicht abgewertet, kritisiert oder beschimpft oder rechthaberisch alles besser gewusst und für Sie erledigt. Im Gegenteil, wir erleben jemanden dann als unterstützend, wenn er Verständnis für das zeigt, was wir erleben. Die unterstützende Person hört zu. Das, was wir erzählen und erleben, ist für sie in Ordnung. Wir fühlen uns unterstützt, wenn jemand uns in schwierigen Situationen Mut zuspricht und uns hilft, sie zu ertragen oder zu bewältigen. Die Person ist bei Rückschlägen geduldig. Sie gibt uns ehrliche Rückmeldungen und hilft uns dabei, unsere Pläne umzusetzen. Sie drängt uns dabei nicht, sondern kann Grenzen respektvoll einhalten. Die Person trägt nicht nach, sie kann verzeihen, und in ihren Augen sind Fehler erlaubt.

Wir können Unterstützung sicherlich auf sehr vielfältige Weise erleben, aber einige der oben genannten Verhaltensweisen drücken eine wohlwollende und mitfühlende Haltung aus.

↻ Können Sie sich vorstellen, sich selbst auf diese Weise zu begegnen?

- Sie zeigen Verständnis für das, was Sie erleben.
- Sie sprechen sich in schwierigen Situationen Mut zu.
- Sie sind bei Rückschlägen geduldig mit sich selbst.
- Sie geben sich selbst positive Rückmeldungen.
- Sie gehen respektvoll mit sich um.
- Sie verzeihen sich, wenn Sie Fehler begehen.

(Wengenroth 2008, Potreck-Rose 2007)

Manchen Menschen fällt es schwer, sich selbst so zu behandeln. Ihnen fällt es leichter, mit einem Freund, einer Freundin oder einem geliebten Tier so umzugehen. Wenn das auf Sie zutrifft, können Sie sich in schwierigen Situationen fragen: Wie würde ich jetzt einen guten Freund unterstützen? Was würde ich ihm raten? Wie einfühlsam und geduldig würde ich mich der anderen Person gegenüber verhalten, wenn sie dasselbe wie ich empfände oder in derselben Situation wäre? Die Wertschätzung und der Respekt, den Sie anderen entgegenbringen, bietet eine gute Orientierung für den Umgang mit der eigenen Person.

ANJA zog sich gekränkt zurück und überließ die Internetrecherche ihrer Kollegin. Sie zweifelte daran, ob ihr Chef ihr noch Wertschätzung entgegenbrachte. Sie führte sich einige Fehler vor Augen, die der Chef wohl an ihr kritisieren könnte, und fragte sich, ob er deshalb der Kollegin den Auftrag gegeben hatte. Sie dachte viel darüber nach, was er wohl wirklich über sie denkt. Als die Selbstzweifel und das unsichere Gefühl nicht zur Ruhe kommen wollten, fragte sie sich, was sie wohl einer Freundin raten würde. Ich würde meiner Freundin sagen: »Dir ist die Anerkennung deines Chefs sehr wichtig, sonst wärst du nicht so gekränkt.«

Und ich würde meiner besten Freundin raten und sie dazu ermutigen, mit ihrem Chef zu sprechen: »Er hat dir den Auftrag gegeben, diese Recherche durchzuführen, und du kannst dir von deiner Kollegin, die dir gegenüber nicht weisungsbefugt ist, keine Vorschriften machen lassen. Kläre den Konflikt, und zieh dich nicht zurück.«
Auf diese Weise ermutigte Anja sich selbst, zu ihrem Chef zu gehen. Sie zeigte für sich selbst und ihre gekränkten Gefühle und Selbstzweifel Verständnis. Sie ging tatsächlich zu ihrem Chef, um zu klären, ob sie diese Recherche durchführen sollte oder nicht. Der Chef stärkte ihr den Rücken und sagte, dass er Anja eigentlich entlasten wollte, da sie viele schwierigere Aufträge zu erledigen habe. Die Kollegin habe eher die Aufgabe, Anja zu entlasten. Nach dieser Klärung fühlte sich Anja sehr erleichtert. Die verunsichernden Gefühle und Gedanken stellten sich als völlig unnötig heraus. ■

Sich selbst zu unterstützen, ist für viele von uns ungewohnt. Wir halten es vielleicht für egoistisch und kommen uns komisch dabei vor. Aber denken Sie daran, dass es für uns schon schwer genug ist, negative Gefühle zu erleben. Wenn wir wohlwollend und mitfühlend mit uns selbst umgehen, sind sie für uns leichter zu ertragen, als wenn wir uns abwerten und wegen der Dinge anklagen, die wir erleben.

Eine weitere Möglichkeit besteht darin, einen liebevollen Begleiter oder Unterstützer zu wählen. Es kann die Person sein, die Ihnen vielleicht im vorigen Abschnitt eingefallen ist. Es kann eine gutmütige Oma sein oder ein Lehrer, also Menschen, die in der Vergangenheit für Sie da waren. Vielleicht gab es einen Onkel oder eine Freundin, eine Therapeutin oder einen Vorgesetzten, der Sie unterstützt hat. Es kann sich auch um eine fiktive

Person handeln, einen Helden aus einem Film oder Comic, ein unterstützendes Tier, ein Stofftier oder eine Puppe. Sie können auch eine Person mit Ihren religiösen oder spirituellen Überzeugungen auswählen.

Wählen Sie jemanden zu Ihrer Unterstützung aus. Geben Sie der Unterstützungsperson nun Gelegenheit, Ihnen zur Seite zu stehen und den Rücken zu stärken:

- Nehmen Sie sich Zeit für Ihre Unterstützungsperson, sodass Sie die wertschätzende und akzeptierende Seite erfahren können.
- Lassen Sie sie zu Wort kommen, wenn negative Gefühle auftreten. Was würde die Unterstützungsperson tun oder sagen?
- Lassen Sie sich Mut zusprechen.
- Sie können sich auch vorstellen, wie stark Sie die Unterstützungsperson berührt, Sie auf die Schulter fasst und Sie das Wohlwollen und die Zuneigung spüren lässt.
- Schreiben Sie auf, was Ihnen die Unterstützungsperson sagt.
- Halten Sie tagsüber ab und zu inne und fragen sich: »Was würde wohl mein freundlicher Begleiter zu mir sagen?« »Was würde er mir jetzt raten?« (Potreck-Rose 2007)

Selbstberuhigung

Eine der wichtigsten Bewältigungsstrategien im Umgang mit negativen Gefühlen ist die Fähigkeit, sich selbst zu beruhigen. Dadurch können sich aufschaukelnde negative Gefühle gedämpft werden, und es kann eine größere Klarheit entstehen, um dem Gefühl mit so wenig Abwehr wie möglich zu begegnen. Indem man sich selbst beruhigt, schafft man einen Abstand zwischen der eigenen Person und den überwältigenden Gefühlen.

Der Entwicklungspsychologe John Bowlby hält emotionale Selbstberuhigung für eine der wichtigsten psychischen Fähigkeiten. Emotional gesunde Kinder lernen, sich selbst zu beruhigen, indem sie ihre Betreuungsperson als Vorbild nachahmen und sich selbst so behandeln, wie es die Betreuungsperson tun würde.

Selbstberuhigung kann durch Achtsamkeitsübungen und Entspannungsübungen erzielt werden. Diese sollten allerdings nicht zur Abwehr von Gefühlen eingesetzt werden, sondern mit einer Grundhaltung der Offenheit und Selbstbejahung. Viele Menschen können sich selbst beruhigen, wenn sie einen vorgestellten Ort der Ruhe aufsuchen. Dadurch kann das Gefühl der Geborgenheit und Sicherheit entstehen und Gefühle, die mit Bedrohung zusammenhängen, können beruhigt werden.

Positive Emotionen pflegen

Eine wichtige Form der emotionalen Selbstregulation ist die Förderung und Pflege positiver Gefühle. Da dies eine zentrale Ressource zur Gestaltung unseres persönlichen Gleichgewichts ist und nicht nur dazu dient, negative Gefühle zu regulieren, wird diesem Thema ein ganzes Kapitel gewidmet.

Negative Gefühle aufgrund von Unterforderung

Unstrukturierte Zeit und Unterforderung können wir nur schwer ertragen. Hier sei ein Beispiel angeführt:

MARTIN ist seit ein paar Monaten arbeitslos: »Ich muss richtig aufpassen, wenn Petra, meine Lebensgefährtin, morgens das Haus verlässt. Es kann vorkommen, dass ich bis 10 Uhr weiterschlafe. Dann stehe ich auf und lege mich im Wohnzimmer aufs Sofa, mache den Fernseher an, hole mir etwas zu essen und zu trinken und versumpfe vor dem Fernseher. Ich fühle mich dann richtig schlecht, habe keine Energie mehr, um irgendetwas anzupacken. Ich bekomme nichts mehr auf die Reihe. Ich habe gemerkt, dass ich eine Struktur brauche. Ich stehe mit Petra auf, helfe Freunden auf dem Bau aus, mache Sport und bewerbe mich. Wenn ich gegen diese Energielosigkeit nicht entschlossen angehe, sackt meine Stimmung in den Keller. ■

Therapeutische Unterstützung nutzen, um den Umgang mit Gefühlen zu lernen

Ein weiterer Schlüssel zum emotionalen Wohlbefinden, besteht darin, dass wir lernen, unsere Gefühle zu kontrollieren, die uns bedrängen. Dazu gehören anhaltende Gefühle der Angst, Depressionen und eine nur schwer kontrollierbare Wut auf uns oder andere. Den Umgang mit diesen Gefühlen kann man in einem Selbsthilfebuch nur schwer vermitteln. Aber im Rahmen einer Psychotherapie kann man den Umgang mit diesen Gefühlen neu lernen.

Medikamentöse Therapie zur Selbstregulation

Manchmal ist die Unruhe in unserem emotionalen Gehirn auch zu groß geworden. Gefühle der Angst oder Depression halten an. Dann sollte überprüft werden, ob ein vom Facharzt verordnetes Medikament etwas zur eigenen Stabilität und Beruhigung beitragen kann.

Nach der Wahrnehmungs- und Einschätzungsphase erfolgt der dritte Schritt, die Regulierung des Gefühls. Wie Sie aus eigener Erfahrung wissen und wie oben dargestellt wurde, gibt es sehr viele Formen, um mit Gefühlen umzugehen. Deshalb hängt es wieder von Ihren Zielen, Werten und Bedürfnissen ab, wie Sie situationsabhängig mit dem jeweiligen Gefühl umgehen. Ich rufe mir meine Ziele und Bedürfnisse ins Bewusstsein, wenn ein bestimmtes Gefühl auftritt: Was brauche ich in dem Augenblick, in dem ich das Gefühl spüre? Was sind meine Ziele beim Umgang mit diesem Gefühl?

Wenn wir uns unsere Ziele ins Bewusstsein rufen, wird unser Gehirn aktiv, um Wege zur Zielerreichung zu suchen. Unser Arbeitsgedächtnis wird aktiv und entwirft Pläne, Ideen und Vorstellungen zur Umsetzung. Positive Alternativen und Perspektiven werden geweckt. Diese Aktivitäten hemmen die Amygdala und lassen die Stressreaktion abklingen bzw. die Gefühle der Hilflosigkeit in den Hintergrund treten. Es werden Erinnerungen an die Art und Weise wachgerufen, wie man in der Vergangenheit den Ärger kontrollieren konnte oder wie sich die Stimmung verbesserte und positives Erleben wieder möglich wurde. Wenn wir uns auf diesen Prozess einlassen, werden alle möglichen Kraftquellen mobilisiert. (Berking 2008)

Gefühlsregulierung in fünf Schritten

1. **Was sind meine Ziele im Umgang mit diesem Gefühl? Gibt es ein wünschenswertes Zielgefühl?**
2. **Brainstorming: Welche Lösungsideen fallen mir ein, um dem Ziel näher zu kommen?**

3. **Welche konkreten Schritte kann ich unternehmen, um meinen Plan umzusetzen?**
4. **Umsetzung der geplanten Schritte**
5. **Überprüfung der Umsetzung**

WOLFGANG beschreibt eine typische Auseinandersetzung mit seinem Sohn:

Wenn ich nach einem langen Tag in der Praxis nach Hause komme, kann es sein, dass ich wegen irgendeiner Kleinigkeit, die mein Sohn angestellt hat, aus der Haut fahre. Es reicht, dass das Fahrrad in der Garage liegt, sodass ich nicht reinfahren kann. Oder er hat wieder seine Hausaufgaben tagsüber nicht erledigt, und wir haben nach 20 Uhr die Diskussionen. Ich brülle ihn dann an, manchmal rutscht mir auch die Hand aus. Wenn es in der Praxis irgendwie stressig war oder es mit der Quartalsabrechnung Probleme gab, werde ich schneller wütend. Danach tut es mir oft Leid, weil es überzogen war. Mit meiner Frau habe ich dann auch regelmäßig Streit. Sie will nicht, dass ich so mit dem Jungen umgehe, und vor allem nicht, dass er später einmal so unkontrollierte Wutausbrüche hat wie ich.

Was kann ich dagegen tun? Was ist mein konkretes Ziel in der Situation?

Mein Ziel besteht darin, dass mein Sohn selbstständig wird und er seine Aufgaben selbst erledigt. Ich will ihm eigentlich eine Hilfe dabei sein; aber wenn ich ihn anbrülle, wird er nur trotzig und macht es vielleicht nur aus Angst vor mir. Ich will lernen, dass ich meinen Ärger kontrollieren kann, sodass ich merke, wenn etwas nicht stimmt; und ich will ihm auch Grenzen aufzeigen.

Brainstorming: Welche Lösungsideen fallen mir ein?

Wenn ich schon ärgerlich aus der Praxis komme, ist das ein Zeichen dafür, dass ich mich selbst stärker kontrollieren muss.

Ich will bei mir auf die Frühwarnzeichen für Ärger achten.
Nach der Arbeit mache ich noch eine kleine Entspannung im Auto oder einen kleinen Spaziergang zur Selbstberuhigung.
Wenn der Ärger in mir aufsteigt, gebe ich mir eine Auszeit, um mich selbst zu beruhigen. Dazu verlasse ich das Zimmer und zähle meinen Atem, um mich abzukühlen.
Ich mache einen Plan, wie ich das nächste Mal reagiere.
Ich male mir aus, was es für meinen Sohn, meine Frau und mich bedeutet, wenn ich explodiere. Ich stelle mir vor, wie verletzt mein Sohn ist und wie meine Frau leidet, wenn es wieder zu einem heftigen Familienkonflikt kommt.
Ich erinnere mich an meine Ziele, meinen Sohn zur Selbständigkeit zu erziehen und ihm ein gutes Vorbild zu sein.
Ich suche eine Ablenkung zur Selbstberuhigung.

Welche konkreten Schritte werde ich unternehmen, um meinem Ziel näher zu kommen?

Ich werde bei mir auf die Frühwarnzeichen für Ärger achten.
Wenn der Ärger aufsteigt, gebe ich mir eine Auszeit, und ich möchte herausfinden, auf welche Weise ich mich am besten selbst beruhigen kann.
Ich erinnere mich an meine Ziele, meinen Sohn zur Selbstständigkeit zu erziehen und ihm ein gutes Vorbild zu sein.

Umsetzung der geplanten Schritte

Wolfgang gelang es, seinen Ärger abzubauen. Eine Ausnahmesituation war, als er sehr gestresst von der Arbeit nach Hause kam und sein Sohn ein größeres unerwartetes Chaos im Wohnzimmer hinterlassen hatte.
Abends ging er manchmal um den Häuserblock, um sich zu beruhigen, oder verschwand im Garten, um Blumen zu gießen oder nach den Pflanzen zu sehen. Das diente der Ablenkung. ■

Nur wer seinen eigenen Weg geht,
kann von niemandem überholt werden.
Marlon Brando

HERMANN freut sich auf seinen Ruhestand: »Ich habe mir ein Grundstück gekauft. Ich möchte dort Lebensräume für heimische Pflanzen und Tiere schaffen. Igel sollen dort überwintern können, Nistplätze und Nistkästen für verschiedene Vögel werde ich dort aufstellen. Da möchte ich der Natur wieder etwas zurückgeben. Ich freue mich darauf, diese Ideen zu verwirklichen.« ■

CAROLA hat den Beruf der Erzieherin gewählt: »Ich habe in meiner Familie erlebt, wie wenig ich durch meine Eltern respektiert und gefördert wurde. Ich weiß, wie wichtig es für kleine Kinder ist, dass sie wertgeschätzt und respektvoll behandelt werden. Das möchte ich in meinem Beruf verwirklichen. In meiner täglichen Arbeit mit den Kindern stelle ich fest, wie gerade die stillen Kinder, die sonst übersehen werden, dies besonders dankbar aufnehmen und richtig aufleben. Das freut mich dann immer. Ich versuche auch, mit den Eltern zu arbeiten; das ist manchmal ganz schön schwer, aber es lohnt sich. Wenn es gelingt, freut es mich besonders.« ■

Hermann bereitet sich auf seinen Ruhestand vor, und Carola berichtet von ihrer beruflichen Tätigkeit. Es handelt sich um zwei sehr unterschiedliche Lebensbereiche und Lebensphasen. Beide jedoch erzählen, was ihnen wichtig ist.

Für Carola und Hermann dienen die eigenen Werte als Orientierung für ihr tägliches Handeln. In diesem Sinne können auch uns Werte und Ziele Orientierung und Richtung geben, um unser persönliches Leben zu gestalten. Deswegen ist es bei der Gestaltung unseres persönlichen Gleichgewichts ein zentraler Baustein, sich die eigenen Werte und Ziele bewusst zu machen.

Im folgenden Kapitel geht es darum, die eigenen Werte und Ziele in verschiedenen Lebensbereichen zu wählen und zu beschreiben (in Anlehnung an Hayes et al. 2004).

Stellen Sie sich Ihre gegenwärtige Lebenssituation vor, also die sozialen Beziehungen, in denen Sie, Ihre Partnerin oder Ihr Ehemann und Ihre Kinder leben. Stellen Sie sich Ihre Arbeitssituation vor: die Arbeit, die Sie verrichten, und die Kollegen, mit denen Sie zusammenarbeiten. Stellen Sie sich Ihren Freundeskreis vor.
Stellen Sie sich vor, Ihre Frau und Ihre Kinder könnten frei und offen sprechen, was sollten sie Ihrem Wunsch nach über Sie sagen. Was sollen Ihre Freunde über Sie denken und erzählen? Das, was Sie sich vorstellen, muss nicht mit der Realität übereinstimmen. Es geht darum, was die wichtigsten Menschen Ihrem Wunsch nach über Sie sagen und denken sollen.
Schreiben Sie Ihre Einfälle auf:

Was ist Ihnen an Ihrer Arbeit wichtig? Was schätzen Sie an Ihrer Arbeit?

Wenn Sie ein Hobby oder Freizeitinteresse haben, was ist Ihnen daran wichtig? Was schätzen Sie daran besonders? Schreiben Sie auch hier alles nieder, was Ihnen einfällt:

Sie haben niedergeschrieben, was Sie an den Beziehungen, in denen Sie leben, besonders schätzen, was an Ihrer Arbeit und an Ihrem Hobby.

Wertschätzung spielt in unserem Leben eine wichtige Rolle. Das gilt für die kleinen Dinge im Leben wie etwa die Frage, welches Menü ich in der Kantine auswähle. Sie nehmen sich die Speisen auf das Tablett, die Sie besonders mögen. Manchmal handelt es sich vielleicht auch nur um das kleinere Übel. Das, wofür Sie sich entschieden haben, hat aber doch einen höheren Wert für Sie als die Speisen, die Sie stehen lassen. Oder Sie kaufen im Supermarkt die Artikel ein, die Sie schätzen. Aber auch in den großen Dingen des Lebens spielt die Wertschätzung eine wichtige Rolle: wie Sie ihre Arbeit verrichten oder mit welchem Partner Sie zusammenleben, wie Sie ihre Kinder erziehen. Wir verhalten uns durch die Entscheidungen, die wir bewusst oder unbewusst treffen, so, dass wir ihnen einen Wert beimessen. Auch der Pullover, den ich anprobiere und kritisch im Spiegel prüfe, ob er mir steht oder nicht, hat etwas mit Wertschätzung zu tun.

Werte gehen aus Wertschätzungen (HAYES et al. 2004; SCHMID 1998) hervor. Die Wertschätzung, die wir uns oder anderen entgegenbringen, hat mit einer Entscheidung zu tun, die wir unbewusst oder bewusst nach bestimmten Kriterien oder auch völlig ohne Kriterien treffen. Allerdings müssen die Entscheidungen, die wir fällen, nicht immer vernünftig sein oder begründet werden. Wichtig in diesem Zusammenhang ist, dass die Werte, für die Sie sich entscheiden, auf Ihrer individuellen Wertschätzung beruhen.

Ziele sind konkrete Umsetzungsmöglichkeiten eines Wertes. Werte sind globaler und allgemeiner als Ziele. Deshalb können sie eine Vielzahl von Zielen enthalten. So enthält der Wert, dass ich ein verlässlicher Freund sein möchte, die Botschaft, dass ich mich nicht nur zum Geburtstag melde. Verlässlichkeit drückt sich vielmehr in einer Reihe kleiner Gesten und verbindlicher Verhaltensweisen aus. Oder der Wert, dass man ein liebevoller Ehemann sein möchte, ist nicht damit erledigt, dass man eine schöne Hochzeitsreise miteinander verbracht hat, sondern er lebt von der täglichen Zuwendung und Liebe. Ziele wie z. B. die Hochzeitsreise können erreicht und abgehakt werden. Die Wertvorstellung, ein liebender Ehemann und Partner zu sein, kann man nie richtig erreichen. Es handelt sich dabei um eine Richtung, eine Orientierung des Lebens, auf die man sich jeden Tag neu besinnen und zubewegen kann. Diese Orientierung umfasst viele Handlungen und Gesten, erfordert eine gewisse Ausdauer, viel Mitdenken und Fürsorge sowie eine gewisse Unabhängigkeit von Stimmungsschwankungen. Werte in diesem Sinne sind nicht gleichbedeutend mit Gefühlen. Wie verhalte ich mich beispielsweise als liebender Ehemann, wenn ich wütend bin? Das Gefühl allein kann mir dabei nicht die Orientierung geben.

Werte umfassen Ziele. Deshalb ist es wichtig, sich die Ziele bewusst zu machen. Wir neigen jedoch häufig dazu, uns von Zielen in die Irre führen zu lassen, und denken, das Entscheidende sei es, das Ziel zu erreichen. Eine Freundin berichtet mir, ihre Schwester schaffe es, laufend unglücklich und unzufrieden zu sein, obwohl Sie all ihre Ziele erreicht. Als Erstes hat sie das Ziel verfolgt, mit ihrem Mann ein Kind zu bekommen. Das hat etwas gedauert, und dann war die Freude groß, als das Kind da war. Danach begann die Suche nach einem angemessenen Haus. Solange das Ziel nicht erreicht war, fühlte sich die kleine Familie unzufrieden, als ob das Wichtigste im Leben fehlte. Wenn sie ein Ziel erreicht hatte, herrschte für eine gewisse Zeit Befriedigung. Das dauerte genau so lange, bis das nächste Ziel formuliert war und dann wieder der Mangel erlebt wurde.

Das Märchen der Gebrüder Grimm vom Fischer und seiner Frau beschreibt diesen unbefriedigenden Prozess auf anschauliche Weise:

» Ein Fischer, der mit seiner Frau in einer armseligen Hütte lebt, fängt eines Tages im See einen Butt, der als verzauberter Königssohn um sein Leben bittet. Der gutmütige Fischer lässt ihn wieder frei. Als die Frau des Fischers das hört, fragt sie ihn, ob er sich denn zum Dank von dem Butt nichts gewünscht habe. Sie drängt ihren Mann, den Butt erneut zu rufen, um sich ein richtiges Haus zu wünschen. Diesen Wunsch erfüllt ihm der Zauberfisch. Doch Ilsebill ist damit nicht zufrieden. Immer wieder zwingt sie ihren Mann, den Butt zu rufen. Sie will ein Schloss, will König, Kaiser und Papst sein. Zu guter Letzt will sie Sonne und Mond aufgehen lassen und wie der liebe Gott sein. Doch als der Fischer dem Butt auch diesen Wunsch vorträgt, antwortet der Fisch: ›Geh nur hin, sie sitzt schon wieder in ihrer alten Hütte.‹ Dort sitzen sie noch beide bis zum heutigen Tag. «

Ilsebill empfand weiterhin einen Mangel, auch wenn all ihre Wünsche erfüllt wurden. Der Prozess des Wünschens setzt sich fort und schafft neue Unzufriedenheiten.

Deshalb ist es wichtig, Ziele und Werte in einem anderen Sinne zu nutzen. Sie können uns helfen, uns in Bewegung zu setzen, uns zu engagieren, uns zu interessieren sowie ein reiches und interessantes Leben zu führen. Werte und Ziele sind in diesem Sinne also ein Mittel zum Zweck. Ein Mittel, um uns einerseits in Richtung unserer Werte zu bewegen und andererseits Handlungen, denen wir einen Wert beimessen, heute, hier und jetzt auszuführen.

Stellen Sie sich folgende Geschichte vor: Sie machen einen Wanderurlaub in den Bergen. Sie sind morgens früh aufgestanden, haben den Rucksack mit Proviant und Wanderkarte gepackt. Sie haben sich auch auf schlechtes Wetter eingestellt und haben die Regensachen im Rucksack. Die Wanderkarte ist griffbereit in der Deckeltasche. Sie sind bereit loszuwandern. In diesem Augenblick ruft ein Freund an und bietet ihnen an, Sie mit dem Hubschrauber auf den Gipfel zu fliegen. Dann wäre das Ziel doch viel schneller erreicht, und die ganze Anstrengung könnten Sie sich sparen. Sie lassen sich überzeugen und auf den Berggipfel fliegen. Sie bleiben einige Minuten auf dem Gipfel, und Ihr Freund fliegt Sie dann wieder in Ihre Pension.

Sie denken sich: »OK, jetzt habe ich Zeit gespart. Auf diesem Berg war ich jetzt schon. Dann kann ich heute einen Kriminalroman lesen.« Sie setzen sich hin, schlagen das Buch auf. Da ruft ein anderer Freund an und will wissen, was Sie gerade tun. Sie erzählen ihm, dass Sie gerade damit beginnen, einen Krimi zu lesen. Der Freund ist begeistert, weil er das Buch gerade zu Ende gelesen hat. Ohne sich unterbrechen zu lassen, erzählt er Ihnen eifrig die Geschichte des Buches und verrät, wer der Mörder ist. Er wünscht Ihnen viel Spaß und verabschiedet sich.

Diese Urlaubserlebnisse hinterlassen vermutlich einen faden Beigeschmack. Vielleicht sind Sie auch auf die vermeintlichen Freunde wütend geworden, weil sie Ihnen das eigentliche Vergnügen genommen haben. Wer einen Wanderurlaub plant, möchte in der Regel in der Natur sein. Und das eigentliche Ziel ist das Wandern selbst. Man möchte natürlich auch auf dem

Berggipfel ankommen. Das Wandern hat eine konkrete Richtung und ein reales Ziel. Aber man möchte durch Wandern ans Ziel gelangen.

Dasselbe gilt für den Kriminalroman. Das Entscheidende ist das Erlebnis beim Lesen: wie sich die Spannung aufbaut, wie man mit dem Kommissar mitdenkt, der dem Mörder auf der Spur ist. Sowohl beim Wandern als auch beim Krimilesen ist das eigentliche Ziel das Prozesserleben. Und es gibt bei einem schönen, fesselnden Buch nichts Schlimmeres, als an das Ende zu gelangen.

Der Glücks- und Kreativitätsforscher Mihaly Csikszentmihalyi spricht in diesem Zusammenhang von *autotelischen* Persönlichkeiten oder Tätigkeiten. Autotelisch setzt sich aus zwei griechischen Wörtern zusammen: autos (selbst) und telos (Ziel). Verrichten wir eine autotelische Tätigkeit, so tun wir etwas um seiner selbst willen. Denn das Hauptziel besteht darin, es zu erleben (wie etwa Wandern um seiner selbst willen). Ginge es darum, einen Wanderpokal zu bekommen oder einen weiteren Achttausender abzuhaken, wäre das Wandern von einem äußeren Ziel motiviert. Csikszentmihalyi spricht von einer autotelischen Person, wenn diese etwas generell um seiner selbst willen und nicht zur Erreichung irgendeines äußeren Ziels tut.

Natürlich ist es auch notwendig, zur Alltagsbewältigung und beruflichen und privaten Planung bestimmte Ergebnisse, Abschlüsse und äußere Ziele zu erreichen. Aber die reine Ergebnisorientierung ist oft entmutigend, und solange das äußere Ergebnis nicht erreicht ist, fühlt man sich unzufrieden und noch nicht in Ordnung.

Im folgenden Abschnitt geht es darum, dass Sie sich Ihrer Werte und Ziele bewusst werden. Dabei können Sie sich daran erinnern, dass das, was Sie wertschätzen und was ihnen wichtig ist, bereits vorhanden ist. Das Fundament ist vollkommen makellos da. Wir leben vielleicht nicht immer nach diesen Werten und weichen von den Zielen ab. Wir lassen uns ablenken, werden unsicher und sind nur auf ein Ergebnis fixiert.

Aber viele Menschen, die diese Übung durchführen, machen eine verblüffende Entdeckung: Alles ist bereits da. Es kann entdeckt werden. Es muss nichts hinzugefügt oder verändert werden. In diesem Sinne ist es eine Quelle für Kraft und Energie.

Um sich diese Werte und Ziele bewusst zu machen, bitte ich Sie, sich für folgende Übung Zeit zu nehmen:

Stellen Sie sich vor, Sie haben Zeit, um von Ihrem Alltag Abstand zu nehmen. Sie ziehen sich auf einen Berg zurück und können von oben Ihr Leben überblicken.

Sie haben Zeit, ohne äußeren Druck oder Zwang über die Frage nachzudenken: Was liegt mir am Herzen? Was ist in meinem Leben für mich wertvoll und wichtig? Was sind meine allgemeinen Werte und konkreten Ziele? Schreiben Sie alles nieder, was Ihnen einfällt, korrigieren oder zensieren Sie es nicht. Seien Sie offen für die Ziele und Werte, die Ihnen bewusst werden. Dabei kann es sich um ein konkretes Ziel handeln (etwa: ich möchte eine Ausbildung als Schreiner abschließen). Es kann aber auch eine allgemeine Lebensausrichtung benannt werden (etwa: Ich möchte kreativ arbeiten). Das Ziel, kreativ zu arbeiten, wird nie erreicht werden. Sie können nur jeden Tag neu Ihre Kreativität einsetzen und auf unterschiedliche Tätigkeitsgebiete übertragen. Hingegen ist das Ziel, eine Ausbildung als Schreiner abzuschließen, sehr konkret überprüfbar. Beschreiben Sie auch allgemeine Werte und Lebensorientierungen in den einzelnen Bereichen (HAYES et al. 1999).

Lassen Sie sich Zeit für jeden Lebensbereich. Wenn es zu Überschneidungen kommt, notieren Sie diese und halten sich nicht lange dabei auf. Sie können auch eigenständig Bereiche ergänzen, die Ihnen wichtig sind.

Schreiben Sie alles auf, und tun Sie so, als stehe Ihnen nichts im Weg. Es geht noch nicht darum, was realistisch ist und was Sie erreichen können, sondern um Ihre momentanen Werte und Ziele. Es geht auch nicht darum, was andere von Ihnen erwarten oder welche Ziele Sie erreichen sollen, weil es eine gesellschaftliche Norm ist oder es in ihrer Berufsgruppe gewöhnlich so gemacht wird. Es geht darum, was Ihnen wertvoll und wichtig ist. Vielleicht fallen Ihnen auch längst vergessene Werte und Ziele ein; dann schreiben Sie diese nieder. Es kann sein, dass manche Werte und Ziele mit einem Gefühl der Stimmigkeit und mit einem körperlichen Wohlbefinden einhergehen.

Klärung von Werten und Zielen

Beziehungen

Beziehungen haben einen wichtigen Stellenwert in unserem Leben und für unser persönliches Gleichgewicht. Wir erleben eine Beziehung als befriedigend, wenn wir sie im Einklang mit unseren Werten leben. Damit sind Richtungen und Orientierungen für unser soziales Leben gemeint; es geht nicht darum, ein soziales Ideal aufzustellen. Es geht auch nicht darum, sich den

Traumprinzen oder die Traumprinzessin zu erträumen oder eigene Erwartungen und Wünsche an andere zu formulieren. Vielmehr geht es um die eigene Rolle in Beziehungen. Es geht um die Frage, wie ich meine Beziehungen leben möchte. Konzentrieren Sie sich auf den Bereich, auf den Sie Einfluss haben und den Sie gestalten können.

Intime Beziehungen ▶ Wie möchte ich mich als Partner bzw. als Partnerin verhalten? Welche Rolle möchte ich einnehmen? Welche Art von Beziehung schätze ich? Welche Werte und Ziele sind mir in der Partnerschaft wichtig?

Familienbeziehungen ▶ Welche Werte und Ziele möchten Sie in Ihren familiären Beziehungen leben? Als Vater, Mutter, Sohn oder Tochter, als Großmutter oder Großvater ... Wie möchten Sie mit Ihren Familienmitgliedern umgehen?

Soziale Beziehungen ▶ Welche Werte und Ziele sind Ihnen in Ihren sozialen Beziehungen wichtig (z. B. in Freundschaften)? Welche Werte sind Ihnen beim Umgang mit Ihren Freunden wichtig?

Machen Sie sich nun Ihre Werte und Ziele im Bereich Beziehungen bewusst. Was ist Ihnen wichtig bei:

- intime Beziehungen

  ....

  ....

- Familienbeziehungen

  ....

  ....

- sozialen Beziehungen und Freundschaften

  ....

  ....

Art der Tätigkeit ▶ Was sind Ihre Werte und Ziele im Bereich Arbeit? Wie würden Sie gerne arbeiten? Welche Tätigkeiten machen Sie gerne? Was ist Ihnen dabei wichtig und wertvoll? Warum spricht diese Arbeit oder Tätigkeit Sie an?

Berufliche Beziehungen ▶ Wie wollen Sie Ihre Rolle gegenüber Kollegen und Vorgesetzten leben? Welche Werte sind Ihnen in Ihren Arbeitsbeziehungen wichtig?

Bildung, Ausbildung ▶ Wohin wollen Sie sich beruflich entwickeln? Gibt es eine Qualifikation, eine Ausbildung oder ein Training, das Sie absolvieren möchten? Was ist Ihnen daran wichtig? Haben Sie eine Vorstellung davon, wie Sie als Lernender sein möchten?

Wählen Sie Ihre Werte und Ziele im Bereich Arbeit.

- berufliche Tätigkeiten

....

- berufliche Beziehungen

....

- Ausbildung, Fort- und Weiterbildung

....

Körperliches und psychisches Wohlergehen bzw. Gesundheit

Welche Werte und Ziele sind Ihnen in Bezug auf Ihre Gesundheit wichtig? Was ist Ihnen in den Bereichen Bewegung, Schlafen und Ernährung wichtig?

Was tut Ihnen im Hinblick auf Ihr körperliches und psychisches Wohlergehen gut?

Welche Werte und Ziele sind Ihnen bezogen auf Ihr Wohlergehen und Ihre Gesundheit wichtig?

- Bewegung

....

- Schlaf

....

- Ernährung

....

- Sonstiges

....

Freizeit und Erholung

Was ist Ihnen bei Ihrer Freizeitgestaltung wichtig? Welchen Hobbys und Interessen möchten Sie in Ihrer Freizeit nachgehen? Wie erholen Sie sich von beruflichen und alltäglichen Belastungen? Was ist Ihnen dabei wichtig?

Schreiben Sie auf, welche Werte und Ziele Ihnen wichtig sind im Bereich

- Freizeit

....

- Erholung

....

Sonstiges: Politik, Spiritualität etc.

Spiritualität, Religiosität ▶ Welche spirituellen oder religiösen Werte sind Ihnen wichtig? In welcher Form wollen Sie Spiritualität leben? Welche spirituellen Werte sind Ihnen im Alltag wichtig?

Politisches oder gesellschaftliches Engagement ▶ Gibt es Werte und Ziele im gesellschaftlich-politischen Bereich, die Ihnen wichtig sind? Gibt es weitere Werte und Ziele, für die Sie sich engagieren wollen?

Schreiben Sie auf, welche Werte und Ziele Ihnen wichtig sind im Bereich

- Spiritualität, Religiosität

....

- politisch-gesellschaftliches Engagement

....

- Sonstiges

....

Klärung und Stärkung der persönlichen Werte und Ziele

Um für sich selbst Klarheit zu gewinnen und die eigenen Werte und Ziele zu stärken, ist es hilfreich, wenn Sie für sich die folgenden Fragen zu formulieren.

Handelt es sich um selbstbestimmte Werte und Ziele? Oder handelt es sich um Werte und Ziele, die Ihnen die Gesellschaft, Ihre Eltern oder wichtige andere Menschen vorgeben? Was wäre, wenn Sie keinem anderen erzählen, dass Sie das Ziel erreicht haben, und es nur für sich erreichen? Würden Sie das Ziel dann noch anstreben? Sollten viele Ziele von der Liebe und Anerkennung anderer bestimmt sein, könnte dies ebenfalls ein Wert sein: »andere zu lieben und geliebt zu werden«.

Haben die Werte und Ziele einen Annäherungscharakter? Die Werte und Ziele sollten keinen Vermeidungscharakter haben. Das heißt: In den Werten sollte eine Richtung vorgegeben sein

(z. B. möchte ich mit meinen Kindern wertschätzend und liebevoll umgehen). Damit können auch bestimmte Bilder und Vorstellungen verbunden sein. Vermeidungsziele geben keine Richtung an: »Ich möchte sorgenfrei leben.« Das Ziel besteht darin, dass etwas Unerwünschtes nicht da ist oder vermieden wird.

Haben Sie Einfluss auf die Verwirklichung Ihrer Vorstellungen? Die Werte und Ziele sollten auf die eigene Person und das eigene Verhalten bezogen sein und damit der eigenen Kontrolle unterliegen. Die Ziele sollten nicht davon abhängen, dass sich der Ehemann, der Chef oder die Gesellschaft ändert. Erst dann kann ich an meinen persönlichen Zielen arbeiten. Es sollte auch nicht ein Wunschzettel sein. Sehr wichtig ist es zu unterscheiden, auf was ich Einfluss habe und was ich nicht beeinflussen kann. Ein Gefühl von Kontrolle und Selbstwirksamkeit entsteht nur dann, wenn ich meine Einflusssphäre im Einklang mit meinen Werten und Zielen gestalte.

Können Sie von den Zielen auf die Werte schließen und umgekehrt? Falls es sich um ein konkretes Ziel handelt, kann ich noch einmal prüfen, ob eine allgemeine Lebensorientierung dahinter steht, die ich mir bewusst machen kann. Nehmen wir ein konkretes Freizeitziel: regelmäßig spazieren gehen. Darin könnte der allgemeine Wert enthalten sein: Natur zu erleben oder im Einklang mit ihr zu sein. Umgekehrt kann es ebenfalls wichtig sein, von den allgemeinen Werten zu den konkreten Zielen zu gelangen (z. B. möchte ich ein liebender Partner sein). Wie kann ich das gegenüber meiner Partnerin ausdrücken? Was können im Alltag konkrete Ziele und Schritte in dieser Richtung sein?

Welche körperlichen Reaktionen lösen Ihre Werte und Ziele aus? Wenn wir Werte und Ziele als stimmig, zu unserer Person passend erleben, reagiert unser Körper. Das Gehirn bewertet Erfahrungen, die wir machen nach dem Schema »Gut gewesen, wieder tun« oder »schlecht gewesen, bleiben lassen«. Kodiert wird diese Bewertung über Gefühle. Wer also nicht auf seine Gefühle hört, schneidet sich selbst von seinem Erfahrungsschatz ab (STORCH 2003). DAMASIO (1994) geht davon aus, dass unser emotionales Erfahrungsgedächtnis einen Anteil an unseren Entscheidungen und unserem Handeln hat. Dabei erhalten wir die Information aus unserem Erfahrungsgedächtnis durch unterschiedliche Körpersignale, sogenannte somatische Marker. Positive somatische Marker sind zum Beispiel Herzklopfen, Bauchkribbeln, seliges Lächeln, Aufatmen, ein beschwingter Gang, eine aufrechte Haltung, aber auch »mir wird schlecht, wenn ich nur daran denke«, »ich kann ihn nicht riechen«.

Aus der Motivationspsychologie wissen wir, dass vor allem diejenigen Entscheidungen eine reelle Chance haben, in Handlung umgesetzt zu werden, die von einem starken positiven Gefühl begleitet werden. Auf diese Weise entscheiden der Körper und die Gefühle mit darüber, welche Werte und Ziele als stimmig und zu unserer Person passend erlebt werden. Auf die Stimme des Körpers zu hören, bedeutet nicht zwangsläufig immer nach seinem »Bauchgefühl« zu handeln oder seiner »Intuition« zu folgen. Vielmehr sollten Sie diese Körperreaktionen wahrnehmen und wirken lassen, um sie dann mit dem Verstand zu prüfen.

Gehen Sie die Werte und Ziele, die Sie in den unterschiedlichen Bereichen notiert haben, noch einmal durch und überprüfen Sie, welche Werte und Ziele stärker und klarer werden und welche vielleicht ganz gestrichen werden können. Und fassen Sie für sich noch einmal zusammen, was Ihnen in den genannten Bereichen wichtig und wertvoll ist.

Wenn Sie sich Ihre Werte und Ziele bewusst gemacht haben, geht es um die Frage, wie Sie diese realisieren. Wie gestalten Sie Ihren WEG gemäß Ihren Werten und Zielen? Was sind Schritte und Handlungen, die mit Ihren Werten und Zielen verbunden sind? Es dreht sich darum, Handlungen und Schritte in die »richtige Richtung« zu tun. Es müssen keine Großtaten sein (z. B. die Kündigung der Stelle oder der sofortige Auszug aus der Wohnung), sondern es geht um die vielen kleinen Handlungen, die mit dem verbunden sind, was Sie persönlich wertschätzen. Diese Schritte werden häufig als sinnvoll und wichtig erlebt, da sie im Einklang mit Werten stehen, die für Sie persönlich wichtig sind.

KARIN ist es wichtig, künstlerisch tätig zu sein. Ein Ziel für sie besteht darin, wieder mit dem Malen anzufangen, wenn ihre drei Kinder im entsprechenden Alter sind. Sie könnte mit zunehmender Freizeit wieder Kunstkurse geben und sich weiter fortbilden sowie Kurse besuchen. Die Schwierigkeit für sie besteht darin, dass ihr Mann sie wenig unterstützt. Und sie ist sich unsicher: »Kann ich überhaupt noch kreativ tätig sein. Ich habe viele Jahre nichts mehr gemalt oder gestaltet. Geht das überhaupt noch?« Karins Werte und Schritte zur Gestaltung kann man zusammenfassend darstellen:

Werte und Ziel:

- Kreativ künstlerisch tätig sein

Umsetzungsideen

- mit dem Malen anfangen
- regelmäßige Zeiten in der Woche für das Malen reservieren
- einen Raum im Haus als kreativen Raum besetzen

- Kontakte auffrischen mit Künstlerkolleginnen und -kollegen
- Kurse geben
- selbst an Malkursen teilnehmen
- mit anderen zusammen eine Ausstellung vorbereiten

Konkrete Schritte vor dem bestehenden Lebenshintergrund

- zu regelmäßigen Zeiten malen
- Kinderbetreuung organisieren
- Kreativraum im Haus einrichten

Mögliche Schwierigkeiten

- Familie zieht nicht mit
- Kinderbetreuungszeiten
- Kind ist krank
- geringe Unterstützung vom Ehemann
- eigene Unsicherheit und Zweifel, ob die Fähigkeiten noch vorhanden sind

Ressourcen

- Freunde
- Schwiegermutter, die gerne Kinderbetreuung übernimmt ■

Formulieren Sie ausgehend von Ihren Werten, die eine langfristige Richtung anzeigen, konkrete, erreichbare Ziele und Handlungen. Dabei ist es wichtig, möglichst konkret zu überlegen und zu planen, was Sie tun können. Nutzen Sie hier auch Ihre Ressourcen, Ihre persönlichen und sozialen Unterstützungsmöglichkeiten. Beachten Sie mögliche Hindernisse. Bearbeiten Sie einen Lebensbereich nach dem anderen. Falls dies zu unübersichtlich wird, wählen Sie einen Bereich aus, der für Sie zurzeit im Vordergrund steht.

Zur weiteren Vertiefung der Umsetzung und Gestaltung Ihrer Werte und Ziele wird im folgenden Kapitel auf Ihre Haltung im Umgang mit Schwierigkeiten und inneren Barrieren eingegangen. Verbindliches engagiertes Handeln in Richtung auf Ihre Werte hin wird im Kapitel »Werte und Ziele geben die Richtung für engagiertes Handeln vor« vertieft.

Die Umsetzung und Gestaltung Ihrer persönlichen Werte und Ziele erfordert engagiertes Handeln. Das ist leichter gesagt als getan. Wer kennt das nicht? Die fest gefassten Silvestervorsätze waren bereits im Februar vergessen oder wurden über Bord geworfen. Wer kennt nicht die guten Vorsätze, endlich weniger zu essen, mit dem Rauchen aufzuhören usw.? Warum sollte das bei der Gestaltung der eigenen Werte und Ziele anders sein?

Es ist nicht anders; auch bei der Umsetzung von Plänen in Richtung auf Ziele, denen Sie einen großen Wert beimessen, werden Sie mit Ängsten und Vermeidungstendenzen konfrontiert. Der innere Faulpelz zeigt sich, oder das Schreckgespenst der Angst kommt und versperrt den Weg. Viele innere Reaktionen sind so, als versperre uns ein schrecklicher Dämon den Weg (WENGENROTH 2008). Uns erscheint es unmöglich, die eigenen Werte und Ziele weiter zu verfolgen.

Abb 23 Ein Dämon versperrt den WEG

Stellen Sie sich vor, Sie wollen eine große Reise an ein Ziel unternehmen, das Sie sich schon lange vorgenommen haben. Kommt es dabei nur zur Vorfreude und zu positiven Gefühlen, oder treten auch innere Widerstände und ambivalente Gefühle auf?

Sie haben sich zunächst ein Reiseziel vorgenommen, zu dem die Reise gehen soll. Dann machen Sie einen Plan, wie Sie dorthin kommen. Vor der Reise überlegen Sie, was Sie mitnehmen müssen, und denken vielleicht an manche Schwierigkeiten, die auftreten könnten. Sie denken an Regenwetter und packen die Regensachen ein. Sie nehmen Pflaster mit und Sonnenöl etc., um den jeweiligen Schwierigkeiten vorzubeugen. Sie wissen bereits aus Erfahrung, dass es dann aber doch oft anders kommt, als man denkt. Sie machen sich trotzdem auf die Reise. Sie sind bereit und offen für die Reiseerlebnisse. Während der ersten Nacht im Hotel können Sie nicht schlafen, weil das Zimmer über einer Diskothek liegt. Sie ärgern sich. Es kommen Ihnen solche Gedanken in den Sinn wie »Wäre ich doch nur zu Hause geblieben«. Unausgeschlafen suchen Sie sich am nächsten Tag ein anderes Zimmer. Vielleicht haben Sie es schon mal auf einer Reise erlebt: Das Wetter war so schlecht, dass Sie nichts unternehmen konnten. Oder Ihnen wurde auf einer Reise das Auto aufgebrochen. Oder Sie wurden krank. Sie haben viele unangenehme Gefühle und Reaktionen erlebt und sind trotzdem weitergereist; vielleicht kam es auch zum Abbruch der Reise. All das kann passieren. Schwierigkeiten und Unvorhergesehenes gehören dazu, wenn man unterwegs ist. Sie haben jedes Mal die Wahl, die Reise abzubrechen oder weiterzureisen. Trotz der anfangs unangenehmen Gefühle und Hindernisse unternehmen Sie das, was Ihnen wichtig ist: Sie surfen, schwimmen, wandern etc. Und Sie nehmen alle Schwierigkeiten und Unbequemlichkeiten in Kauf, um das zu erleben, was Sie erleben wollen. Wenn Sie häufiger Reisen unternommen haben, sind Sie erfahrener, was den Umgang mit Schwierigkeiten angeht. Die Schwierigkeiten sind ein Teil der Reise. Das eine geht nicht ohne das andere. Sie sind offen und bereit für die unangenehmen Seiten und Konsequenzen des Reisens, die schlechten Nächte, das gestohlene Geld, die Aufregung, ob man noch rechtzeitig am Flughafen ist ... Sie sind dazu bereit, sonst wären Sie zu Hause geblieben.

Offenheit und Bereitschaft im Alltag

Wenn es um Werte, Ziele und Handlungen in unserem Alltag geht, sind wir dann auch offen und bereit dafür, die negativen äußeren und persönlichen Konsequenzen zu tragen? Wenn wir uns vorgenommen haben, mit dem Rauchen aufzuhören, sind wir bereit, dem inneren Druck zu widerstehen? Bleiben wir auch dann standhaft, wenn wir mit einem rauchenden Kollegen in der Pause oder abends nach einem langen Arbeitstag zusammenstehen? Wie soll man sich ohne die gewohnte Zigarette erholen? Sind wir bereit, die unangenehmen Gefühle, den Drang der Sucht oder auch die mögliche Gewichtszunahme zu ertragen?

Versuchen Sie, sich weitere unangenehme Zustände und Konsequenzen Ihres Handelns vorzustellen, und überlegen Sie, ob Sie bereit wären, sie zu ertragen:

- Sie halten eine Rede vor vielen Menschen und haben Angst, sich zu blamieren. Sie geraten tatsächlich ins Stottern und verlieren den Faden.
- Sie fallen durch eine wichtige Prüfung, von der Ihre weitere berufliche Zukunft abhängt.
- Sie sind hoch verschuldet und verlieren Ihren Arbeitsplatz.

- Ihre Eltern ziehen die anderen Geschwister vor, und Sie bekommen nicht die Anerkennung, die Sie sich wünschen.

Es gibt eine Vielzahl unangenehmer Ereignisse und Zustände, die wir erleben können. Aber können Sie sich eine innere Haltung der Bereitschaft und Offenheit vorstellen, mit der Sie der Enttäuschung, der Trauer und der Scham gegenübertreten, weil Sie durch eine wichtige Prüfung gefallen sind? Können Sie sich diese innere Großzügigkeit und Freundlichkeit vorstellen, wie Sie in folgendem Gedicht »Das Gasthaus« von Jalaluddin Rumi beschrieben wird?

» Das menschliche Dasein ist ein Gasthaus.
Jeden Morgen ein neuer Gast.
    Freude, Depression und Niedertracht –
    auch ein kurzer Moment von Achtsamkeit
    kommt als unverhoffter Besucher.
Begrüße und bewirte sie alle!
Selbst wenn es eine Schar von Sorgen ist,
die gewaltsam dein Haus
seiner Möbel entledigt,
    selbst dann behandle jeden Gast ehrenvoll.
    Vielleicht reinigt er dich ja
    für neue Wonnen.
Dem dunklen Gedanken, der Scham, der Bosheit –
Begegne ihnen lachend an der Tür
Und lade sie zu dir ein.
    Sei dankbar für jeden, der kommt,
    denn alle sind zu deiner Führung
    geschickt worden aus einer anderen Welt. «

Dieses Gedicht beschreibt eine Haltung der Offenheit und Akzeptanz im Umgang mit Stress und all den Gefühlen, Gedanken und Stimmungen, die wir erleben können. Diese Haltung der Offenheit wird in unterschiedlichen Therapieschulen als *innere Bereitschaft* bezeichnet.

Marsha LINEHAN (1996) zitiert eine Unterscheidung zwischen innerer Bereitschaft und äußerem Wollen, die von Gerald MAY (1982) entwickelt wurde, und greift auf sie zurück:

Innere Bereitschaft ▶ Annehmen, was ist, und darauf in wirkungsvoller oder angemessener Weise reagieren. Es bedeutet, das zu tun, was möglich und in der gegenwärtigen Situation notwendig ist.

Äußeres Wollen ▶ Seinen Willen der Realität entgegensetzen, zu versuchen, alles festzuhalten oder sich zu weigern, das Notwendige zu tun. Das ist das Gegenteil des Handelns entsprechend dem Möglichen.

Bereitschaft ist eine innere Haltung, die wir gegenüber unseren Gefühlen und Gedanken einnehmen. Es handelt sich um eine Haltung der Offenheit und Großzügigkeit. Es geht darum, nicht zu vermeiden, sich nicht in Geschäftigkeit zu stürzen oder die Gefühle zu bekämpfen.

Die Haltung der Achtsamkeit ist hilfreich dabei, mit dem Erleben in Kontakt zu kommen, es körperlich zu spüren, ohne davonzulaufen.

Es kann auch sein, dass wir spüren, davonlaufen zu wollen, dass wir das Gefühl allem Anschein nach nicht aushalten können. Dann geht es darum, offen dafür zu sein, wie wir gerade reagieren, offen zu sein für unseren Kampf und die Impulse, davonlaufen zu wollen. Im Folgenden einige Anregungen, um eine Haltung der Offenheit einzunehmen.

» Stellen Sie sich vor, Sie hätten ein neues Haus gebaut und alle Nachbarn zu einer Einweihungsfeier eingeladen. Jeder in der Nachbarschaft ist willkommen – Sie haben sogar eine Einladung im Supermarkt aufgehängt. Es kommen also alle Nachbarn, die Feier läuft super, und plötzlich kommt Joe, der Taugenichts, herein, der hinter dem Supermarkt bei den Abfallcontainern lebt. Er riecht und stinkt, und Sie denken: »Oh nein, warum muss denn der jetzt auftauchen?« Aber Sie hatten auf das Schild geschrieben: »Alle sind willkommen.« Können Sie sich vorstellen, dass es möglich ist, ihn zu begrüßen und das ehrlich zu tun, auch ohne dass Ihnen seine Anwesenheit gefällt? Sie können ihn begrüßen, auch wenn Sie nichts Gutes über ihn denken. Sie müssen ihn nicht mögen. Sein Gestank, sein Lebensstil oder seine Kleidung müssen Ihnen nicht gefallen. Es ist Ihnen vielleicht peinlich, wie er mit seinen dreckigen Händen nach der Bowle oder den belegten Brötchen grabscht. Ihre Meinung über ihn, und was Sie von ihm halten, ist etwas völlig anderes als die Bereitschaft, ihn als Gast in Ihrem Haus zu haben.

Sie könnten sich auch dafür entscheiden, dass Sie zwar gesagt hätten, jeder sei Ihnen willkommen, Joe sei Ihnen aber in Wirklichkeit nicht willkommen. Sobald Sie das jedoch tun, verändert sich die Party. Jetzt müssen Sie sich vor dem Haus aufstellen, um die Tür zu bewachen, damit er nicht wieder hineinkommen kann. Oder wenn Sie sagen: »O.K., willkommen«, aber es nicht wirklich ernst meinen und er in Wirklichkeit nur so lange willkommen ist, wie er in der Küche bleibt und sich nicht unter die anderen Gäste mischt. Dann müssen Sie dauernd aufpassen, dass er das auch tut … « (HAYES et al. 1999)

Wenn man offen und bereit ist, mit unangenehmen Gefühlen umzugehen, so kann man das auch mit den scheuen Versuchen vergleichen, in einem kalten See zu baden. Sie strecken als Erstes die Zehen eines Fußes ins kalte Wasser, um zu testen, ob es wirklich so kalt ist. Und es ist wirklich sehr kalt. Aber Sie bleiben bei Ihrer Absicht, in diesem See zu schwimmen. So kann man sich den eigenen Ängsten oder der Trauer nähern. Vorsichtig spüren und testen Sie mit dem kleinen Zeh, wie es sich anfühlt, und langsam beginnen Sie, mit dem ganzen Körper ins Wasser einzutauchen. Anfangs ist es kaum auszuhalten, aber je länger man sich offen und bereit darauf einlässt, umso schneller gewöhnt man sich daran.

Gespräch mit der Angst oder dem Dämon

Eine weitere Möglichkeit, der Angst oder dem Dämon auf dem WEG zu begegnen, besteht darin, ein Gespräch mit ihnen zu beginnen. Sie können beispielsweise die Angst begrüßen, wenn Sie Angst vor einer Prüfung oder einem Bewerbungsgespräch haben. Und Sie können ihr erlauben, bei dem Gespräch dabei zu sein. »Es ist in Ordnung, dass du da bist, Angst. Du kannst mit mir in das Bewerbungsgespräch gehen.« Sie können die Angst fragen, was sie jetzt zur Unterstützung benötigt. Sie können der Angst begegnen wie einem Teil von Ihnen, der ihr Verständnis und Mitgefühl benötigt. Vielleicht hat die Angst oder der Dämon auch eine wichtige Information für Sie. Allerdings sollten Sie auf die Angst nicht hören, wenn Sie Ihnen zu Vermeidungsstrategien »rät«.

Engagiertes Tätigsein

Untätigkeit und Unterforderung sind ein Nährboden für negative Gefühle und können uns ebenfalls aus dem Gleichgewicht bringen, wenn wir unsere Energien und Kräfte nicht auf eine Aufgabe, in eine Richtung oder auf ein Ziel lenken können. Nach längeren Phasen der Unterforderung fühlen wir uns niedergeschlagen, lust- und antriebslos. So haben Untersuchungen bei Heimbewohnern gezeigt, dass Beschäftigung und eine Strukturierung des Alltags zu deutlichen Stimmungsaufhellungen sowie zu einer Steigerung des Antriebs und der Aktivitäten führt. Fehlen hingegen längerfristig Beschäftigung und Struktur, stellen sich die negativen psychischen Symptome und Verhaltensweisen ein, die auch als Hospitalismussyndrom bezeichnet werden.

Zu unfreiwilliger Untätigkeit sind auch viele Menschen ohne Arbeit verdammt. Weil sie sich immer weniger leisten können, ziehen sich viele von ihnen aus Schamgefühl oder aus finanziellen Gründen zurück. Doch Rückzug und Nichtstun verschlimmern das Ganze nur. Sie untergraben das Selbstwertgefühl und das psychische Gleichgewicht.

Der Glücksforscher Mihaly Csikszentmihalyi fand heraus, dass Menschen, die man nach ihren Glücksmomenten befragte, Aufgaben und Tätigkeiten angaben, die mit höchster Aufmerksamkeit und Konzentration verbunden waren. Dies waren vielleicht berufliche Aufgaben wie Dirigieren, konzentrierte Arbeiten am Fließband, aber auch Freizeitvergnügungen wie Schachspielen oder Klettern. Es spielt eine zentrale Rolle für unser Wohlbefinden und unser persönliches Gleichgewicht, dass wir engagiert für etwas tätig sind.

Nehmen Sie sich einen Augenblick Zeit: Welche beruflichen Aufgaben interessieren Sie und sind mit hoher Konzentration und Engagement verbunden?
Welche Aufgaben in Ihrer Freizeit verrichten Sie mit Interesse und hoher Aufmerksamkeit?

Werte und Ziele geben die Richtung für engagiertes Handeln vor

Nur durch engagiertes Handeln können wir uns für unsere Werte und Ziele einsetzen. Dadurch, dass wir tätig sind, erfahren wir, was wir wertschätzen, und wir erwerben die Kompetenzen zur Gestaltung. Dabei ist unwichtig, ob es sich um Klavierspielen, Kochen, Programmieren oder Snowboarden handelt. Beim Ausüben der Tätigkeit erfahre ich mich selbst; und wenn ich dabei erfolgreich bin, habe ich das Gefühl, dass ich es kann. Dieses »Ich kann es« wird auch als Selbstwirksamkeit bezeichnet. Das wirkt motivierend, und ich wiederhole die Handlung. Dieses »Ich kann«-Gefühl beflügelt, schwierigere Aufgaben und Herausforderungen in Angriff zu nehmen.

Lernen Sie, Ihre Lebensziele mit engagiertem Handeln zu verknüpfen. Wenn wir dieses Gefühl, dass wir es können, im Zusammenhang mit unseren Lebenszielen erleben, wirkt es vertiefend und sinnstiftend. Wir werden ermutigt und bestärkt, die Ziele, denen wir einen großen Wert beimessen, weiter zu verfolgen.

SANDRA »Ich fühle mich oft wie auf Standby, aber wenn ich mich für die Tiere im Tierheim einsetze und mich um sie kümmere, weil ich es wichtig finde, habe ich das Gefühl, dass ich viel intensiver lebe.« ■

MICHAEL »Wenn ich im OP stehe und einen Patienten operiere, vergesse ich die Zeit, den Hunger und alles andere. Ich denke nur an den nächsten Schritt, die nächste Aufgabe, die es zu erledigen gilt. In diesem Augenblick ist nichts anderes wichtig.« ■

Schwierigkeiten und Hindernisse

Wenn wir uns einsetzen und engagieren, werden wir mit Angstgefühlen und Zweifeln konfrontiert. Wir haben wahrscheinlich alle schon erlebt, dass etwas schief gegangen ist, wofür wir uns eingesetzt haben. Wir haben Rückschläge oder Rückfälle erlitten. Der innere Schweinehund meldet sich; wir wollen uns drücken und beginnen zu vermeiden. Wir erleben innere Hindernisse und Blockaden. Das sind unsere Gefühle der Angst und Unsicherheit, die Zweifel, ob der Weg richtig ist. Und das können äußere Schwierigkeiten sein, der soziale oder finanzielle Druck.

FRIEDRICH arbeitet als Manager in einem großen Telekommunikationskonzern. Er ist frustriert darüber, dass es eine weitere Umstrukturierung und mögliche Entlassungen geben wird. Er ist in der Zwischenzeit sehr unzufrieden. Nachdem er über seine Situation sowie über seine Pläne und Ziele für die Zukunft nachgedacht hat, entscheidet er sich dafür, dass er den Arbeitsplatz wechseln möchte. Dabei kommen in ihm Zweifel und Unsicherheiten auf, was er eigentlich kann. Bei der Vorbereitung auf die Bewerbungsgespräche zeigt er Selbstunsicherheiten und Ängste.

Seine Frau beschwert sich darüber, dass die Familie in finanzielle Unsicherheiten gestürzt werde, dass es unverantwortlich sei, den gut dotierten Job infrage zu stellen. ■

Angesichts innerer und äußerer Schwierigkeiten liegt es nahe, nichts zu tun und in der beruflichen Situation zu verharren. Vermeidungsverhalten und Rückzug sind häufig die Folge. Wir beenden unser Engagement für unsere Ziele, sobald Schwierigkeiten auftreten. Wie können wir trotz unterschiedlicher Hindernisse Kompromisse finden und Schritte in die Richtung unternehmen, der wir einen großen Wert beimessen? Welche Hilfen gibt es, um engagiertes Handeln zu fördern?

Trotz Schwierigkeiten aktiv werden

Eine tiefe verbindliche Vereinbarung mit sich selbst treffen: Um die eigenen Ziele zu verfolgen, sollte man eine tiefe innere Vereinbarung mit sich selbst treffen. »Dieser Wert, dieses Ziel ist mir wichtig.« Nur dann lohnt es sich, sich dafür einzusetzen.

Denken Sie daran, dass Sie Ihre Werte, Ziele und die daraus folgenden Schritte selbst gewählt haben. Sie können das auch noch einmal überprüfen, um sicherzugehen, dass es Ihre Wertvorstellungen sind und nicht die Ihres Vaters oder Ihrer Partnerin. Wichtig für die Umsetzung ist die innere Entschlossenheit und Ernsthaftigkeit, mit der Sie Ihre Werte und Ziele verfolgen.

Wenn man eine verbindliche Vereinbarung mit sich selbst trifft, so könnte man das auch mit einer Art Eheversprechen vergleichen. Ich vereinbare mit mir selbst, »in guten wie in schlechten Zeiten« meine Werte und Ziele zu verfolgen. Ich gebe dann nicht bei der ersten Schwierigkeit auf, sondern bleibe dran. Manche Ziele sind vielleicht nicht umsetzbar, oder Sie stellen unterwegs fest, dass sie nicht mehr wichtig sind. Aber die übergeordneten Werte (wie z. B. ein liebevoller Vater zu sein) können nie erreicht und abgehakt werden. Das ist ein deutlicher Unterschied zu den bereits erwähnten Silvesterversprechen, die wir jedes Jahr wieder abgeben, aber häufig bereits Ende Januar brechen.

Innere Bestimmtheit und Entschlossenheit sollte man nicht mit Verbohrtheit oder Humorlosigkeit gleichsetzen. Man kann sich sehr humorvoll und verbindlich auf konkrete Schritte in Richtung auf die selbst gewählten Werte einlassen. Diese innere Verbindlichkeit und Vereinbarung mit uns selbst gibt uns Kraft und Stärke, trotz Schwierigkeiten, Frustrationen und Ängsten den Weg weiterzugehen. Wir werden dadurch nicht zu Fähnchen im Winde unserer Gefühle, unserer inneren Stürme und Ambivalenzen.

Bereitwillig dem inneren Schweinehund, dem Angsthasen und dem Zweifel begegnen: Nachdem Sie eine Vereinbarung mit sich getroffen haben, sollten Sie vorbereitet sein auf den Angsthasen, das verletzliche Kind, den Kritiker, den Dämon ... in ihnen. Sie alle werden kommen und Gast (vgl. Gedicht »Das Gasthaus« von Rumi) oder besser gesagt Wegbegleiter sein. Als Erstes wird der Zweifel kommen und die Frage stellen: Kann ich meine innere Vereinbarung einhalten? Wenn Sie dem Zweifel Raum geben, wird er sich ausbreiten und die Unsicherheit mitbringen. Häufig gesellt sich noch die Angst dazu, und Sie haben nach kurzer Zeit eine ganz schöne Weggemeinschaft.

Abb 24 Auch die schwierigen Wegbegleiter akzeptieren

Seien Sie offen und bereit für diese Wegbegleiter. Manchmal tragen sie dazu bei, dass man seinen Weg langsamer geht. Aber bei Gruppenreisen mit vielen vorsichtigen, unsicheren, zaudernden Reiseteilnehmern ist es eben etwas beschwerlicher voranzukommen, weil einige bremsen, anhalten oder eine Rast machen wollen. Das ist in Ordnung. Wichtig ist nur, dass Sie sich weiter in die Richtung bewegen, der Sie einen großen Wert beimessen und sich durch einzelne Reisebegleiter nicht davon abbringen lassen. Beginnen Sie auch keinen Streit oder Kampf mit ihnen. Ein Handgemenge mit der Angst oder dem Zweifel vermehrt nur die Reiseteilnehmer; es gesellt sich die Wut oder die Ungeduld dazu, dann wird die Reisegruppe noch größer.

Laden Sie die inneren Wegbegleiter ein, die Abenteuer und Erfahrungen mitzuerleben, die Sie auf Ihrem Weg in die Richtung machen, die für Sie einen großen Wert hat. Die Angst und der Zweifel können dabei sehr viel lernen!

Brainstorming der möglichen Schritte: Die Handlungen und Schritte leiten sich aus Ihren Werten und Zielen ab. Die Werte und Ziele haben Sie gewählt, sie stehen nach Ihrer Entscheidung fest. Bekanntlich führen viele Wege nach Rom und bringen Sie Ihrem Ziel näher.

Um die möglichen Schritte herauszufinden, lassen Sie sich zunächst auf eine offene Sammlung ein. Stellen Sie sich vor, dass es in Ihnen eine Schatztruhe mit sehr vielen Goldstücken und Schmuck gibt. Damit sind Wissen und Ideen gemeint (jedes Gehirn ist eine solche Schatztruhe). Lassen Sie alle möglichen Ideen kommen und gehen. Schreiben Sie alles auf, was Ihnen einfällt, ohne es zu bewerten. Achten Sie darauf, dass der innere Kritiker nicht den Deckel der Schatztruhe wieder verschließt. Bleiben Sie offen für kreative, vielleicht auch verrückt klingende Ideen. Es besteht noch kein Druck zur Umsetzung.

Planung des Wie, Wann und mit Wem: Für die ausgewählten Schritte legen Sie fest, wann Sie was wie mit wem tun. Verbinden Sie die Ideen mit einem konkreten Verhalten und einem konkreten zeitlichen und örtlichen Kontext in Ihrem Alltag, sodass Sie jede Gelegenheit zur Umsetzung nutzen können. Die einzelnen Schritte sollten nicht abstrakt und vage bleiben, sondern sehr konkret sein (wie z. B. dass ich mehr Sport in meinem Alltag treiben möchte). Um dieses Ziel zu verwirklichen, fahre ich montags und mittwochs mit dem Fahrrad zur Arbeit und gehe jeden Donnerstagabend mit einem Freund zum Squash. Wenn man die konkrete Umsetzung im Voraus plant, fallen einem die Handlungen leichter.

Identifikation von Rückfallmustern: Wir haben an verschiedenen Stellen dieses Buchs darüber gesprochen, wie wir die Schwierigkeiten vorwegnehmen können. Eine besondere Schwierigkeit sind Rückfälle in alte Verhaltens- oder Vermeidungsmuster. Das kommt in der Regel dann vor, wenn wir uns so überlastet fühlen, dass wir »total ausrasten könnten« oder »nur noch die Decke über den Kopf ziehen und gar nichts mehr tun wollen«. Die Stressreaktion läuft verstärkt in unserem Organismus ab; gewohnte Verhaltens- und Reaktionsmuster melden sich wieder.

Wir fühlen uns von der Situation überwältigt. Bei näherer Betrachtung handelt es sich hier jedoch häufig um Situationen, die wir kennen und schon erlebt haben. Deshalb ist es lohnenswert, sich mit diesen Situationen genauer zu beschäftigen. Es ist wie bei einem Raucher, der wiederholt mit dem Rauchen aufgehört hat und sich mit den Situationen befassen sollte, in denen er wieder rückfällig wurde. Rückfälle in gewohnte Verhaltensmuster, die uns von unseren Werten und Zielen entfernen, werden vorkommen. Man sollte diese Situationen als besondere Lernsituationen begreifen und genau betrachten: Was ist passiert? Gibt es äußere Merkmale für einen Rückfall?

CARMEN erlebte einen Rückfall in ihre Spielsucht, wenn sie ihren Ehemann als jemanden erlebt, der rücksichtslos ist und bestimmte Grenzen überschreitet. ■

Wie können Sie den Rückfall rechtzeitig verhindern oder unterbrechen? Wie kann die innere Ampel auf Rot gehen, sodass eine kurze Unterbrechung möglich ist, der Verstand wieder eingeschaltet wird, um Ziele und konkrete Schritte zu klären?

Erinnern Sie sich an eine Rückfallsituationen.
Welche äußeren oder inneren Hinweisreize gibt es für das Rückfallmuster (rotes Ampelsignal)?

Was können Sie tun, um dieses Rückfallmuster zu unterbrechen? Wie können Sie sich an wertgeschätzte Ziele und konkrete Schritte erinnern?

Selbstunterstützung: Während und nach Rückfällen in alte Verhaltensgewohnheiten ist eine wohlwollende und aufmerksame Selbstunterstützung besonders wichtig. Wenn ich mich anklage und mit mir hart ins Gericht gehe, reagiere ich stressverstärkend. Eine weitere Kaskade negativer Gefühle wird ausgelöst, und häufig wird das Rückfallmuster einfach nur verstärkt.

Selbstunterstützendes Verhalten wurde Kapitel zum Umgang mit stressverstärkenden Gefühlen (Seite 171) so beschrieben:

- Sie zeigen Verständnis für das, was Sie erleben,
- Sie sprechen sich in schwierigen Situationen Mut zu,
- Sie sind bei Rückschlägen geduldig mit sich selbst,
- Sie geben sich selbst positive Rückmeldungen,
- Sie gehen respektvoll mit sich um,
- Sie verzeihen sich, wenn Sie Fehler begehen.

Können Sie sich vorstellen, so mit sich umzugehen, wenn Sie in eine alte Gewohnheit zurückfallen? Häufig ist es bereits ein Teil der Gewohnheit, dass wir uns selbst beschuldigen und abwerten. Durch eine wohlwollende Haltung uns selbst gegenüber durchbrechen wir negative Gewohnheitsmuster.

Erinnerungshilfen: Nutzen Sie Hilfen zur Erinnerung an die Werte, Ziele und konkreten Schritte. Wenn Sie sich beispielsweise vorgenommen haben, sich im Alltag mehr zu bewegen und den Weg zur Arbeit wieder mit dem Fahrrad zurückzulegen, können Sie den Fahrradhelm sichtbar an der Garderobe aufhängen. Wenn die Werte und Ziele präsent sind, werden Sie an die geplante Fahrradfahrt zur Arbeit erinnert, und weitere Gelegenheiten zum Fahrradfahren werden rascher wahrgenommen. Erinnerungshilfen geben unserem Gehirn das Signal für die Handlungen und Verhaltensweisen in der gewünschten Richtung. Die entsprechenden neuronalen Netze werden zur Handlungsvorbereitung aktiviert. Sie können auch Symbole, Bücher, Terminkalender etc. als Erinnerungshilfen nutzen.

Mit der folgenden Tabelle können Sie sich eine Übersicht verschaffen über die Werte, Ziele und konkreten Schritte in den einzelnen Lebensbereichen.

	Beziehungen	**Arbeit**	**Gesundheit, Wohlbefinden**	**Erholung, Freizeit**	**Sonstiges**
Werte					
Ziele					
Umsetzungsideen (Brainstorming)					
Auswahl konkreter Schritte					
Mögliche Schwierigkeiten					
Ressourcen, Unterstützung					

Wechselwirkungen zwischen Veränderungen in den einzelnen Lebensbereichen berücksichtigen und einplanen

Sie können direkt mit der Umsetzung der konkreten Schritte in einem Lebensbereich beginnen, der Ihnen besonders wichtig erscheint. Sie können sich aber auch zunächst einen Überblick über Ihre Werte, Ziele und konkreten Schritte in den verschiedenen Lebensbereichen verschaffen und sich dann mit den Wechselwirkungen zwischen den Handlungen in den einzelnen Lebensbereichen befassen.

Es können Synergien, aber auch Spannungen zwischen einzelnen Schritten in den verschiedenen Lebensfeldern auftreten. In der Regel bestehen zwischen den Werten in den Lebensfeldern wenig Konflikte, da diese häufig auf einem hohen Abstraktionsniveau formuliert sind. Ich kann für mich gleichzeitig Werte im Freizeit- und Beziehungsbereich formulieren. Auf der Ebene der konkreten Schritte kann dies allerdings bedeuten, dass ich Zeit einplane, um ein Hobby zu pflegen; dies kann auf Kosten der Zeit für Partnerschaft oder Familie gehen. Dann kann es sinnvoll sein, über die Wechselwirkungen zwischen den einzelnen Bereichen nachzudenken. Wie kann ich mein Hobby leben und zugleich die Partnerschaft bereichern?

STEPHAN berichtete, wie er seinen Plan verwirklichte, mehr Sport in seinen Alltag zu integrieren. Er verband die Umsetzung mit dem Ziel, mehr Zeit mit seiner Ehefrau zu verbringen. Und sie meldeten sich beide in einem Fitnessstudio an und begannen gemeinsam mit verschiedenen sportlichen Aktivitäten wie Fahrradfahren am Wochenende und Wandern im Urlaub. Die sportlichen Aktivitäten von Stephan bereicherten seine Ehe auf schöne Weise. ■

↻ Welchen konkreten Schritten können bestimmte Schritte in anderen Bereichen Ihres Lebens folgen? Welche Schritte könnten positiv abstrahlen und andere Lebensfelder stimulieren? Wie können kreative Lösungen gefunden werden? Überlegen Sie, ob vielleicht einzelne Schritte modifiziert oder zunächst klärende Gespräche geführt werden müssen.

Berücksichtigen Sie auch die Veränderungen, die verschiedene Lebensphasen mit sich bringen. Eine Mutter von drei Kindern hat andere zeitliche Möglichkeiten, Sport zu treiben und Freundschaften zu pflegen, als es ihr zur Zeit des Studiums möglich war. Beides ist weiterhin machbar, erfordert jedoch eine gewisse Flexibilität. Sie muss abschätzen, welche Möglichkeiten sich ihr in der jetzigen Lebensphase bieten. Lernen Sie, die Gelegenheiten zu sehen, die es in jeder Lebensphase gibt, um die eigenen Werte und Ziele engagiert zu leben.

Glück ist das Resultat einer inneren Reifung. Es hängt ganz allein von uns selbst ab, um den Preis einer geduldigen Arbeit, die wir Tag für Tag verfolgen. Wir selbst bauen unser Glück, aber es bedarf einiger Mühe und Zeit. Auf lange Sicht sind das Glück und das Unglück also eine Lebensweise oder eine Kunst des Lebens.
Matthieu Ricard

Wussten Sie, dass wir ein »Glückssystem« in uns tragen? In unserem Gehirn ist ein komplexes System aus Synapsen, Nerven und Hormonen angelegt, das dazu dient, positive Gefühle zu erzeugen. So wie es einen Mechanismus wie die Stressreaktion gibt, der uns über Gefahren informiert, gibt es auch verschiedene Strukturen in unserem Organismus, die Freude, Genuss und Zufriedenheit aufkommen lassen. Wir sind auch für die guten Gefühle geschaffen (Klein 2004).

Doch wie können wir sie in unserem Leben fördern und pflegen? Die neurophysiologischen Befunde weisen darauf hin, dass wir durch Lern- und Bahnungsprozesse in unserem Gehirn nicht nur Fahrradfahren oder Klavierspielen lernen, sondern dass auch Freude, Glück und Zufriedenheit gefördert und gesteigert werden können. Allerdings können positive Gefühle nicht isoliert vom Rest unseres Lebens betrachtet und trainiert werden. Positive Gefühle hängen eng mit unserer Lebensbalance zusammen und geben uns Rückmeldung darüber, was für uns stimmig ist.

Ob wir uns im persönlichen Gleichgewicht befinden, bemerken wir am deutlichsten an unseren Gefühlen. Sie geben uns deutliche Signale für das Zuwenig oder Zuviel. Sie informieren uns darüber, was wir brauchen und was uns glücklich macht. Diese Gefühle sind vielleicht nicht so alarmierend wie andere (etwa die Panik oder Angst angesichts eines attackierenden Hundes oder die Wut, die uns heiß durchflutet, weil uns ein Autofahrer die Vorfahrt genommen hat). Im Folgenden werden verschiedene Gefühle und Empfindungen beschrieben, die uns über das informieren, was uns gut tut, und wichtige Hinweise zur Gestaltung des persönlichen Gleichgewichts liefern.

- **Freude** ist häufig ein Nebenprodukt unserer Handlungen und Aktivitäten. Sie tritt dann auf, wenn wir ein erlebtes oder zukünftiges Ereignis als positiv erleben (Vorfreude). Freude signalisiert uns, dass wir uns auf dem Weg in Richtung unserer Werte und Ziele befinden und dass wir Zwischenziele erreichen können. Sie gibt uns Kraft und Energie, sie motiviert uns, weiter zu handeln und aktiv zu sein. Freude macht uns offen, wir interessieren uns für andere, und sie macht uns interessanter. Sie gibt uns die Energie für engagiertes Handeln. Durch Freude kann die Arbeit zum Spiel werden, wir beginnen zu experimentieren. Wir erproben uns und unsere kreativen Fähigkeiten, erleben Spaß, wenn wir an unsere Grenzen gehen und unsere Einfälle und Ideen umsetzen.
- **Zufriedenheit** signalisiert uns, dass wir uns im Gleichgewicht erleben. Wir nehmen keine wichtigen Differenzen wahr zwischen unserer Lebenssituation und unseren Zielen, Werten und Bedürfnissen. Zufriedenheit wird häufig mit Sattheit und Passivität verwechselt. Sie ist jedoch mit Entspannung und Ruhe verbunden. Allerdings verbergen sich hinter einem ruhigen und zufriedenen Gefühl und Erscheinen komplexe kognitive Fähigkeiten und Möglichkeiten: Mit dem Gefühl der Zufriedenheit sind

wir besser in der Lage, die Gegenwart achtsam wahrzunehmen sowie neue Informationen und Erfahrungen zu sortieren und zu verarbeiten. Zufriedenheit macht uns offen, flexibel und rezeptiv für das, was jetzt im Außen und Innen geschieht. Entspannungs- und Achtsamkeitsübungen fördern diese Qualität des Erlebens. Diese Methoden helfen uns, ohne Abwehr dem eigenen Erleben zu begegnen und unsere Gefühle und Gedanken in unser Selbstbild zu integrieren.

- **Interesse und Neugier** sind eng miteinander verbunden und hängen mit dem Reiz am Neuen, an der Veränderung zusammen. Unser Gehirn hat Lust auf Veränderung. Wenn neue Reize fehlen, tritt eine Langeweile ein, die wir nur schwer ertragen können. Interesse (lat. inter esse, zwischen den Dingen sein) ist das Gegenteil von Langeweile. Wenn man interessiert ist, ist man aktiv; man denkt und handelt mit freudiger Erregung. Interessiert machen wir uns daran, komplexe Zusammenhänge verstehen zu lernen, knifflige Aufgaben zu lösen. Wir sind aufmerksam und aktivieren unser ganzes Können und Wissen, um Herausforderungen zu meistern, die wir selbst gewählt haben. Dann kann das eintreten, was Glücksforscher als das *Flow*-Erleben bezeichnen: das Aufgehen in einer Aufgabe oder Tätigkeit.

Der Psychologe Mihaly Csikszentmihalyi hat dieses Erleben intensiv untersucht und erforscht. Er fand in seinen Interviews heraus, dass der angenehme Zustand des Flow erlebt wird, wenn die Beschäftigung unser Gehirn gerade im richtigen Maße fordert. Es kann zu einer angenehmen Erregung, sogar zur leichten Euphorie und Selbstvergessenheit bei der Tätigkeit kommen. Diese Gefühle treten nicht auf, wenn eine Aufgabe zu leicht oder zu schwer ist. Wenn sie uns zu schwierig erscheint, fühlen wir uns überfordert; und wenn das Erfolgserlebnis ausbleibt, fühlen wir uns frustriert. Es kommt zu Selbstzweifeln und Unsicherheit; langfristig können wir uns hilflos fühlen. Ist eine Aufgabe für uns unterfordernd, stellt sich Langeweile ein. Auch diesen Zustand der Leere und der geringen Stimulation können wir schlecht ertragen.

Das Flow-Erleben stellt sich dann ein, wenn wir optimal gefordert sind und mit voller Aufmerksamkeit und Interesse einer Tätigkeit nachgehen. Auf diese Weise stimulieren wir Kreativität, Intelligenz und persönliche Entwicklungsprozesse. Durch aktives Interesse erwerben und kultivieren wir Kompetenzen und Wissen, die bei uns bis ins hohe Alter zu Freude und Gesunderhaltung beitragen. Der weltberühmte Cellist Pablo Casals wurde von Journalisten während eines Interviews gefragt, warum er mit 93 Jahren immer noch täglich vier bis fünf Stunden Cello übe; er könne doch alles auf dem Cello spielen. Er antwortete: »Ich habe den Eindruck, ich mache Fortschritte.«

- **Dankbarkeit** ist ein Gefühl, das wir erleben, wenn wir etwas Gutes in der Gegenwart erfahren. Oder wenn wir uns daran erinnern, was wir in der Vergangenheit Gutes erlebt haben. Das Gefühl der Dankbarkeit hängt eng mit unserem Denken zusammen. Wenn wir uns mit Dankbarkeit beschäftigen, kann uns bewusst werden, was uns alles mit auf den Weg gegeben wurde, was uns von Eltern, Lehrern und Freunden geschenkt und vermittelt wurde, wie wir in schwierigen Situationen gefördert und unterstützt wurden. Wir haben viel empfangen (etwa unseren Körper, unsere Talente und unser Leben selbst). Die Grundlagen unseres Lebens wurden uns geschenkt. Wir haben sie uns nicht erarbeitet, wir haben sie einfach bekommen.

Wenn wir uns dieser Tatsachen bewusst sind, stellt sich häufig ein Gefühl der Dankbarkeit oder eine Art Grundgefühl ein, vor dessen Hintergrund wir das wahrnehmen, was unser Leben ausmacht und was wir in der Gegenwart geschenkt bekommen und erleben. Dankbarkeit kann auch auf einen Gott, eine höhere Macht oder eine Kraft bezogen sein, die unser Leben durchzieht. Dann bekommt Dankbarkeit eine spirituelle oder religiöse Dimension (vgl. auch TAUSCH 1996, STEINDL-RAST 2005).

- **Genusserleben** stellt sich ein, wenn wir etwas erleben, was wir mögen. Das kann eine heiße Dusche, ein kühles Bier, eine Symphonie von Beethoven, der Duft einer Rose oder der Geschmack von Schokolade auf der Zunge sein. Wenn Sinnesreize, die wir als wohlig und angenehm bewerten, über die Haut, die Zunge, unsere Ohren oder über alle Sinne unser Gehirn erreichen, stellt sich dasselbe Wohlbefinden ein. Körpereigene Opioide, Substanzen, die dem Opium ähneln, werden freigesetzt. Die Teile unseres Gehirns werden aktiv, die mit der bewussten Wahrnehmung verknüpft sind. Wahrnehmung und Stimmung hängen eng zusammen. Je niedergeschlagener wir uns fühlen, je trübseliger wir sind, desto weniger nehmen wir von unserer Umwelt wahr. Eines der besten Antidepressiva ist, mit der Welt wieder Kontakt aufzunehmen und den Kreislauf der trüben Gedanken zu durchbrechen. Wenn wir genießen, nehmen wir intensiver wahr.

Genuss signalisiert uns, dass wir das bekommen, was wir brauchen, um wieder ins Gleichgewicht zu kommen. Wenn wir nach einer anstrengenden Wanderung hungrig in einer Berghütte sitzen, genießen wir das Käsebrot oder die einfache Tomatensuppe, im Winter noch einen heißen Tee, im Sommer vielleicht ein kühles Bier. Hingegen genießen wir nach einem Familienfest, das aus Mittagessen, Kaffeetrinken und Abendessen bestand, noch einen kleinen Spaziergang: Wir wollen uns bewegen, um die geschätzten 3000 Kalorien zu verdauen. Eine weitere Sahnetorte wäre keine Steigerung des Genusserlebens. Genuss stellt sich ein, wenn wir uns in die richtige Richtung, von einem schlechteren in einen besseren Zustand bewegen. Deshalb gilt beim Genießen nicht das Motto »Viel hilft viel«, da auch das Zuviel als unangenehm empfunden wird, sondern das Motto »Weniger ist mehr.« Der Genuss wird nicht mehr als so stark empfunden, sobald die Wirkung der Opioide abgeklungen ist.

Die Schattenseite des Genießens zeigt sich in der Sucht. Dann ist die Suche nach Genuss aus dem Ruder gelaufen, und ein Zuviel an Essen, Tabak, Alkohol oder anderen Substanzen kann schädlich für uns werden. Und um von einem schlechteren in einen besseren Zustand zu kommen, trinkt man oder isst man mehr. Dann ist der stressverstärkende Teufelskreis wieder geschlossen.

- **Verbundenheit** und **Geborgenheit** sind positive Gefühle der Zugehörigkeit und des Eingebettetseins in ein größeres Ganzes. Sie setzen der Einsamkeit ein Ende. Wenn wir nach längeren Phasen der Einsamkeit wieder Kontakt und Nähe spüren, werden ähnlich wie beim Genuss Endorphine freigesetzt. Das Gefühl der Geborgenheit stellt sich ein, es signalisiert uns, dass wir wieder im Normalzustand sind, dass Gefühle der Einsamkeit und Isolation schwinden. Soziale Verbundenheit kann die Stressreaktion verhindern oder zumindest abschwächen. Wir haben das Gefühl, angesichts von Bedrohungen nicht alleine zu sein, sondern unterstützt zu werden und in ein Netz sozialer Beziehungen eingebettet zu sein. Wir spüren vielleicht auch, dass uns geholfen werden kann. Viele Studien belegen, dass Menschen mit sozialen Bindungen gesünder sind und länger leben als Personen ohne Bindungen. Es gibt eine Vielzahl weiterer positiver Gefühle (wie etwa Mut, Gelassenheit, Liebe, Lust, Stolz), bei denen es sich lohnt, sie sich bewusst zu machen, sie zu entdecken und zu pflegen.

Wie im Kapitel »Die Stressreaktion« dargestellt, haben Gefühle wie Angst oder Wut, die eng mit der Stressreaktion zusammenhängen, die Funktion, uns vor Katastrophen zu schützen. Sie geben uns Kraft, Energie und Handlungsimpulse, um mit dem Schlimmsten zurechtzukommen. Diese Gefühle haben eine wichtige Überlebensfunktion. Die positiven Gefühle hingegen, die nicht an die Stressreaktion gekoppelt sind, sondern sie eher dämpfen, haben auch evolutionäre Vorteile gebracht. Gefühle wie Freude, Verbundenheit und Neugierde machen uns offen für Freundschaften und Teamarbeit. Diese Gefühle fachen unseren Humor, unsere Kreativität und Schaffensfreude an. Daraus entstehen u. a. Witze, Symphonien und wissenschaftliche Studien. Positive Gefühle bilden die Grundlage und den Nährboden für den Aufbau innerer und äußerer Ressourcen, Fähigkeiten und Bindungen.

Der Langzeitnutzen positiver Gefühle lässt sich wie folgt zusammenfassen:

- Soziale Beziehungen werden gestärkt und gefördert. Positive Gefühle sind wie das soziale Schmiermittel, um auch in Krisenzeiten darauf zurückgreifen zu können.
- Positive Gefühle fördern das Lernen, den Aufbau von Kompetenzen und die Intelligenz. Die spielerische Leichtigkeit für Kreativität und der Mut für komplexe Problemlösungen nehmen zu.
- Positive Gefühle wirken gesundheitsförderlich, dämpfen die Stressreaktion und schützen uns vor chronischer Überforde-

rung oder Hilflosigkeit. Sie wirken auch als Puffer für zukünftigen Stress.

- Positive Gefühle informieren uns über unser persönliches Wohlbefinden und signalisieren, was wir brauchen. Sie geben uns Hinweise auf unsere persönlichen Werte und Ziele.
- Positive Gefühle verbessern unsere psychischen und sozialen Fähigkeiten wie Resilienz (Widerstandskraft), Bindungsfähigkeit, Selbstwertgefühl und Selbstbewusstsein. Sie bilden die Grundlage für ein stabiles Identitätsgefühl.

Positives Erleben kann man pflegen

Lernen und positives Erleben sind untrennbar miteinander verbunden. Die Botenstoffe Dopamin und Serotonin in unserem Gehirn, die mit Lust, Freude und Genuss verbunden sind, spielen eine Schlüsselrolle beim Aufbau neuer Nervenverbindungen. Sie sind maßgeblich an Bahnungsprozessen und an der Umgestaltung unseres Gehirns beteiligt. Positive Gefühle sind wie ein frischer Dünger zur Unterstützung von Wachstumsprozessen.

Aufgrund der Ähnlichkeiten bei der Entwicklung unseres Gehirns und beim Gedeihen von Pflanzen wird häufig der Garten als vereinfachende Metapher für die komplexen Vorgänge in unserem Gehirn verwendet. Nervenverbindungen, die oft genutzt und gepflegt werden, gedeihen besser (ähnlich wie Pflanzen, die gedüngt und gegossen werden). Nervenverbindungen hingegen, die wenig genutzt werden, verkümmern und bilden sich zurück. In depressiven Phasen werden unsere grauen Zellen wenig stimuliert. Für die Pflanzen sind diese Phasen so etwas wie regenarme Perioden. Im Unterschied dazu lassen sich die

Phasen des Glücks und der Zufriedenheit mit einem Treibhausklima vergleichen, in dem Wachstum gefördert wird.

Ein verblüffend ähnliches Bild zitiert der buddhistische Mönch und Schriftsteller THICH NHAT HANH (1995):

» Traditionelle Schriften beschreiben das Bewusstsein als Feld, ein Stück Land, auf dem alle möglichen Arten von Samen gesät werden können – Samen für Leiden und Glück, Freude, Kummer, Furcht, Ärger und Hoffnung. Und die Gefühlserinnerung wird als ein Vorratslager beschrieben, das mit unseren Samen angefüllt ist. Sobald ein Same sich in unserem geistigen Bewusstsein manifestiert, wird er stets kraftvoller ins Vorratslager zurückkehren. (...) Jeden einzelnen Moment, in dem wir etwas Friedvolles und Schönes wahrnehmen, bewässern wir die Samen für Frieden und Schönheit in uns (...) Während derselben Zeit werden andere Samen wie Angst und Schmerz nicht bewässert. «

Diese Aussagen stimmen weitgehend überein mit neueren Erkenntnissen der Neuropsychologie. Aus wissenschaftlicher Perspektive wird unser Gehirn ebenfalls durch Gewohnheiten und Wiederholungen geformt, die zu Bahnungen führen. Um positive Gefühle zu stärken, geht es darum, gute Gewohnheiten zu pflegen, wie wenn wir die Pflanzen im Garten gießen. Durch negative Gewohnheitsmuster pflegen und fördern wir eventuell Gefühle und Verhaltensweisen, die stressverstärkend wirken.

Die negativen Gefühle Angst, Wut und Trauer sind Reaktionen auf Gefahren oder Verlusterlebnisse, die in der Auseinandersetzung mit unserer Umwelt auftreten. Diese Gefühle kommen von alleine, sie signalisieren uns, was in unserer Umwelt gerade passiert. Dagegen treten positive Gefühle nicht von allein auf. Freude, Zufriedenheit und Genuss sind Belohnungen für eigenes Handeln. Die Natur hat diese Gefühle bei uns eingerichtet, um uns eine Rückmeldung für unser Tun zu geben. Aristoteles schrieb bereits über das Glück: »Glück ist die Folge einer Tätigkeit.« Wenn ich gerne musiziere oder Sport treibe und nach einem größeren zeitlichen Abstand wieder einmal zu meinem Musikinstrument greifen kann oder meine Laufschuhe schnüren darf, stellt sich in der Regel ein Gefühl der Vorfreude oder Freude ein. Dieses Gefühl ist kein Zufall, sondern eng verbunden mit der Tätigkeit, die ich ausführe. Die schlechte Nachricht dabei ist, dass einem gute Gefühle nicht geschenkt werden. Die gute Nachricht lautet: Man kann etwas tun, um gute Gefühle zu erleben, um die täglichen Genusserfahrungen und Erlebnisse, die Freude bereiten, intensiver werden zu lassen.

Man kann unsere Aufgabe mit der Arbeit eines Gärtners vergleichen, der Erfahrungen sammelt, auf welchem Boden welche Pflanze gedeiht und mit wie viel Wasser die einzelnen Pflanzen im Sommer gegossen werden. Einige Pflanzen müssen nicht gegossen werden und gedeihen von selbst. Sie müssen im Herbst beschnitten werden, damit sie im Frühjahr wieder kräftig blühen. Wie man den Garten seiner positiven Gefühle pflegt, ist jedem selbst überlassen. Jeder von uns hat andere Vorlieben und Vorerfahrungen. Positives Erleben ist individuell sehr verschieden; der eine liebt die Berge, die andere liebt das Meer. Um positive Gefühle zu wecken, sollte man sich selbst kennen und für neue Entdeckungen offen sein. Im Folgenden werden unterschiedliche Anregungen und Übungen vorgestellt, die positives Erleben in den diversen Lebensbereichen fördern.

Heute wissen wir, dass die sinnliche Wahrnehmung unserer Umwelt eng mit unserer Stimmung zusammenhängt. Wenn es uns gelingt, unseren Blick nach außen zu wenden, und wir den Kaffeeduft riechen oder das Zwitschern der Vögel hören, ist wenig Raum für Sorgen und Grübeln. Wenn unser Gehirn durch die Wahrnehmung der Außenwelt so stimuliert und ausgelastet ist, kann es sogar dazu kommen, dass wir uns selbst vergessen, achtsam sind und einfach zufrieden sind mit dem, was ist.

Aufmerksames Wahrnehmen ist eine wichtige Voraussetzung für positives Erleben. Wenn ich das Essen nicht schmecke, der Musik nicht zuhöre, einem Gespräch nicht aufmerksam folge, kann ich es nicht genießen. Deshalb ist es hilfreich, die Aufmerksamkeit zu schulen, um immer wieder die Wahrnehmung auf die gegenwärtige Tätigkeit bzw. Erfahrung zu lenken. Wenn Ihnen Gedanken einfallen oder Grübeleien Sie ablenken, versuchen Sie doch einfach, die Aufmerksamkeit zur Tätigkeit zurück zu lenken.

Denkgewohnheiten, die mit positiven Gefühlen verbunden sind

Positives Erleben ist erlaubt: Es gibt gedankliche Bremsen für positives Erleben. Dazu gehören Verbote oder bestimmte Glaubenssätze über Genuss und Glück, die uns auch das schönste Erlebnis vermiesen können. Hierzu gehören Überzeugungen wie:

- Das habe ich nicht verdient.
- Ohne Fleiß kein Preis.
- Im Leben gibt es nichts umsonst.

Welche Genussverbote kennen Sie selbst in den unterschiedlichen Lebensbereichen?

Es ist sehr wichtig, sich positives Erleben, Glück und Genuss zu erlauben und sich daran zu erfreuen. Machen Sie sich den inneren Kritiker oder Nörgler bewusst, wenn er versucht, Ihnen das schöne Erleben madig zu machen, und behandeln Sie auch diesen inneren Gast wohlwollend. Aber lassen Sie sich den Spaß nicht verderben.

Dankbarkeit pflegen: Dankbarkeit steigert unsere Lebenszufriedenheit, da die guten Erinnerungen an die Vergangenheit im Vordergrund stehen und nicht die negativen. Häufig werden die positiven Aspekte einer komplexen und schwierigen Situation erinnert (z. B. kann bei der Erinnerung an einen verstorbenen Menschen ein Gefühl der Dankbarkeit für all das entstehen, was man mit diesem Menschen erleben durfte). Es wird als etwas Besonderes und Kostbares betrachtet.

Um Dankbarkeit zu pflegen, können Sie beginnen, ein Dankbarkeitstagebuch zu führen. Schreiben Sie mindestens einmal wöchentlich auf, wofür Sie sich dankbar fühlen. Das können ganz alltägliche Dinge sein wie eine Postkarte von einer Freundin oder das Verschwinden der Zahnschmerzen, die Sie plagten. Auch die wichtigen Dinge des Lebens (wie die Genesung eines Freundes, die Gesundheit der Eltern) nehmen wir allzu schnell als etwas Selbstverständliches hin. Allein schon die regelmäßige Beschäftigung mit positiven Dingen, die uns widerfahren, so beobachtete Martin Seligman (2002), macht uns langfristig zufriedener.

Positives Erleben erinnern: Teilen Sie anderen mit, wenn Sie etwas Positives erlebt haben. Erinnern Sie sich an positive Erlebnisse. Schreiben Sie positive Erlebnisse auf. Beginnen Sie ein Tagebuch der positiven Erfahrungen, oder behalten Sie etwas zur Erinnerung (z. B. eine Konzertkarte als Erinnerung an ein schönes Konzert oder eine Muschel als Erinnerung an einen Strandspaziergang). Kosten Sie das Erlebnis auch in der Erinnerung aus. Sinnliche Erinnerungsstücke wie ein Stein, eine Postkarte oder ein Musikstück wecken die assoziierten Gefühle sehr direkt.

⚖ **Freudenbiographie anlegen:** Verena KAST (1997) entwickelte die Methode der Freudenbiographie. Wenn man sich erinnert, so hilft dies, um mit den Seiten von uns in Kontakt zu kommen, die sich freuen können. In einer Freudenbiographie werden die Seiten, die mit dem Leben einverstanden waren, in uns lebendig. Situationen werden uns bewusst, in denen wir erlebt haben, dass das Leben uns etwas gegeben hat, und in denen wir etwas taten, was für uns gut und wichtig war. In dieser Freudenbiographie sind wir vielleicht Menschen begegnet, denen wir uns öffnen konnten, oder wir haben uns auf etwas Aufregendes eingelassen. In einer solchen Freudenbiographie kann deutlich werden, wie wir uns als Kinder gefreut haben und wie wir es heute tun. Nehmen Sie sich Zeit, und schreiben Sie Ihre eigene Freudenbiographie. Gehen Sie Ihren Freudenerinnerungen nach. Können Sie sich an Freuden in Ihrer Kindheit oder Schulzeit erinnern? Was hat Sie erfreut, was haben Sie während der Ausbildung genossen? Wann trat Freude in Ihren Beziehungen auf?

⚖ **Verzeihen lernen:** Anderen oder sich selbst nicht verzeihen zu können, kettet uns an Ereignisse der Vergangenheit. In der Regel handelte es sich hier um Lebensereignisse, in denen wir uns als Opfer erlebten. Sobald wir uns an diese Situationen erinnern oder zufällig erinnert werden, treten die Gefühle des Opferseins und des Hasses oder der Vergeltung auf. Wir erleben dann noch einmal die Gefühle der Anspannung, die Intensität der Wut oder des Gefühls, sich schützen zu müssen. Obwohl die Ereignisse vielleicht schon Jahre zurückliegen, erleben wir den emotionalen Stress. Man kann sich auch fragen, welche Konsequenzen es für mein Leben hatte, dass ich nicht verziehen habe. Vielleicht hat es geholfen, sich vor weiteren Verletzungen zu schützen und einen Ausweg zu finden. Vielleicht geht es auch darum, dass man einem Menschen eine weit zurückliegende Situation nachträgt und man sich im Gefängnis seiner eigenen Anspannung sowie in seinem Hass verschanzt hat. Man findet keinen Ausweg mehr.

HERR MAYER äußert das Anliegen in einer Beratungssituation: »Ich würde gerne meiner Frau verzeihen, dass sie eine Affäre hatte. Seit neun Jahren führen wir unsere Ehe weiter, aber jeder hat sich zurückgezogen. Unser Eheleben ist seitdem so leblos und distanziert. Ich würde gerne verzeihen lernen und wieder neu anfangen.« ■

Verzeihen meint nicht zu vergessen, es meint auch nicht, die Dinge so gut zu heißen, wie sie gelaufen sind, sondern es meint, die Dinge so zu lassen, wie sie sind: sie so sein zu lassen und sich wieder aktiv der Gegenwart zuzuwenden. Vergeben in diesem Sinne ist ein Geschenk an uns selbst. Es kann etwas Befreiendes sein. Man kann dabei erfahren, dass man nicht mehr das Opfer ist, sondern dass das Erlebte ein Teil der eigenen Vergangenheit ist. Und diese Vergangenheit ist dann gar nicht mehr so wichtig, sodass die Möglichkeiten der Gegenwart offener gelebt werden können.

Auch sich selbst zu verzeihen, fällt manchmal sehr schwer, vor allem wenn man eine Fehlentscheidung getroffen oder gravierende Fehler begangen hat, die bis in die Gegenwart nachwirken. Hinterher ist man immer klüger, weil einem mehr Informationen zur Verfügung stehen. Es ist hilfreich, sich daran zu erinnern, dass man nach bestem Wissen und Gewissen gehandelt hat, auch wenn man durch die Konsequenzen des Handelns klüger geworden ist.

Eine optimistische Lebenshaltung einnehmen: Optimismus unterstellt, dass wir unsere Ziele trotz der Hindernisse und Schwierigkeiten erreichen können. Wir glauben daran, dass wir es schaffen. Wir sind trotz vorhandener Schwierigkeiten zuversichtlich. Diese Grundhaltung macht es leichter, die eigenen Werte und Ziele zu verfolgen und positive Lebensgewohnheiten zu gestalten. Mit Optimismus in diesem Sinne ist allerdings nicht gemeint, Schwierigkeiten und Realitäten zu leugnen. Im Gegenteil: Weil ich positive Ergebnisse erwarte, engagiere ich mich mehr. Ich setze alle Kräfte ein, um das gewünschte Ergebnis zu erzielen und bestehende Probleme zu bewältigen.

So unterscheidet sich Optimismus von positivem Denken. Bei positivem Denken besteht die Gefahr, dass man versucht, die Realitäten schön zu reden, dass eine rosa Soße über bestehende Schwierigkeiten gekippt wird. Hier handelt es sich um eine andere Form von Leugnung und Verzerrung.

Optimismus und Hoffnung hängen eng zusammen, beide schützen uns vor Depression und Hilflosigkeit. Optimismus ist eine positive Haltung, die auf die Zukunft bezogen ist. Sie wirkt sich auf die Leistungsfähigkeit aus und stärkt unsere Gesundheit und unser Wohlbefinden. Die wichtigste Methode, um Optimismus aufzubauen, besteht darin, die pessimistischen Gedanken und die Sorgenkreise zu erkennen. Dann können die Methoden zum achtsamen Umgang mit Gedanken genutzt werden.

Positive Aktivitäten planen: Positives Erleben kommt nicht automatisch, es ist eine Folge unseres Tuns. Deshalb ist es in vielen Therapieschulen ein Standardelement, die Patienten bei der Planung und Durchführung von positiven Tätigkeiten zu unterstützen. Was jemand als positiv bewertet und erlebt, kann individuell sehr verschieden sein. Deshalb sollte man sich seiner Vorlieben bewusst sein und sie pflegen. Viele Menschen berichten aber über ähnliche Tätigkeiten (wie z. B. in der Natur sein, lesen, mit Freunden zusammen sein, sich bewegen, ins Kino gehen, tanzen, Musik hören oder selbst musizieren).

Danach fühlen wir uns häufig wieder erfrischter. Positive Gefühle melden uns zurück, ob es das Richtige war, ob es unseren Bedürfnissen und unseren Zielen entsprochen hat. Wenn wir aktiv sind, haben wir in der Regel keine Zeit zum Grübeln; im Gegenteil, häufig verleiht uns Aktivität Energie und ein positives Lebensgefühl. Eine Kollegin, die leidenschaftlich gerne Salsa tanzt, berichtet häufig mit leuchtenden Augen von den durchtanzten Nächten. Der Spaß und die Freude am Tanzen bedeuten ihr mehr als die etwas verkürzte Nacht.

Welche Tätigkeiten machen Ihnen Freude?
Falls Sie weitere Anregungen haben wollen, gehen Sie die folgende Liste durch. Bitte kreuzen Sie die Aktivitäten an, die Sie ansprechen, die Sie bereits gerne tun oder die Sie schon lange nicht mehr unternommen haben. Ergänzen Sie ggf. weitere Aktivitäten und angenehme Tätigkeiten.

- ☐ barfuß durch den Garten laufen
- ☐ Pfannkuchen backen
- ☐ in der Badewanne paddeln, bis die Hände schrumplig werden
- ☐ Seifenblasen blasen
- ☐ alte Schallplatten auflegen
- ☐ in eine Decke wickeln und auf den Balkon setzen
- ☐ in einen See springen
- ☐ Schlittschuh laufen
- ☐ Kirschkerne spucken
- ☐ ein Picknick planen
- ☐ ein Nachmittagsschläfchen genießen
- ☐ ein Gedicht schreiben
- ☐ laut singen
- ☐ ein Lagerfeuer machen
- ☐ Springseil springen
- ☐ Asterix lesen
- ☐ Kräuter aussäen
- ☐ in den Zoo gehen
- ☐ auf einen Baum klettern
- ☐ einen Schrank abschleifen und neu streichen
- ☐ sich etwas schenken
- ☐ einen Nachtspaziergang machen
- ☐ Kerzen anzünden
- ☐ Wolken betrachten
- ☐ Monopoli spielen
- ☐ einen Milchkaffee mit ganz viel Milchschaum machen
- ☐ durch Regenpfützen hüpfen
- ☐ Rotwein im Bett trinken
- ☐ Brot selber backen (mit vielen Nüssen)
- ☐ einen Wiesenblumenstrauß pflücken
- ☐ Glücksschreie üben
- ☐ etwas wegwerfen
- ☐ Enten füttern
- ☐ sich umarmen
- ☐ auf Sternschnuppen warten
- ☐ die Nase in eine Bäckerei stecken
- ☐ durchs Laub rascheln
- ☐ die nackten Füße im kalten Wasser baumeln lassen
- ☐ ....
- ☐ ....
- ☐ ....
- ☐ ....
- ☐ ....
- ☐ ....
- ☐ ....
- ☐ ....
- ☐ ....
- ☐ ....

Positive Lebensgewohnheiten in den verschiedenen Lebensbereichen

Positive Gewohnheiten pflegen und fördern: Gibt es neue Impulse oder Anregungen, die Sie in einem der Lebensbereiche umsetzen wollen? Oder gibt es Lebensgewohnheiten, die Sie wieder auffrischen wollen (z. B. ist es für viele Paare eine schöne Gewohnheit, regelmäßig einen gemeinsamen Paarabend zu verbringen). Für viele ist es hilfreich, am Arbeitsplatz auf Pausenzeiten zu achten oder soziale Kontakte wieder zu beleben und zu pflegen.

Gibt es Bewegungsgewohnheiten, die Sie auffrischen könnten?
Welche positiven Aktivitäten oder Gewohnheiten wollen Sie in den einzelnen Lebensbereichen umsetzen? Schreiben Sie Ihre Pläne und Ideen auf.
Gehen Sie dann die Lebensbereiche noch einmal durch, und notieren Sie, welche positiven Gewohnheiten bzw. Tätigkeiten Sie bereits pflegen.

Lebensbereiche	Positive Gewohnheiten
Beziehungen	
Intime Beziehungen (Partnerschaft)	
Familienbeziehungen	
Soziale Beziehungen, Freundschaften	
Arbeit	
Berufliche Tätigkeiten	
Berufliche Beziehungen	
Ausbildung, Fort- und Weiterbildung	

Lebensbereiche	Positive Gewohnheiten
Freizeit und Erholung	
Körperliches und psychisches Wohlergehen	
Gesundheit	
Sonstiges	
Spiritualität, Religion	
Politik	

Neues wagen

Bereits Sigmund Freud formulierte: Glück ist ein Kontrasterlebnis. Viele positive Gefühle treten als Reaktionen auf neue interessante Reize auf. Langeweile ist eines der Gefühle, das am schwersten zu ertragen ist. Unser Gehirn gewöhnt sich leider schnell an alles, was angenehm ist. Wir erleben positive Gefühle häufig im Kontrast zu negativen Gefühlen. Nach einer längeren Phase der Trauer kann es sein, dass man Freude besonders intensiv erlebt. Oder nach kritischen Rückmeldungen am Arbeitsplatz freuen wir uns besonders über Lob und Anerkennung. Deshalb sind auch Phasen mit negativen Gefühlen insofern funktional, als positive Gefühle im Gegensatz dazu als besonders stark empfunden werden. Um die positiven Gefühle zu wecken, muss man nicht allem Neuen hinterherjagen und zum Weltenbummler oder Casanova werden. Es genügt und ist langfristig vermutlich befriedigender, wenn wir unseren Alltag mit Abwechslungen interessant gestalten (z. B. sich Blumen schenken, sich in den Park legen, im Bett frühstücken). Man kann auch die interessanten Dinge, die da sind, entdecken (etwa wie sich die eigene Tochter entwickelt, den Wechsel der Jahreszeiten beobachten und genießen). Oder wir können auch einfach bei den Vergnügungen abwechseln (z. B. statt immer nur ins Kino gehen, kann man mal wieder ins Theater gehen oder tanzen). Sobald wir anderen Reizen ausgesetzt sind, stellt sich die Lust, die Neugierde oder das Interesse von selbst wieder ein.

Auf welche Abwechslung haben Sie Lust? Gibt es ein Abenteuer, das Sie reizt? Was haben Sie schon lange nicht mehr getan, was Ihnen früher viel Freude bereitet hat?

Positives Erleben in Aktion: Das Flow-Erleben

In den Interviews von Mihaly Csikszentmihalyi berichten Menschen, dass Sie Flow erleben, wenn sie ihrer Lieblingsbeschäftigung nachgehen. Hier kann es sich um Gartenarbeit, Musizieren, Kegeln, Kochen oder auch um Autofahren handeln. Seltener tritt Flow-Erleben bei passiven Tätigkeiten wie Fernsehen auf.

Csikszentmihalyi betont aber, dass es zum Flow-Erleben bei nahezu jeder Tätigkeit kommen kann, wenn folgende Elemente vorhanden sind:

- die Ziele sind klar,
- ein Feedback ist vorhanden,
- die Anforderungen und Fähigkeiten befinden sich im Gleichgewicht,
- die Aufmerksamkeit wird auf die Aufgabe gelenkt, und
- man ist vollständig innerlich beteiligt, sodass kein Raum mehr für andere Gedanken da ist.

Flow-Erleben kann man lernen, indem man sich eine Aufgabe sucht, die einen interessiert. Man sollte dabei neugierig auf die Aufgabe selbst sein. In der Regel macht man Gartenarbeit oder spielt ein Musikinstrument nicht, um äußere Ziele zu erreichen. Es handelt sich vielmehr um eine Tätigkeit, die man um ihrer selbst willen genießen kann. Der nächste Schritt besteht darin, die Aufmerksamkeit ganz auf die Tätigkeit, die eigenen Bewegungen und die sinnlichen Reize zu lenken. Häufig geht man jedoch eher mechanisch einer Tätigkeit nach, ist gedanklich aber mit etwas ganz anderem beschäftigt. Durch diese gewohnheitsmäßige Unaufmerksamkeit kann man Flow nicht erleben.

Welche Tätigkeiten interessieren Sie? Mit welchen Tätigkeiten und Aufgaben wollen Sie experimentieren und sie aufmerksamer durchführen?

Wir durchlaufen in unserem Leben immer wieder Phasen, in denen wir vor neue Herausforderungen gestellt werden. Der Beginn oder auch das Ende einer Lebensphase kann uns aus dem Gleichgewicht bringen. Wir möchten an den alten Strukturen und lieb gewonnenen Gewohnheiten festhalten. Aber manche dieser alten Strukturen helfen nicht, die neue Situation zu bewältigen. Im Gegenteil, sie können hinderlich sein. Einige Beispiele verdeutlichen das:

BARBARA hat sich vor einem Jahr von ihrem Freund getrennt. Sie treffen sich noch regelmäßig. Irgendwie hat sie das Gefühl, nicht richtig ohne ihn, aber auch nicht mit ihm sein zu können. Barbara klagt darüber, dass weder sie noch ihr Exfreund sich auf eine neue Beziehung einlassen können. ■

MANFRED arbeitet seit drei Jahren an seiner Promotion. Im Gespräch mit seinem Professor versuchen beide herauszufinden, warum er die Arbeit nicht endlich abschließen kann. Alle Daten sind ausgewertet und liegen vor. Der Professor stellt Manfred die Frage: »Welche Ziele oder Perspektiven haben Sie nach dem Abschluss der Promotion.« Manfred gesteht dem Professor: »Ich weiß noch nicht, wie es weitergehen soll. Es ist für mich sehr verunsichernd, die Universität verlassen zu müssen.« ■

BETTINA UND SVEN hatten das Kinderzimmer im Haus schon ausgewählt und sich das Familienleben in den buntesten Farben ausgemalt. Doch seit vier Jahren hat sich der Kinderwunsch nicht erfüllt. Verzweifelt überlegen sich beide, welche Möglichkeiten es im In- und Ausland noch geben könnte. ■

CLARA ist enttäuscht darüber, dass ihr Sohn zunehmend ihre Fürsorge ablehnt. »Im Sommer beendet er die Schule, danach will er studieren. Dann ist das Haus leer.« Bei diesen Sätzen hat sie Tränen in den Augen. ■

Diese Phasen des Übergangs werden häufig begleitet von Gefühlen der Angst vor dem Neuen; oder sie gehen einher mit der Trauer um einen Verlust bzw. um die verlorene Vertrautheit.

Wenn die Gefühle sehr stark sind und anhalten, sprechen wir von einer Krise. Krisen sind Phasen der Klärung, der Entscheidung und des Lernens. Es sind wichtige Zeiten der Neuorientierung, in denen wir uns von manchen Verhaltensmustern und Einstellungen verabschieden. Durch die veränderte Situation sind wir herausgefordert, Neues hinzuzulernen. Das Stresserleben in Phasen der Veränderung ist einerseits Begleiterscheinung (eine Reaktion unseres Organismus auf Veränderung) und andererseits Motor des Veränderungsprozesses. Durch die Stressreaktion werden Lernprozesse in unserem Organismus angeschoben. Das Stresserleben sensibilisiert uns für das Neue und macht uns wach für die anstehenden Veränderungen.

Der Beginn eines neuen Lebensabschnitts ist durch folgende Merkmale gekennzeichnet:

- veränderte äußere Umstände (z. B. neuer Arbeitsplatz, Wohnort, Partner),
- das Knüpfen neuer Beziehungen; frühere Beziehungen werden erneuert, oder es findet eine Distanzierung statt,
- Abschiednehmen von geliebten Menschen, weil sie gestorben sind oder mit unserer neuen Lebensphase nichts mehr zu tun haben,
- Abschiednehmen von Orten, Gewohnheiten, Lebensstil etc.,
- neue Werte und Ziele,
- Gestaltung der Lebensphase im Einklang mit den eigenen Werten und Zielen.

Durch einen neuen Lebensabschnitt sind wir herausgefordert, uns zu verändern, um unser Gleichgewicht neu zu finden. Veränderungen wecken Ängste und Unsicherheiten, da sich das Vertraute verändert. Vermeidung, Leugnung und Abwehr erschweren die Phase des Übergangs. Eine Krise kann verschärft werden. Durch Abwehr und Leugnung gelingt es uns nicht, die neuen Anforderungen der Situation wahrzunehmen. Wir halten dann krampfhaft am Alten fest, der innere Stress und die innere Spannung werden verstärkt. Besser ist es, offen und bereit die Dinge so anzunehmen, wie sie sind.

In diesen Phasen des Übergangs ist es wichtig, innere Unordnung und Chaos zu tolerieren, bis sich eine neue innere Ordnung findet. Wir werden mit Seiten von uns konfrontiert, die sehr verletzlich und ängstlich sind. Wir wissen nicht, wie es weitergeht. Wir müssen Geduld haben und uns Zeit lassen, bis sich die neuen Impulse und Strukturen bilden.

Wenn es uns nicht gelingt, diese Phase des Chaos und des Übergangs zu tolerieren und zu bewältigen, dann kann es passieren, dass wir aus Angst und Verkrampfung stehen bleiben und nicht weitergehen, weil uns das Leid und die Anforderung überfordert. Vielleicht nehmen wir auch Zuflucht zu einem Verhalten, das uns daran hindert, uns mit der realen Lebenssituation auseinanderzusetzen (z. B. Zwänge, Suchtverhalten oder Grübeleien). Viele psychische Störungen könnte man so gesehen als fehlgeschlagene Bewältigungsversuche verstehen. Dann kann es notwendig sein, durch eine Beratung oder Therapie Hilfe von außen in Anspruch zu nehmen, damit man wieder in der Lage ist, sich konstruktiv mit den Herausforderungen auseinanderzusetzen.

Wenn wir nach intensiven Stressphasen wieder zu einem neuen Gleichgewicht gefunden haben, so macht uns dies stärker und anpassungsfähiger. Wir sind dann lernbereiter und erfahrener, wenn es darum geht, die Herausforderung der nächsten Lebensphase anzunehmen und zu bewältigen. Und wir sind vielleicht auch gelassener, weil wir die Erfahrung gemacht haben, dass man nach Zeiten des Chaos wieder ein neues Gleichgewicht finden kann. Wir entwickeln Kräfte und Widerstandsfähigkeiten im Umgang mit den Entwicklungsaufgaben des Lebens. Wir lernen, dass wir nicht hilflos sind, sondern unsere Kräfte und Kompetenzen erweitern können. Unsere Toleranz für negative Gefühle und Phasen der Unsicherheit und des Chaos werden größer und vielleicht auch das Mitgefühl für Menschen in solchen schwierigen Phasen des Übergangs. Wir erfahren, wie lebendig wir wieder sein können.

Es gibt keine Patentrezepte für die vielfältigen Herausforderungen des Lebens und der Lebensphasen, die wir durchlaufen. Manche davon sind vorhersehbar (wie z.B. der Schulbeginn), ein Teil davon erscheint planbar (wie z.B. die Durchführung einer Ausbildung oder eines Studiums). Viele Lebensabschnitte sind zeitlich verschiebbar (wie das Eingehen einer Beziehung oder die Gründung einer Familie), andere Lebensphasen werden von Schicksalsschlägen oder kritischen Lebensereignissen bestimmt (wie vom Tod eines vertrauten Menschen, von Unfall oder Krankheit). Manche Lebensphasen sind dadurch gekennzeichnet, dass die erwünschten Ereignisse ausbleiben, weil nicht der richtige Partner gefunden wird, ungewollte Kinderlosigkeit eintritt oder beruflich kein Weiterkommen möglich ist. Die Bandbreite der Herausforderungen ist sehr groß und reicht von der Einschulung, der ersten großen Liebe bis zu den Herausforderungen des Älterwerdens, dem Umgang mit Krankheit und der Vorbereitung auf den eigenen Tod.

Wie bereits erwähnt, gibt es keine einheitlichen Tipps oder Rezepte zur Bewältigung. Aber das WEG-Schema kann uns helfen, uns besser zu steuern und uns auf die Herausforderungen einzulassen, vor die wir gestellt werden.

Als Erstes geht es darum, die Veränderung und die neue Herausforderung achtsam *wahrzunehmen*. Ist die Bereitschaft vorhanden, sich auf die unterschiedlichen Gefühle einzulassen, die die Situation mit sich bringt, sie bewusst zu erleben und zu verarbeiten, dann ist es möglich, die Veränderung und Herausforderung besser zu begreifen.

In der zweiten Phase geht es darum *einzuschätzen*, welche neuen Anforderungen diese Phase stellt und welche Werte und Ziele in dieser Lebensphase im jeweiligen Bereich bestehen. Diese Selbstklärung ist oft mit Unsicherheiten angesichts des Neuen und vielleicht auch mit Unbekanntem und Bedrohlichem verbunden sein. Es kann sein, dass man dafür Zeit und Unterstützung benötigt. Diese Klärung sollte nicht unter Zeitdruck geschehen. Dabei ist es hilfreich, sich bewusst zu machen, worauf man Einfluss und worauf man keinen Einfluss hat.

In der dritten Phase geht es wieder darum, konkrete Schritte zur *Gestaltung* der eigenen Werte und Ziele angesichts der neuen Herausforderung des Lebens zu planen. In einem Brainstorming kann man sehr breit und offen nach möglichen Lösungen und Ideen zu suchen.

Sie sind am Ende des Buches angekommen. Sie haben verschiedene Anregungen für ein bisschen weniger Stress und mehr innere Balance in Ihrem Leben bekommen. Es handelt sich dabei nicht in erster Linie um Erfahrungen und Weisheiten, sondern vor allem um Strategien, denen die neuesten Erkenntnisse der Wissenschaft auf dem Gebiet der Stress- und Hirnforschung zugrunde liegen. Ich hoffe, ich konnte bei Ihnen auch die Freude und Neugierde am Experimentieren wecken, damit Sie sich Ihrem Alltag wieder aufmerksamer zuwenden und das »ganz normale Leben« in seiner Vielfalt wieder neu entdecken.

»Das innere Gleichgewicht finden« – bin ich wirklich am Ende der Suche angelangt, wenn ich die letzte Seite dieses Buch gelesen habe? Erscheint der Titel des Buchs angesichts dessen, was wir tagtäglich erleben, nicht eher vermessen? Wir können täglich spüren und beobachten, wie ganze Systeme aus dem Gleichgewicht geraten. Systeme kommen ins Wanken, die für uns lange Zeit als unerschütterlich galten (wie etwa unser Wirtschaftsystem in der Finanzkrise oder unser Ökosystem angesichts der Klimakatastrophe). Neben den großen Krisen erleben wir vielfältige Stresssituationen und Krisen in unserem beruflichen und in unserem familiären Lebensbereich.

Der an verschiedenen Stellen erwähnte Begründer der Salutogenese, Aaron Antonovsky, ist jüdischer Abstammung. Er formuliert seine Grundhaltung dem Leben gegenüber sehr deutlich: »2000 Jahre jüdische Geschichte, die ihren Höhepunkt in Auschwitz und Treblinka fand, haben bei mir zu einem tiefen Pessimismus in Bezug auf Menschen geführt. Ich bin überzeugt, dass wir uns alle im gefährlichen Fluss des Lebens befinden und niemals sicher am Ufer stehen.« (LAMPRECHT & JOHNEN 1994, Seite 63)

Welche Konsequenzen zieht Antonovskys aus der Annahme, dass das Leben ein Fluss ist, in dem wir alle schwimmen, umgeben von vielfältigen und unvermeidlichen Gefahren.

Mithilfe der von ihm begründeten Salutogenese möchte er verstehen, wie es Menschen gelernt haben, trotz Stromschnellen und Wasserfällen im reißenden Fluss des Lebens zu schwimmen.

Heute sprechen wir auch von psychischer Widerstandsfähigkeit oder Resilienz, die Menschen auszeichnet, mit schweren Belastungen umzugehen und immer wieder auf die Beine zu kommen, also trotz Krisen und Rückschlägen ins Gleichgewicht zurückzufinden. Seit Jahrzehnten wird diese Widerstandsfähigkeit intensiv erforscht. Was zeichnet resiliente oder widerstandsfähige Menschen aus:

- Sie sind aufmerksam für sich und ihre Mitmenschen,
- sie vertrauen auf ihre Kräfte und Fähigkeiten,
- sie engagieren sich für eigenen Ziele,
- sie haben das Gefühl, ihr Leben positiv beeinflussen zu können,
- sie sind flexibel und denken in Alternativen,
- sie haben eine hoffnungsvolle, optimistische Haltung,
- sie sind offen und bereit für Veränderungen,
- sie halten Krisen für überwindbar,
- sie akzeptieren das Unveränderliche,
- sie können sich sozial vernetzen,
- sie haben ein positives Selbstbild,
- sie haben ein ausgeprägtes Gefühl von »ich kann« (Selbstwirksamkeit).

Das Erstaunliche dabei ist, dass diese Fähigkeiten zur Resilienz sehr gewöhnlich sind. Sie hängen nicht von unserer Intelligenz oder von unserer Begabung ab. Sie schlummern in uns und müssen nur geweckt werden. Diesem Buch liegt die Annahme zugrunde, dass wir aufmerksam sein und unsere Gefühle und Gedanken wahrnehmen können. Gefühle und Gedanken geben uns wichtige Hinweise, um uns selbst zu steuern.

In unserem Organismus ist neben der Stressreaktion auch die Entspannungsreaktion angelegt. Wir alle haben Werte und Ziele, die uns wichtig sind. Sie geben uns Orientierung für ein wertgeschätztes sinnvolles Leben. In uns tragen wir die Bereitschaft und Offenheit, uns auf das Leben einzulassen. Wir können uns engagieren für das, was uns wertvoll und wichtig ist. Dadurch entsteht Zufriedenheit, Dankbarkeit und Glück. Wir haben also alle Qualitäten, um widerstandsfähige Menschen zu sein und unser Gleichgewicht zu gestalten.

Es erfordert nur die Geduld und Umsicht des Gärtners, diese Seiten in uns zu hegen und zu pflegen, sodass diese inneren Kräfte wachsen und gedeihen können. Es erfordert Disziplin und gute Gewohnheiten, manchmal unter schwierigen Lebensbedingungen, wie sie Nelson Mandela im Gefängnis vorfand und beschreibt. Er strukturierte seinen Gefängnisalltag, setzte sich Ziele und erledigte Aufgaben, die er bewältigen konnte: Er studierte Bücher, putzte seine Zelle, verrichtete Körperübungen. »Will man im Gefängnis überleben, muss man Wege finden, um sich im täglichen Leben Zufriedenheit zu verschaffen.«

Auch die Methoden und Konzepte dieses Buches erfordern eine gewisse Disziplin, um Gewohnheiten zu bilden und die widerstandsfähigen Seiten in uns zu stärken. Dazu gehören zusammenfassend folgende Grundkonzepte:

- angesichts von Stress und Belastungen sich selbst steuern zu lernen auf dem WEG (Teil I: Balance zwischen Stress und Entspannung),
- den Anforderungen des Lebens mit akzeptierenden und veränderungsorientierten Bewältigungsstrategien zu begegnen, wie sie im Kompetenzmodell zur Gestaltung des persönlichen Gleichgewichts dargestellt sind (Teil II: Balance zwischen Akzeptanz und Veränderung),
- sowohl mit inneren und äußeren Stressauslösern umgehen zu lernen als auch die verschiedenen Bereiche des Lebens aktiv im Einklang mit den eigenen Werten und Zielen zu gestalten; auf diese Weise kann eine sinnvolle Balance in den verschiedenen Lebensbereichen gefunden werden (Teil III: Der WEG zur Balance),
- von der Wiege bis zur Bahre sich akzeptierend und veränderungsbereit auf große und kleine Herausforderungen in den verschiedenen Lebensphasen einzulassen (Teil III: Der WEG zur Balance).

Ob wir nun die Herausforderungen des Lebens wie Antonovsky als einen mehr oder minder reißenden Fluss bezeichnen, in dem wir schwimmen lernen müssen, oder ob wir wie Joseph Goldstein von den Wellen sprechen, die man nicht aufhalten kann, man kann nur lernen zu surfen. Oder sei es auch, dass es darum geht, zwischen Abhängen und Sümpfen den eigenen WEG zu finden. Alle Bilder deuten darauf hin, dass wir uns mit den Herausforderungen des Lebens aktiv auseinandersetzen müssen, damit wir daraus lernen, widerstandsfähig zu werden und immer wieder das eigene Gleichgewicht aktiv zu gestalten.

Dabei kann es in manchen Phasen des Lebens notwendig sein, professionelle Hilfe zu nutzen. Man muss dann sozusagen Schwimm- oder Surfunterricht nehmen oder einen Wanderführer oder WEG-Begleiter für schwierige Etappen um Hilfe bitten. Auch wenn wir uns eingestehen, dass wir Unterstützung von außen benötigen, weil wir mit unserem Einmaleins am Ende sind und wir uns helfen lassen, handelt es sich doch um eine Form der Selbsthilfe.

In diesem Sinne gehen die Reise und der Lernprozess weiter und dies aus eigenen Kräften oder durch eine Hilfe von außen, die der Selbsthilfe dient. In jedem Falle sind wir herausgefordert, immer wieder neu zu einer Haltung zurückzufinden.

» *Nicht müde werden,*
sondern dem Wunder
leise
wie einem Vogel
die Hand hinhalten. «
Hilde Domin

Wenn es uns gelingt, nicht müde zu werden, reifen in uns die gewöhnlichen Kräfte. Sie helfen uns neben den alltäglichen auch die ungewöhnlichen Herausforderungen, die das Leben an uns stellt, anzunehmen. Und sie geben uns die Kraft, wertgeschätzte, vielleicht auch ungewöhnliche Ziele zu erreichen, z. B. Glücklichsein in diesem Moment.

ANTONOVSKY, A. (1997): Salutogenese. Zur Entmystifizierung der Gesundheit. Tübingen: dgvt-Verlag.

ARGYLE, M. (1999): Causes and correlates of happiness. In: D. KAHNEMANN (Ed.), Well-being: The foundation of hedonic psychology. New York: Russell Sage Foundation.

BECK, A.T. (1976): Cognitive therapy and the emotional disorders. New York: International Universities Press.

BENSON, H. (1975): The relaxation response. New York: William Morrow.

BERKING, M. (2008): Training emotionaler Kompetenzen. Heidelberg: Springer.

BIRBAUMER, N., SCHMIDT, R.F. (1999): Biologische Psychologie (4. Aufl.): Heidelberg: Springer.

CANNON, W.B. (1929): Bodily changes in pain, hunger, fear and rage. New York: Appleton.

CSIKSZENTMIHALYI, M. (1985): Das Flow-Erlebnis. Jenseits von Angst und Langeweile: im Tun aufgehen. Stuttgart: Klett-Cotta

CSIKSZENTMIHALYI, M. (1992): Flow. Das Geheimnis des Glücks. Stuttgart: Klett-Cotta.

DAMASIO, A.R. (2007): Ich fühle also bin ich. Die Entschlüsselung des Bewusstseins. Berlin: List.

DOMIN, H. (2004): Gesammelte Gedichte. Frankfurt: S. Fischer.

ELLIS, A. (1989) Die rational-emotive Therapie. Das innere Selbstgespräch bei seelischen Problemen und seine Veränderung.

ENDE, M. (1973): Momo. Stuttgart: Thienemann.

EPIKTET (2006): Encheiridion (Handbuch der Moral): Düsseldorf: Artemis & Winkler.

FELDENKRAIS, M. (1996) Bewusstheit durch Bewegung. Frankfurt/M: Suhrkamp.

FRANKL, V. E. (1981): Die Sinnfrage in der Psychotherapie. München: Piper.

FRANKL, V. E. (1992): ... trotzdem Ja zum Leben sagen. Ein Psychologe erlebt das Konzentrationslager. München: dtv.

FRANKL, V. E. (1994): Logotherapie und Existenzanalyse. Texte aus sechs Jahrzehnten. München: Quintessenz.

GREENBERG, l. (2006): Emotionsfokussierte Therapie. Lernen mit den eigenen Gefühlen umzugehen. Tübingen: dgvt-Verlag.

HAYES, S. C.; STROHSAL, K. D.; WILSON, K. G. (2004): Akzeptanz und Commitment Therapie. Ein erlebnisorientierter Ansatz zur Verhaltensänderung. München: CIP-Medien.

HEIDENREICH, T.; MICHALAK, J. (Hg.) (2004): Achtsamkeit und Akzeptanz in der Psychotherapie. Tübingen: dgvt-Verlag.

HOLMES, T.; RAHE, R. (1967): The Social Readjustment Rating Scale. Journal of Psychosomatic Research, 11, 213–218.

HÜTHER, G. (2002): Biologie der Angst. Wie aus Streß Gefühle werden. Göttingen: Vandenhoeck & Ruprecht.

HÜTHER, G. (2006): Bedienungsanleitung für ein menschliches Gehirn. Göttingen: Vandenhoeck & Ruprecht.

JAHODA, M.; LAZARSFELD, P.; ZEISEL, H. (1975): Die Arbeitslosen von Marienthal. Ein soziographischer Versuch über die Wirkungen langdauernder Arbeitslosigkeit. Frankfurt: Suhrkamp.

KABAT-ZINN, J. (1995): Heilsame Umwege. Meditative Achtsamkeit und Gesundung. München: Piper.

KALEKO, M. (1983): Heute ist morgen schon gestern. München: dtv.

KALUZA, G. (2004): Stressbewältigung. Trainingsmanual zur psychologischen Gesundheitsförderung. Heidelberg: Springer.

KAST, V. (1997): Freude, Inspiration, Hoffnung. München: dtv.

KLEIN, S. (2004): Die Glücksformel oder wie die guten Gefühle entstehen. Hamburg: Rowohlt.

KOBASA, S. C.; MADDI, S. R.; KAAN, S. (1982): Hardiness and health: A prospective study. Journal of Personality and Social Psychology, 42, 168–177.

LAMPRECHT, F.; JOHNEN, R. (Hg.) (1994): Salutogenese – ein neues Konzept in der Psychosomatik? Frankfurt: VAS.

LINEHAN, M. M. (1996): Dialektisch-behaviorale Therapie der Borderline-Persönlichkeitsstörung. München: CIP-Medien.

MAY, G. (1982): Will and spirit. San Francisco: Harper and Row

NIEBUHR, R. (2006): Serenity prayer. In: SHAPIRO, F. R.: The Yale book of quotations. New Haven: Yale University Press

PERLS, F. S. (2002): Grundlagen der Gestalt-Therapie. Einführung und Sitzungsprotokolle. Stuttgart: Pfeiffer bei Klett-Cotta.

POTRECK-ROSE, F. (2007): Von der Freude, den Selbstwert zu stärken. Stuttgart: Klett-Cotta.

RINPOCHE, S. (1996): Das tibetische Buch vom Leben und Sterben. Ein Schlüssel zum tieferen Verständnis von Leben und Tod. Bern: Barth bei Scherz.

SALOVEY, P.; MAYER, J. D. (1990): Emotional intelligence. Imagination, Cognition and Personality, 9, 185–211.

SAPOLSKY, R. M. (1996): Warum Zebras keine Migräne kriegen. München: Piper.

SCHMID, W. (1998): Philosophie der Lebenskunst. Eine Grundlegung. Frankfurt: Suhrkamp.

SEGAL, Z. V.; WILLIAMS, J. M. G.; TEASDALE, J. D. (2002): Mindfulness-based cognitive therapy for depression. A new approach to preventing relapse. New York: The Guilford Press.

SELIGMAN, M. E. P. (2003): Der Glücksfaktor. Warum Optimisten länger leben. Bergisch Gladbach: Ehrenwirth.

SELYE, H. (1976): The stress of life. New York: McGraw-Hill.

SELYE, H. (1981): Geschichte und Grundzüge des Stresskonzeptes. In: Nitsch, J. R. (Hg.): Stress. Theorien, Untersuchungen, Maßnahmen. Bern: Huber.

SMITH, J. R. (2005): Stress management today. Chicago: Lulu.

STEINDL-RAST, D. (2005): Fülle und Nichts. Von innen her zum Leben erwachen. Freiburg: Herder.

STORCH, M. (2003): Das Geheimnis kluger Entscheidungen. Von somatischen Markern, Bauchgefühl und Überzeugungskraft. München: Pendo.

TAUSCH, R. (1996): Hilfen bei Stress und Belastungen. Reinbek: Rowohlt.

THICH NHAT HANH (1995): Das Glück, einen Baum zu umarmen. Geschichten von der Kunst des achtsamen Lebens. München: Goldmann.

THICH NHAT HANH. (1995): Das Wunder der Achtsamkeit. München: Theseus.

THOREAU, H.D. (1979): Walden oder Leben in den Wäldern. Zürich: Diogenes.

WATZLAWICK, P. (1989): Anleitung zum Unglücklichsein. München: Piper.

WENGENROTH, M. (2008): Das Leben annehmen. So hilft die Akzeptanz- und Commitmenttherapie (ACT). Bern: Huber.

WING, J.K. (1986): Der Einfluß psychosozialer Faktoren auf den Langzeitverlauf der Schizophrenie. In: Böker, W.; Brenner. H.D. (Hg.): Bewältigung der Schizophrenie. Bern: Huber.

WING J.K.; BROWN, G.W. (1970): Institutionalism and schizophrenia: a comparative study of three mental hospitals 1960–1968. Cambridge: University Press.

FSC
www.fsc.org
MIX
Papier | Fördert gute Waldnutzung
FSC® C083411

Zeitfracht Medien GmbH
Ferdinand-Jühlke-Straße 7
99095 Erfurt, Deutschland
produktsicherheit@kolibri360.de